现代航母 百科

（图解导读版）

《深度文化》编委会　编著

清華大學出版社

北京

内 容 简 介

　　本书是介绍航母的科普图书，书中以问答的形式介绍了航母建造技术、航母运行体系、航母战斗体系、舰载机技术以及航母维修养护等内容，循序渐进地讲解了航母的相关知识。除了介绍航母本身，还对与之相关的知识体系，例如航母战斗群的构成、航母的防御体系等内容进行了详细的分析与说明，能够提升读者对航母技术的认知度。全书结构清晰，分章合理，排列有序，主次分明，各个阶层的航母爱好者均能从中获益。

　　本书面向想要学习航母入门知识的青少年读者，同时也适合航母知识丰富的资深航母爱好者阅读和收藏。

本书封面贴有清华大学出版社防伪标签，无标签者不得销售。

版权所有，侵权必究。举报：010-62782989，beiqinquan@tup.tsinghua.edu.cn。

图书在版编目（CIP）数据

现代航母百科：图解导读版 /《深度文化》编委会编著 . —北京：清华大学出版社，2023.9（2025.3 重印）

　（我的第一本科普入门书系列）

　ISBN 978-7-302-64612-9

　Ⅰ . ①现… Ⅱ . ①深… Ⅲ . ①航空母舰—青少年读物 Ⅳ . ① E925.671-49

　中国国家版本馆 CIP 数据核字（2023）第 180951 号

责任编辑：李玉萍
封面设计：王晓武
责任校对：张彦彬
责任印制：刘海龙

出版发行：清华大学出版社

　　　　网　　址：http://www.tup.com.cn，https://www.wqxuetang.com
　　　　地　　址：北京清华大学学研大厦 A 座　　　　邮　　编：100084
　　　　社 总 机：010-83470000　　　　　　　　　　邮　　购：010-62786544
　　　　投稿与读者服务：010-62776969，c-service@tup.tsinghua.edu.cn
　　　　质 量 反 馈：010-62772015，zhiliang@tup.tsinghua.edu.cn
印 装 者：北京联兴盛业印刷股份有限公司
经　　销：全国新华书店
开　　本：146mm×210mm　　　　印　　张：11.125　字　　数：356 千字
版　　次：2023 年 11 月第 1 版　　　　印　　次：2025 年 3 月第 3 次印刷
定　　价：69.80 元

产品编号：096048-01

前 言

　　航空母舰的诞生与发展是20世纪的一个重要事件，它把海上战争由平面作战推向立体作战，由视距作战推向超视距作战，对海上作战方式产生了重大影响，是海军发展史和作战史上的一个重要里程碑。

　　在二战期间，尤其是在太平洋战争期间，航空母舰及其舰载机大显身手，取得了显赫的战果，航空母舰的地位有了较大提高，冲破了战列舰统治海军的局面，宣告了"巨舰大炮"主义的破产，航空母舰逐步取代战列舰的地位，成为海军舰队的主要舰种，登上了"海上霸主"的宝座。在二战后全球发生的局部战争和武装冲突中，航空母舰的活跃程度一直都很高，航空母舰所收获的军事效益是任何其他力量都无法达到的。

　　　　　　　　时至今日，航空母舰不仅是一个国家海军力量强大的体现，也是一个国家政治、经济、国防、

科技力量的综合体现。从某种意义上说，拥有航空母舰，不仅是海军是否强大的一个标志，也是一个国家海军战略和综合国力的体现。

航空母舰编队可同时使用多兵种、多舰种、多机种，能开辟独立的海上战场，真正做到全天候、大范围、高强度、长时间的连续战斗，实现中远海的一体化联合战斗。依靠航空母舰，一个国家可以在远离其国土的地方、在不依靠当地机场的情况下施加军事压力和进行战斗。

本书是介绍航母的科普图书，书中有160余个精心挑选的热点问题，从舰体构造、动力系统、起降设施、电子设备、自卫武器、舰载机、日常运行、作战等多个角度切入，对航母进行了全方位的解读与说明。全书文字通俗易懂，并加入了大量示意图、实物图和表格，符合各个阶层的航母爱好者的阅读需求。通过阅读本书，读者会对航母有一个全新的认识。

本书由《深度文化》编委会创作，参与编写的人员有丁念阳、阳晓瑜、陈利华、高丽秋、龚川、何海涛、贺强、胡姝婷、黄启华、黎安芝、黎琪、黎绍文、卢刚、罗于华等。对于广大资深航母爱好者以及有意了解国防知识的青少年来说，本书不失为极有价值的科普读物。希望读者朋友们能够通过阅读本书，循序渐进地提高自己的国防素养。

目 录

⚓ 第 5 章 电子设备篇 143

⚓ 第 6 章 自卫武器篇 169

第9章　作　战　篇 263

参考文献 344

第 1 章
基 础 篇

　　航空母舰是目前世界上最大的武器系统平台，也是现代蓝水海军不可或缺的武器，在战争中发挥着极为重要的作用。本章主要就航空母舰的定义、分类、作用、地位等基本问题进行解答。

→ 概　述

航空母舰（Aircraft Carrier）是一种以舰载飞机为主要武器并作为其海上活动基地的大型水面作战舰艇，简称"航母"。广义上的航母也包括直升机母舰，因为直升机母舰同样具备一般航母的所有特征，包括舰体结构等。航母主要用于攻击敌方舰船，袭击敌方海岸设施和陆上目标，夺取作战海区的制空权和制海权，支援登陆和抗登陆作战。与其他舰种相比，航母具有造价高、生产周期长、攻击威力大、适航性能好、防护力强、以编队作为主要作战形式、以舰载机作为主要攻击武器、舰载机起飞受环境影响大、易燃易爆物品多、容易发生火灾和爆炸等特点。在作战使用上，航母又具有综合作战能力强、海上部署周期长、能够实施全球远洋部署、能够执行多种任务等特点。

航母是飞机与军舰结合的产物，而航母的历史与飞机的历史近乎同地悠久。1903年，美国莱特兄弟发明了飞机。短短7年后，法国人亨利·法布尔就制造出了世界上第一架水上飞机，令飞机的起降范围自陆地延伸至海上。1910年11月14日，美国飞行员尤金·伊利在"伯明翰"号轻型巡洋舰（停泊在港内）的木质甲板上驾驶寇蒂斯D型双翼机，成功离舰起飞，并降落到"宾夕法尼亚"号巡洋舰上，创下人类首次于军舰上起降飞机的纪录。

当时，一些颇有远见的人士开始以各种方式促使军方建立海军航空兵，美国人格伦·寇蒂斯甚至进行了一场公开试验，亲自驾驶飞机投掷武器攻击港内停泊的靶船。然而，当时各国海军仍在进行建造无畏舰的军备竞赛，建设海军航空兵仍算是非常前卫的思想，所以并没有得到重视。

尽管如此，水上飞机的发明仍然受到各国海军的瞩目。英国建造了第一种专门整备水上飞机的舰船——竞技神号水上飞机母舰，并在1912年5月成立了世界上第一支海军航空兵，日本、意大利、德国、俄国也随之跟进发展水上飞机母舰。水上飞机为航母的滥觞，在其诞生后不久，一战便轰然爆发。英国是唯一将其用于海上作战的国家，并在传统大规模战列舰决战的日德兰海战后，提出水上侦察机有助于战局发展的意见，并要搭配保护它的战斗机。因此，没有飞行甲板、无法供战斗机起飞的水上飞机母舰已无法满足作战需求，必须设计出另一种新军舰，这便是后来的航母。

1917年，时任英国海军总司令戴维·贝蒂下令将"暴怒"号巡洋舰（"勇敢"级）加装大型飞行甲板、改装成航母，并进行了一系列试验。"暴怒"号的外形犹如巡洋舰与航母的结合体（类似原始的航空巡洋舰），前方有多座舰炮炮塔，后方则是长直的甲板，舰载机起飞没有问题，但降落时会受到上层建筑气流影响而十分危险。为了解决这个问题，原先另一艘要建造为航母的远洋邮轮"罗索伯爵"号被下令改装，去除掉所有上层建筑，变成全通式甲板，而后被命名为"百眼巨人"号。

英国"百眼巨人"号航母

1923年，英国建造了"竞技神"号航母，其为英国第一艘专门设计建造的航母，拥有许多现代航母的特点：全通式甲板、封闭式舰艏以及位于右舷的岛式上层建筑。在此时期，日本和美国也拥有了航母，前者的第一艘航母——"凤翔"号，是世界上最先服役的专门设计建造的航母（因为"竞技神"号的工程进度缓慢，所以较晚开工建造的"凤翔"号较早建成下水）；后者的第一艘航母则是由"朱比特"号运煤船改装而成的，被命名为"兰利"号，同样拥有全通式甲板。美国海军在"兰利"号上发展了许多新技术，如弹射器、降落指挥官制度、拦阻网等。

日本"凤翔"号航母

美国"兰利"号航母

各国摸索出航母的基本形式后，于1936年《华盛顿海军条约》期满失效之际，海军列强又展开了新一轮军备竞赛，英国、美国、日本三国接连建造了一系列主力航母——舰队航母。在舰载机技术上，日本与美国发展较快，反而英国因为军种恶性竞争（海军航空兵的飞机与飞行员皆由英国空军所提供）而发展迟缓。意大利、苏联受限于海军思想的不同而没有发展航母，前者凭借其地中海位置的优势而认为没有必要特意建造海上的移动机场，后者则因为其内战结束不久、海军力量不强而将其作战范围设限于近海。法国因海军航空兵发展迟缓，仍以战列舰和巡洋舰作为海军主力，仅尝试将"贝阿恩"号战列舰改装为航母。

二战以前，航母的"海上霸主"地位尚未完全确立，对航母的作战运用也存在较大争议，加之受到舰艇性能和通信技术的限制，没有出现较为成型的航母战斗群。二战时期，航母技术与战术理论飞速发展，为了有效保护航母自身安全，充分发挥航母的作战效能，世界主要海军强国均组建了自己的航母战斗群，并在作战中广泛运用。

战争期间，航母战斗群的基本形式——航母特混舰队通常由航母、舰载机、大中型水面舰艇组成，承担登陆作战任务的航母特混舰队，还编配有登陆舰和运输舰。受潜艇航速和对潜通信技术所限，潜艇较少编入特混舰队，即便有也只是极少量承担引导警戒作用的潜艇，潜艇尚不能作为航母特混舰队的基本编成力量。

在欧洲国家中，德国、法国、意大利和英国均试图建造和操作航母，但只有英国拥有较大规模的航母舰队与实际战果。与欧洲战场相比，地球另一边的太平洋战场爆发了更为激烈的海空大战，交手的美国与日本都拥有强大的航母舰队。在珍珠港事件、珊瑚海海战、中途岛海战、菲律宾海海战、莱特湾海战等战役中，航母都发挥了极其重要的作用。

二战结束后，航母的存在价值遭到质疑，其地位一度降到了最低点。当时，美国拥有世界上规模最大的航母部队，相关科技与使用经验也最为丰富。然而，轴心国战败与核武器的出现促使美国将大量航母封存，其中不乏新造航母。美国及其他一些国家认为，战争将决胜于空军轰炸机投掷的核武器，花费大量成本所建立的航母部队将会瞬间被消灭。

随着喷气式飞机开始普及，令舰载机体积与重量大幅增加，因此美国开始着手设计巨型航母，成为日后"超级航母"的前身。美国海军计划运用巨型航母上的舰载轰炸机来投射核武器，最终研制出了"美国"号航母，然而这一方案遭到新成立的美国空军的极力反对，"美国"号航母项目随之流产。

在 20 世纪 50 年代初，美国有大量喷气式舰载机以航母为平台投入战争，令航母的重要性又得到了重新评价，也让直升机有了新的发挥空间。这一时期，英国研制出诸多航母设计新技术，如光学辅助降落装置、蒸汽弹射器与斜角飞行甲板，成为日后大型航母的典范。美国海军也结合上述技术特征建造了"福莱斯特"级航母。此外，随着"鹦鹉螺"号核潜艇试验的成功，美国海军也开始在航母上使用核动力，第一艘核动力航母"企业"号于 1960 年下水服役。但由于成本高昂，美国海军终止了后续的核动力航母建造计划，转而继续建造"小鹰"级常规动力航母。

随着核技术的进步，核动力舰艇的建造成本逐年下降。经过慎重考虑后，美国自 1975 年起开始建造新设计的"尼米兹"级核动力航母，用以替换大量的旧式航母。随后 30 年，各艘"尼米兹"级航母接连完工服役。尽管每艘"尼

美国"企业"号航母

米兹"级航母与前一艘相比都有所改进，但基本设计始终不变。在此期间，由于核潜艇的出现解决了潜艇加入航母战斗群的速度和续航能力问题，同时对潜通信技术也有了较大进步，因此攻击型核潜艇加入了航母战斗群，与航母、水面舰艇等共同成为航母战斗群的基本编成力量。

与风光无限的美国相比，英国和法国在航母建造和操作方面就显得有些窘迫了。在经历二战和殖民地纷纷独立之后，英国国力大减，不得不将航母大量卖给其他国家，这些旧式航母大多是二战期间赶工建造的，其设计到了 20 世纪 50 年代早已无法应付喷气式舰载机的需求，很快就从其他国家退役。由于国防预算不断缩减，英国甚至一度想完全放弃建

造航母，仅仅因为苏联潜艇威胁与护航所需而建造了 3 艘"无敌"级轻型航母。

英国"无敌"级航母

"无敌"级航母采用"滑跃"甲板技术，并搭载垂直 / 短程起降战斗机与直升机作为主要战力。"无敌"级航母深深影响了其他资源与财力不足的国家的航母设计，意大利、西班牙、泰国等国也建造了类似的轻型航母。这些轻型航母都设有"滑跃"甲板，也将直升机和垂直 / 短程起降机作为舰载机。法国则先从英国与美国租借轻型航母，而后于 20 世纪 50 年代研制了"克莱蒙梭"级中型航母，在其服役 30 多年后又建造了核动力航母"戴高乐"号。

法国"戴高乐"号航母

至于美国在冷战时期的主要竞争对手苏联，其航母发展之路较为复杂。苏联领导人执着于导弹与核武器，对航母抱持鄙夷态度并抵制其发展，一直到美军将核打击任务交付潜艇后，才开始发展搭载反潜直升机的军舰。到了1964年古巴导弹危机后，苏联领导层才真正意识到航母的价值，并着手建造了"基辅"级航母。"基辅"级航母除了搭载舰载战斗机与反潜直升机外，本身还有强大的对空、对潜、对舰武装，但与西方国家的航母相比，也只能算是拥有大量导弹武器的轻型航母。直到1991年，苏联才出现了较为常规的航母，即"库兹涅佐夫"号。该航母采用大型"滑跳"甲板，仍保有许多导弹武器，这与西方设计思维有所不同。

冷战期间，航母在各个战场均很活跃，包括第二次中东战争、黎巴嫩内战、英阿马岛战争、海湾战争等，皆展现了其强大的远洋作战能力。

冷战结束后，世界上拥有航母的国家分成自主建造和购入航母的国家，前者包括美国、英国、法国、西班牙、意大利和俄罗斯等，后者包括巴西、印度和泰国等。总的来看，虽然世界上有能力建造航母并组建航母战斗群的国家并不多，但航母战斗群仍将在人类军事史上书写新的辉煌。

目前来看，航母战斗群具有几个明显的发展特征。一是航母平台大型化，未来可能出现新概念航母平台。二是舰载机更新换代，无人机航母将占据航母一席之地。美国海军已计划在"福特"级航母上搭载无人机。三是护航舰艇性能提升，航母战斗群的作战能力更趋于综合一体。

→ 建造航母需要哪些关键能力

航母是世界上最庞大、最复杂、威力最强的武器之一，是一个国家综合国力的象征。它是囊括了舰体（含适航性能和续航动力及移动机场）、四维电子设备（含卫星导航、高新技术雷达及抗电磁设备）、自卫武器（含导弹、防空火炮、反潜武器）和攻击武器（舰载机）等不同技术成分的系统组合，不仅科技含量和技术难度非常高，技术要求复杂，而且对新材料、新工艺应用都有特殊而苛刻的要求，绝非一朝一夕可以达成。

目前，世界上有能力自主建造航母的国家极少。从技术难度分析，设计和建造航母必须具备以下 5 种能力。

（1）大功率计算机辅助工程设计。冷战时期，美国依靠大功率计算机的帮助，仅用一年半就绘制出"尼米兹"级核动力航母建造所需的 10 万余张图纸。而苏联不具备这种条件，只能大量运用人工运算和绘制，结果用了比美国多两倍的时间才勉强拿出大吨位航母的设计图纸。

（2）大型试验水池和风洞。制造真正意义上的航母，前期对设计、制造、材料等相关领域的研究和试验要求很高。而拥有大型试验水池和风洞能力，是航母设计的重要条件。目前世界上只有美国、俄罗斯、英国和法国等少数国家拥有这些研究和试验设施。根据美国海军工程规范，建造航母一般要经过船体放样、船体机件加工、船体装配、设备安装等十余道复杂工序。其中，航母的船体放样至关重要。这道工序需要以标准化的大型试验水池、风洞及超高速计算机为依托，当今世界只有寥寥几家公司有能力完成。

（3）特种钢材。缺乏特种钢材也是许多国家无法建造航母的重要原因。由于航母的船体必须承受住 9 级以上风浪，飞行甲板必须承受住舰载机起降时的高温和高摩擦力，所以对钢材强度要求很高。目前只有极少数国家有能力制造航母用钢，美国还将其列为战略物资，不允许擅自出口。

（4）配套电子设备。配套电子设备能否跟上航母建造周期也是重要的制约因素。美国航母使用的电子配套系统，一般在船体建造前几年便已着手研制和生产，避免在总装时出现空等局面。相比之下，苏联（俄罗斯）在建造"库兹涅佐夫"号航母时因为电子设备未能及时到货，至少延误了一年半工期。

（5）舰载机技术。舰载机作为航母

俄罗斯"库兹涅佐夫"号航母在浮动船坞中进行维修

最关键的武器，其制造难度也很大，目前舰载机制造技术仍然控制在极少数国家手里。由于舰载机的制造要求极为苛刻，常常使那些有心建造航母却无力建造舰载机的国家陷入窘境。与舰载机配套的弹射技术也是许多国家绕不开的难题，尽管蒸汽弹射器原理简单，但并不容易生产，其所需的承载滑块、导轨、汽缸、活塞及传动装置不仅需要超级精密机床加工，而且工艺流程非常复杂，对精准性要求极高。现今一些制造技术为美国独家垄断，技术高度保密。

美国"尼米兹"级航母及其护航舰艇

2017年开始服役的英国"伊丽莎白女王"级航母

建造航母的钢材有何特别

作为支持海军海空立体作战的平台,航母在现代战争中发挥着无可替代的作用,其质量也必须达到极致。建造航母的各种材料必须是各个领域的顶尖材料,或者是只有航母才有资格使用的稀有材料。在各种材料中,钢材无疑是最重要的一种。

航母用钢(特别是飞行甲板用钢)要求极高,在军用舰艇中也许只有核潜艇可以与之相比。具体来说,建造航母所使用的钢材必须具备以下特点。

(1)抗海水腐蚀。海水对舰艇底部的腐蚀特别厉害,会严重影响舰艇的速度和防护能力。因此,建造一般民用和军用船舰的钢材都要求有较强的抗海水腐蚀能力。由于航母的作战环境更为恶劣,维修所需时间更长,因此,要求所用钢材抗海水腐蚀的能力就更强。

(2)防磁。一般钢铁都带有一定磁力。由于地球本身是有磁场的,一般低磁钢铁制造的舰艇服役久了,会受地球磁场磁化,产生磁力。磁力对军舰来说是非常不利的。因为这容易被敌方磁力探测仪侦测到,或受到敌方磁性水雷等武器的攻击。因此,航母钢材的磁力越小越好。

(3)耐高温和耐冲击能力。飞机在陆上起飞,一般需要在3000米长的跑道上助跑、起飞。而在航母上,舰载机在一两百米内,就要从静止状态完成滑跑、起飞、腾空的过程。除了依靠弹射装置助推外,更要求舰载机本身有强大的推力。当舰载机起飞时,发动机喷射出的火焰温度极高,足以熔化普通钢材制作的甲板。另外,舰载机着舰时,对甲板的冲击力极大,因此,对甲板的抗冲击力、抗扭曲力的要求就非常高。另外,航母甲板还要有抵抗敌方穿甲弹攻击的能力。

(4)高强度、高韧性。建造航母所使用的钢材强度要远远高于普通军用舰艇的钢材强度,采用高强度钢板可以减轻船体重量,增强抗弹能力。特别是飞行甲板的钢材,由于要承受舰载机起飞过程中的高热和高摩擦力,更要精益求精。船用特种钢材的屈服强度一般用MPa(兆帕)表示,油轮、散装货船、集装箱船等民用船只所用钢材只需要250MPa即可;普通军用舰艇在300MPa以下就行;而航母用钢,特别是航母飞行甲板用钢一般要求在850MPa以上。

目前，世界上能制造航母、潜艇用钢的只有美国、俄罗斯、法国和日本等少数几个国家。其中，质量最好的钢材是美国开发的 HY 系列钢材（包括 HY-80、HY-100、HY-130 等）和 HSLA 系列钢材（包括 HSLA-80、HSLA-100、HSLA-115 等），以及俄罗斯开发的 AK 系列镍铬加钛合金钢。

首次应用 HSLA-115 钢材的美国"福特"号航母

采用美制 HY-80 钢材的法国"戴高乐"号航母

→ 航母如何分门别类

在航母近百年的发展历史中，世界各国建造的航母种类很多，分类方法也多种多样。按所担负的作战任务进行分类，可以将航母分为攻击航母、反潜航母和多用途航母。攻击航母以舰载攻击机、战斗机为主要武器；反潜航母以舰载反潜飞机和反潜直升机为主要武器；多用途航母可搭载多种舰载机，包括攻击机、战斗机、预警机、反潜机、电子作战飞机、运输机、加油机等，兼具攻击航母和反潜航母的功能，能担负攻击、反潜等多种任务。这种分类方法在二战中较为普遍，但现代航母一般都是多用途航母，因而这种分类方法已经不再适用。

按动力装置进行分类，航母可分为核动力航母和常规动力航母。前者是以核能作为推进动力源的航母，续航力强，具有全天候、全球远洋作战能力；后者是以蒸汽轮机或燃气轮机为基本动力的航母。虽然核动力航母的综合作战能力远胜于常规动力航母，但其建造和运行费用极为惊人，技术要求也相对较高，所以目前世界上仅有美国大量装备核动力航母。由于技术和经费等方面的原因，其他国家的航母通常采用常规动力。

按舰载机的性能进行分类，航母可分为常规起降航母和垂直/短距起降航母。前者是指可以搭载和起降包括采用传统起降方式的固定机翼飞机在内的各种飞机的航母；后者是以舰载垂直/短距起降飞机为主要武器的航母，主要担负攻击和反潜任务，其舰艇通常设有"滑跳"甲板，舰上没有弹射起飞装置和飞机降落阻拦装置。

由于上述分类方法都有一定的局限性，所以目前最常采用的方法是以排水量大小进行分类，分为大型航母、中型航母和小型航母（或称轻型航母）。其中，大型航母是指满载排水量在 60 000 吨以上的航母，舰载机数量为 60 ～ 100 架，以重量在 20 ～ 30 吨级的常规起降飞机为主，作战范围在 800 ～ 1000 千米。大型航母多为攻击航母或核动力多用途航母，可进行远洋作战，在全球范围内部署，执行防空、反舰、反潜、预警、侦察及对地攻击任务。大型航母的典型代表是美国海军现役的"尼米兹"级航母（由于满载排水量高达 100000 吨，所以也有人将其称为"超级航母"）。

在干船坞底部仰望美国"尼米兹"级大型航母

意大利"加富尔"号小型航母

中型航母的满载排水量在 30 000 ～ 60 000 吨，舰载机数量为 20 ～ 60 架，以重量在 10 ～ 20 吨级的常规起降飞机或垂直 / 短距起降飞机为主，作战范围在 400 ～ 800 千米。中型航母可作中远海部署，执行舰队防空、反舰、反潜及对地攻击任务。中型航母的典型代表是法国海军现役的"戴高乐"号航母。

小型航母的满载排水量在 10 000 ～ 30 000 吨，舰载机数量为 15 ～ 30 架，以垂直 / 短距起降飞机和直升机为主，作战范围在 200 ～ 400 千米。小型航母可作近、中海部署，执行防空、反舰、反潜、预警等任务。小型航母的典型代表是意大利海军现役的"加富尔"号航母。

法国"戴高乐"号中型航母

航母为何被称作"吞金巨兽"

航母是当之无愧的"海上霸主"，同时也是名副其实的"吞金巨兽"。二战时期是航母发展的高峰时期，世界各国共有航母约 700 艘。二战结束后，由于经济与科技等方面的原因，世界各国所拥有的航母数量大幅减少。截至 2021 年 10 月，世界上只有 21 艘现役航母，其中美国海军有

11 艘。即便加上正在建造的新一代航母，数量也不超过 30 艘。为什么航母的数量越来越少？很大程度上是因为建造和运行航母的花费太过昂贵，远非一般国家所能承受。

作为老牌资本主义国家，英国是世界上最早建造航母的国家，对航母的发展起到了关键作用。二战末期，英国航母数量达到了 26 艘的高峰数值。二战之后，由于经济实力难以继续支撑数量庞大的航母编队，英国通过出售、赠予、退役等方式大幅削减航母数量。1986 年，英国将"竞技神"号航母以 5000 万英镑的价格卖给了印度；2010 年，英国又将"无敌"号航母以 200 万英镑的价格卖给了土耳其一家拆船厂；2011 年，英国国防部通过官方网站打算以 350 万英镑的低价出售造价达 2 亿英镑的"皇家方舟"号航母，同时被低价处理的还有"大刀"级护卫舰，处理价格为 30 万英镑。英国如此贱卖航母及其护航舰艇的最直接原因是国防经费捉襟见肘。由此可见，没有强大的经济实力支撑，英国这个昔日的航母强国也难以维持一定数量的航母。

与英国形成鲜明对比的是美国，早期美国的航母发展落后于英国，直到二战期间美国才逐步超越英国，成为世界上拥有航母数量最多的国家。战后美国更是一枝独秀，所拥有的航母数量占世界总数的一半，而且全部是大型核动力航母。毫无疑问，美国航母实力强劲，背后的根本原因是美国强大的经济实力提供了有力支撑。

构建航母战斗群这样的海上强大作战力量综合体，既需要国家强大的经济实力支撑，又离不开国家发达的国防科技，两者缺一不可。不仅设计航母需要高科技设备支持，制造航母的材料和航母的配套装备同样是高科技。此外，航母战斗群的舰载机、护航舰艇等无一不是高科技在军事装备方面的集中体现。

对航母战斗群而言，每艘护航舰艇、每架舰载机都造价不菲，更不用说航母自身了。例如，美国海军最后退役的常规动力航母"小鹰"号，1961 年建造的费用达 2.65 亿美元，同样的钱可以建造 10 艘"大比目鱼"级攻击型核潜艇。1975 年服役的"尼米兹"号核动力航母的建造费用为 18.8 亿美元，足以建造 9 艘"加利福尼亚"级核动力巡洋舰。美国海军正在建造的"福特"级航母，单艘花费超过 140 亿美元，至少可以建造 5 艘"阿利·伯克"级驱逐舰的最新改进型。

虽然航母战斗群内的其他舰艇或舰载机在单价上远低于航母，但它们的总建造费用同样惊人。目前，美国一支大型航母战斗群通常配备 1 艘核动力航母、3 艘驱逐舰、3 艘护卫舰、2 艘核潜艇和 80 架舰载机。1 艘 10 万吨级核动力航母造价为 70 亿美元左右，1 艘"宙斯盾"驱逐舰造价是 15 亿美元左右，1 艘大型护卫舰造价为 8 亿美元左右，1 艘大型核潜艇造价为 25 亿美元左右，1 架舰载机造价为 5000 万美元左右。粗略计算，美国海军一支大型航母战斗群的总造价达 230 亿美元。

建造费用达 2.65 亿美元的美国"小鹰"号航母

航母战斗群不仅建造费用惊人，服役期间的运行费用同样是天文数字。运行费用主要包括直接费用和各种间接费用两类。直接费用主要包括人员费用、燃料费用、修理备件、供应品、训练消耗物资、服务性费用等。其中，人员费用主要包括工资、津贴、补助、伙食、医疗、被装、休假、疗养、退役、文体、政工、公杂、培训等费用开支，与舰员日常生活直接相关。燃料费用是指动力装置及设备所耗燃料的费用。修理备件主要是用于日常维修保养的备件。供应品主要包括设备、消耗品、舰员消耗物资等。训练消耗物资主要包括弹药及其他消耗物资。服务性费用主要有打印复印、自动数据处理、公共事业设备、通信等费用。各种间接费用是指服役期间所需的其他服务性和非投资性项目的费用，如驻扎基地保障费用、医疗保健费用、后勤工程技术勤务费用、训练设施维护费用等。

美国"里根"号航母战斗群

编队航行的法国"戴高乐"号航母战斗群

→ 航母的运行费用取决于哪些因素

世界各国的航母在运行费用方面差异较大，主要取决于性能参数、设备可靠性和维修性、自动化程度和使用强度四个方面。

（1）**性能参数**。航母的排水量、动力装置类型等性能参数，对航母的运行费用有很大影响。排水量大意味着相应的设备多、舰员多、武器装备多、马力大等，因而运行费用也大。以美国航母为例，"小鹰"号航母的满载排水量为86000吨，舰员编制为2930人。"企业"号航母的满载排水量比"小鹰"号航母增加了7970吨，舰员编制相应增加了1870人。如按2003财年经费计算，训练1名水兵大约要花费8.7万美元，训练1名普通军官需要花费15.9万美元，按平均每人每年10万美元计算，"企业"号航母每年的人员费用要比"小鹰"号航母多出1.87亿美元。

动力装置类型主要影响运行费用中的人员费用。一般而言，核动力装置较常规动力装置的人员费用更高，因为核动力装置需要更多的操作人员，一艘核动力航母的动力部门需要749人，较常规动力航母多出130人。核动力操作人员的级别相对较高，工资标准也相应较高，核动力航母动力部门现役人员近50%是E5及以上级别，而常规动力航母动力部门75%的人员是E4及以下级别。此外，核动力航母上的人员还有特殊工资及各种补助等。

（2）**设备可靠性和维修性**。设备可靠性和维修性与航母的运行费用成反比关系：航母上设备的可靠性指标越高，设备故障次数就越少，舰员预防性检修和修复性维修的工作量就越小，维修零配件和备品、备件的数量就可适当减小，相应地修理费将下降；维修性指标越高，设备就越便于维护，发生故障时也越易于修理，相应地维护费也将下降。设备可靠性和维修性主要在研制阶段确定，如果研制阶段对可靠性和维修性进行适当投资，航母服役后的运行费用可以大大降低。

美国在研发新一代"福特"级航母时，投入了约34亿美元（2008财年）研制先进的电气化设备，像电动弹药升降机、电磁弹射器、先进阻拦装置等，不但提高了航母的作战能力，而且极大地提升了设备的可靠性和维修性，降低了维护需求。如电磁弹射器和先进阻拦装置所需的操作和维护人员比蒸汽弹射器和液压阻拦装置少 30% 以上，人员编制可减少 200 多人，可节约大量人员费用。

（3）自动化程度。自动化程度与航母的运行费用成反比关系，即航母上设备的自动化程度越高，人员编制就越少，运行费用中的人员费就大大降低。为了节约人手，美国海军提出了"智能航母"计划，其目的是通过全舰广域网和监控系统、人工智能系统将舰上各种机械系统、电气系统进行集中网络化监控，可以在不同的控制台对同一设备进行监控。采用"智能系统"的"福特"级航母，无论是电磁弹射器、先进阻拦装置、自动化的损害管制系统、自动化的弹药处理系统等新系统，还是与"尼米兹"级航母相同的旧系统，都能较好地融入"智能航母"计划基础上发展起来的综合平台管理系统中，使得新航母可减少舰员 500 ～ 900 人。

（4）使用强度。使用强度与航母的运行费用成正比关系，即航母上设备的使用强度越大，运行费用就越高。这主要表现在备品、备件的维护保养和舰员的保健费用方面，例如参加 1991 年海湾战争的美国"尼米兹"号航母的使用强度明显高于其服役初期的使用强度，由此导致 1991 年该舰的年度运行费为 1.022 亿美元，比 1978 年的年度运行费 7480 万美元高出近 2740 万美元。自 1991 年以后，该航母也保持着较高的使用强度，年度运行费维持在 1.03 亿美元左右，并呈逐年上涨的趋势。

尽管各国航母在运行费用的金额上并不相同，但也有一些共同的特点。首先，航母的人员费是运行费用的主要投入点。研究表明，美国"小鹰"级常规动力航母人员费占据运行费用的 66.5%，其次是燃料费占 17.5%，备品、备件和供应品费占 13%，训练费占 2.3%，其他占 0.7%。"尼米兹"级航母的人员费占据运行费用的 57%，其次是核燃料保障费占 22.4%，训练费占 12%，备品、备件和供应品费占 8%，其他占 0.6%。究其原因，一是航母的排水量大，人员编制数量多，且舰员的工资及各种补贴均较高，因此人员耗费巨大；二是航母上舰员的居住性标准要求较高，生活设施和工作设施要不断改善，导致费用增加；三是航母的系统设备比较复杂，高技术应用较多，需要不断对舰员进行培训，因而培训费用也较高。

美国"尼米兹"级航母三舰同行

其次，运行费用每年投入相对平稳。在航母服役前，相关部门会制订一个详细的部署计划，对航母的部署时间、维修和训练时间都有规定。即使在具体执行过程中需要根据实际情况对部署计划进行调整，一般也仅仅是微调，不会从根本上影响部署的稳定性。这种稳定性使得航母的运行费用投入相对平稳，尤其是保障航母训练和部署的燃料费、备件费和训练费等费用。例如，美国海军"艾森豪威尔"号航母在 1984～1995 年的平均年度运行费用为 1.02 亿美元，总体变化幅度除 1995 年之外均在 10% 以内。

美国"布什"号航母的舰员在清洗水果

美国"布什"号航母的舰载机在补充燃油

最后，运行费用投入在总体平稳基础上具有一定的波动性。由于一艘航母的维修周期一般都是跨年度的，因此难免会出现有的年份航母战备时间较长，有的年份战备时间较短，再加上一些突发事件（如局部战争、国际原油价格波动、突发事件等）的影响，航母年度运行费的投入呈现总体平稳基础上的波动性特征。

满载飞机的美国"艾森豪威尔"号航母

航母的航行速度单位为何是节

众所周知，在陆地上表示速度所采用的国际通用单位是米 / 秒或是千米 / 时，但在海洋中不一样，航母、驱逐舰、潜艇等舰艇的航行速度通常用节（knot）来表示。对此，许多人都会感到不解。实际上，节是一种历史悠久的航海速度计算单位，其来源颇有趣味。

16 世纪时，欧洲国家的航海技术已经有了一定的发展，但是由于没有时钟和记录航程的仪器，所以人们无法得知舰艇的航行速度。后来，有一位聪明的水手想到了一个记录航行速度的办法：他在舰艇前进的时候，把拖有绳索的浮体抛向水面，然后根据一定时间内拉出的绳索长度计算舰艇的速度。由于当时使用的是流沙记时器，放出的绳索有时会长短不一，水手便在绳索上打了许多等距结，这样只要计算一定时间内的节数就可以知道舰艇的航行速度了。此后，舰艇的航行速度便用节来计算，并成为国际上通用的航海速度计算单位。

时至今日，现代舰艇的测速仪已经非常先进，随时可以用数字显示出来，"抛绳计节"早已成为历史，但"节"作为航海速度计算单位仍然被沿用。海水流速、海上风速、鱼雷等水中兵器的速度等，也是以"节"为单位。现在国际上通用的是 1 节为 1 海里 / 时，1 海里等于 1.852 千米，所以 1 节等于 1.852 千米 / 时。

需要注意的是，海面上并不适用"千米"这个概念，而是普遍采用"海里"来作为海上长度单位。海里原指地球子午线上纬度 1 分的长度，由于地球略呈椭球体状，不同纬度处的 1 分弧度略有差异。在赤道上 1 海里约等于 1843 米，纬度 45°处约等于 1852.2 米，两极约等于 1861.6 米。1929 年，国际水文地理学会议确定用 1 分平均长度 1852 米作为 1 海里。1948 年，国际海上人命安全会议承认 1852 米或 6076.115 英尺为 1 海里，故国际上采用 1852 米为标准海里长度。

值得一提的是，舰艇上锚链分段制造和使用标志长度单位也用"节"来表示，通常规定锚链长度 27.5 米为 1 节。

航行中的美国"里根"号航母

在近海航行的美国"布什"号航母

→ 欧洲各国能否联合发展大型航母

欧洲是世界上经济最发达的大洲，欧洲国家大多属于发达国家。作为欧洲三巨头的英国、法国、德国，是曾经的世界霸主。如今的现代化军事较量中，拥有航母便是强国的象征。虽然英国拥有"伊丽莎白女王"级大型航母，但因各种原因没有采用核动力装置。法国的"戴高乐"号航母虽然采用了核动力装置，但只是一艘中型航母，舰载机起降能力有限。而作为欧洲老牌强国的德国，则连一艘航母都没有。那么，欧洲各国有没有可能联合发展大型航母？

2019 年 3 月，德国总理默克尔罕见就发展航母的建议表态，她表示支持欧盟共同研发"欧洲航母"的构想。默克尔的表态，引发了外界对于"欧洲航母"概念的关注。这是一个在过去不太被重视的方案，其最大的特点在于，如果真的发展这样一型航母，则新舰可能将不单纯属于德国，而是可能属于众多欧洲国家。

"欧洲航母"是一个非常宏伟的军备发展构想，如果研发成功的话，将从整个欧洲层面上凸显必要的全球战略影响力。但这也是一个备受争议的构想。因为在过去的几十年间，欧洲国家虽然联合发展过下一代共同护卫舰计划、三国共同护卫舰项目，但从未真正抱团建造过航母，特别是超级（核动力）航母，更没有在欧洲的造舰计划中出现过。欧洲国家有合作建造大型战舰的经验，但不代表欧洲国家就有联合发展大型航母的能力。发展大型航母，面临的制约因素很多。倘若是众多国家抱团研发，必须考虑的问题就更多了。

（1）海军战略差异。航母属于远洋战略装备，这种装备的发展，必然受到海军战略规划的影响。如果是单一国家开发航母，则可以自行拟定海军发展战略，去构建可能的愿景和方向；如果是多个国家联手制定发展战略，问题就会复杂得多。

欧洲多个国家都拥有较强的军事实力，但每个国家都有自己的利益诉求，对制海权有想法的国家，也有各自的海军发展战略，这就使得各个国家很难在发展大型航母方面达成一致。德国提出发展"欧洲航母"，其实也是基于自己的利益诉求，其他国家是否会响应，仍是未知数。

目前欧洲真正拥有航母的国家，主要包括英国、法国和意大利等。英国建造了排水量 60000 吨以上的"伊丽莎白女王"级航母，法国发展了 40000 吨级的"戴高乐"号航母，意大利则拥有"加里波第"号和"加富尔"号航母。此外，西班牙纳凡蒂亚集团也研发了"胡安·卡洛斯一世"号战略投送舰，这是一种可以起降 AV-8B 和 F-35B 短距起降舰载机的大型战舰，它拥有 STOVL（短距起飞和垂直着陆）航母的性能特点。

可以看出，上述几个拥有航母的国家，都有自己的海军发展战略。英国是岛国，"伊丽莎白女王"级航母规模更大，但是它们实际上也是使用 STOVL 舰载机的；法国和英国一样有蓝水海军战略，"戴高乐"号航母使用核动力装置，可在全球水域进行长距离航行，并且法国还自己开发了"阵风"M 型舰载机，使得"戴高乐"号航母的作战体系自成一家；至于意大利和西班牙，则更多考虑在地中海活动的需要，意大利的航母兼具两栖攻击舰的性能，西班牙的"胡安·卡洛斯一世"号战略投送舰则是一种标准的多用途战舰。

如果德国想拉拢上述国家来合作建造超级航母，首先就要说服这些国家在海军战略发展方面达成共识，并让渡一部分决策权。这显然是非常有难度的工作，因为每个国家都有自己的想法，都有自己的利

英国建造的"伊丽莎白女王"号航母

益出发点。即使能够达成共识，成员国往往也会争夺项目的主导权，结果有可能就是不欢而散。况且，已经拥有航母的国家，对新型航母并没有迫切的需求。德国提出的"欧洲航母"方案，对这些国家而言吸引力不大。而如果德国去拉拢那些没有航母建造经验的国家，则显得没有多大意义。

（2）难以估量的成本开支。即使欧洲的军事强国最终能够就共同航母项目达成共识，并拟定合理的分工合作方案，也不代表项目就能够顺利推进。因为建造航母的成本是极为高昂的，英国的"伊丽莎白女王"级航母造价在 30 亿英镑以上，法国的"戴高乐"号航母保守造价为 20 亿美元。如果是建造大型航母，成本将会更高，美国的"尼米兹"级航母造价动辄几十亿美元，"福特"级航母的单舰价格更是突破了 100 亿美元。

在建造大型航母的同时，还必须考虑舰载机的开发采购费用，以及航母整个服役周期的日常运行开支。这些费用通常能够轻易突破百亿美元大关，对于合作开发大型航母的国家而言，这将是一笔笔沉重的经济负担。各个合作国家可能会因为成本分配问题而争论不休，甚至有的国家可能会因为开支过大而选择退出。

即便是综合国力较强的德国，恐怕也没有准备好投入巨额资金用于发展大规模军备项目。2014 年，北约曾呼吁各成员国将国防预算占国内生产总值（GDP）的比重增加到 2%，但是德国显然没打算执行这一要求。2014 年德国的军费为 347 亿欧元，占 GDP 的 1.18%。之后，德国军费在 GDP 中所占比例持续升高，但始终没有超过 2%。2019 年德国的军费为 479 亿欧元左右，占 GDP 的 1.39%。2020 年德国的军费提高到 503 亿欧元左右，占 GDP 的 1.42%。像超级航母这样的军备发展计划，必然要消耗巨大成本。如果德国自己没有做好准备，那么其他国家就更加不可能响应了。

（3）来自美国的外力干预。除了欧洲内部存在的影响之外，来自美国的干预政策也会导致"欧洲航母"项目的发展面临巨大阻力。美国一直很警惕欧洲自行发展的防务项目，因为美国担

法国建造的"戴高乐"号航母

心欧洲会逐渐将自己排挤在外。此前法国总统马克龙提出"欧洲军队"发展建议的时候，就遭受了美国的无情嘲讽。美国认为，只有美国主导的北约能够保护欧洲，欧洲不应寻求在北约之外打造规模巨大的防务力量。

既然美国反对"欧洲军队"的成立，那么美国自然也就不会支持"欧洲航母"项目的发展。因为"欧洲航母"项目的出现，事实上也是欧洲防务力量自主发展的象征之一。德国有意在欧盟框架下发展"欧洲航母"，这也印证了其对"欧洲军队"的支持态度。对美国而言，这显然也是"不听话"的表现。

如果欧洲拥有自己的超级航母，就有可能和美国抗衡。美国一直试图保持其军力优势，所以不想看到强大的竞争对手出现。即使欧洲国家名义上和美国保持着同盟关系，但站在战略层面来看，欧洲如果配备了实力强大的超级航母，则美国的优势地位一样会受到冲击。

事实上，从美国正在向欧洲输出 F-35 战斗机，就足以看出美国试图让欧洲在防务发展方面更加依赖于美国。现在欧洲越来越多的国家选购 F-35 战斗机，这使得美国的话语权更大。对于"欧洲航母"项目，美国可能会采取同样的政策。如果欧洲非要发展自己的航母，则美国也势必会干预其中，并试图获得主导权。对于欧洲国家而言，这显然也是一个大麻烦。

意大利建造的"加富尔"号航母

西班牙建造的"胡安·卡洛斯一世"号战略投送舰

综上所述，欧洲国家在合作开发大型战舰方面已经有过丰富的经验，但是对于"欧洲航母"这样的概念，目前欧洲国家尚未有一致的想法。海军战略、成本开支、外力干预的影响，导致"欧洲航母"概念很难转化为现实。除了上述因素之外，或许还有更多的问题也在阻碍着"欧洲航母"的发展。但仅考虑已知的这些因素，就已经可以得出推论：在未来一段时期内，欧洲共同建造大型航母的计划将很难实现。

→ 建造 15 万吨级航母对干船坞有何要求

目前，世界上还没有 15 万吨级航母问世。迄今为止，全球建造过 10 万吨级以上核动力航母的只有美国纽波特纽斯造船厂。该造船厂是美国规模最大的私人造船厂，位于弗吉尼亚州的纽波特纽斯，邻近汉普顿锚地。

纽波特纽斯造船厂是目前美国唯一可建造超级航母的造船厂，并与邻近的美国海军诺福克海军基地有紧密合作关系。纽波特纽斯造船厂占地 5.4 平方公里，有 3 座干船坞、1 座浮动船坞、5 个舾装码头。专门建造航母的 12 号干船坞长 661.6 米，宽 76.2 米，配备了巨大的"蓝色巨人"龙门吊，能吊起 945 吨的航母分段。这个干船坞的最大特点是尺寸较长，而且具备完整的核设备运输和安装的设施。不过它的宽度和深度都很一般，大部分坞段的净宽度只有 85 米，靠近陆地的一段甚至还有所收缩，宽度不到 80 米。更关键的是其净深度只有 12.8 米，造成"尼米兹"级和"福特"级航母的下水安全深度不太宽裕，也限制了"福特"级航母的满载排水量不宜超过 11 万吨，更不可能进一步增加到 15 万吨。

核动力航母本身的自重很大，远大于当代多数民用船舶的自重。例如，30 万吨级超级油轮的船壳自重多在 4.5 万吨到 4.8

美国纽波特纽斯造船厂的龙门吊

万吨之间。而一艘满载排水量在 10.5 万吨左右的"福特"级航母，空船自重就超过了 6.5 万吨。因此，30 万吨级超级油轮在新船空船下水时，最大吃水通常不会超过 6 米。相反，"福特"级航母即使空船下水，实际吃水仍然超过 8 米。因此，30 万吨级甚至 50 万吨级的民船船舶可以通过 12.8 米级别的干船坞轻松下水，而仅仅 10.5 万吨的"福特"级航母通过 12.8 米深的干船坞下水就已经是安全深度的极限了。

建造中的美国"福特"级航母

美国纽波特纽斯造船厂的 12 号干船坞开始进水

要建造 10 万吨级的核动力航母，不仅要有 30 万吨级的干船坞，还必须有 1200 吨级或者更大吨位的龙门吊。如果没有这么大吨位的龙门吊，就必须在同一个干船坞中设置 2 台 800 吨级的龙门吊一起发力。除了干船坞本身和龙门吊以外，还有第三个决定性因素，就是干船坞外的水域净深度。事实上，全球大部分干船坞外部的海水或者河水的净深度，由于受到海潮顶托和泥沙淤积的影响，都要小于干船坞的内部净深度。大多数情况下，干船坞门外的自然深度要比船坞内部的底板高出 2～3 米，即使经常人工疏浚，也只能疏浚干船坞门口的小片水域。而一艘 10 万吨级航母动辄 340 米长，出坞后即使小幅度转向，经过的水域也有 700 米以上的长度和宽度。这个范围内的水深就叫作坞外的实际净深度，大部分情况下都小于干船坞的内部净深度。也就是说干船坞的内部净深度为 12.8 米，那么坞外水域的实际净深度多在 10 米到 10.5 米之间。因此，包括航母在内的大型船舶下水必须等待涨潮的时刻，以便增加安全水深。

"福特"级航母的球鼻艏和螺旋桨的下水深度在 8.5 米左右，下水出坞时即使满潮，出坞后，螺旋桨距离海底也不过 2 米左右的最低安全距离，如果把航母的吨位扩大到 15 万吨，那么下水时的安全水深就必须在 10.5 米以上。如果仍然在纽波特纽斯造船厂的干船坞下水，即使满潮也会碰触海底。而纽波特纽斯造船厂的干船坞已经是美国现在尺寸最大的干船坞了。美国要想建造吨位更大的航母，就必须建造尺寸更大的干船坞。

未来有潜力生产 15 万级航母的干船坞，坞内深度必须超过 14 米，坞外水域的实际深度必须在 12 米以上。同时，干船坞宽度在 82 米以上，具备 1200 吨级及以上的龙门吊。目前全球具备这个标准的干船坞，只有寥寥几个。

英国罗塞斯海军造船厂中的"伊丽莎白女王"号航母（图右 1 号船坞）
与"卓越"号航母（图左 2 号船坞）

→ 航母战斗群具有哪些作战能力

航母战斗群是空中、水面和水下作战力量高度联合的海空一体化机动作战部队，具有灵活机动、综合作战能力强、威慑效果好等特点，可以在远离军事基地的广阔海洋上实施全天候、大范围、高强度的连续作战。航母战斗群的强大综合作战能力主要体现在以下六个方面。

（1）对岸打击作战能力。冷战结束后，由于国际形势的变化，各国航母战斗群的作战任务发生了很大变化，对岸打击逐渐成为航母战斗群的主要任务，而这一任务主要由舰载航空兵和巡航导弹担负。

（2）对海作战能力。对海作战是航母战斗群的传统作战任务，主要包括反舰作战和反潜作战，其目的是夺取和保持制海权，具体作战行动包括封锁作战海区、攻击敌方水面舰艇和运输舰船等。其中，攻击敌方水面舰船和潜艇是航母战斗群对海作战的主要作战行动，通常由舰载航空兵和反舰导弹在距航母 200～500 海里范围内实施突击，应严防敌方水面舰艇和潜艇接近航母 200 海里以内。

（3）制空作战能力。制空作战能力主要包括警戒能力和对空防御能力。夺取局部区域或海域的制空权是航母战斗群遂行海空封锁任务的基本方法，也是航母战斗群在远离本国海域执行作战任务必须具备的能力。

（4）信息作战能力。信息作战是航母战斗群借助侦察监视卫星、电子侦察卫星、空中预警机、侦察巡逻机、电子侦察机、舰载雷达系统、水声探测系统等电子侦察装备，探测、确定、削弱和破坏敌方电磁频谱的使用，并保护己方对电磁频谱的有效使用的作战行动。信息作战贯穿防空、反舰、反潜和对岸打击等作战活动的全过程，因此受到各国海军的高度重视。通过信息系统高效的指挥控制，航母战斗群可以在广阔的海域共享情报资源，协调作战行动，实施攻防作战。

（5）战役机动能力。航母战斗群具有良好的战役机动能力，可以利用广阔的大洋空间自由航行。因此，一旦危机爆发，担负战备的航母战斗群可迅速以最高航速（30～33 节）向危机地区接近。

（6）综合防护能力。航母战斗群的目标庞大，行动隐蔽性差，同时又是高价值目标，也是敌方重点关注的目标。要保证自身安全，必须具备很强的综合防护能力。航母战斗群在有敌情威胁的海域活动时，通常配置成大纵深、全方位、立体的严密防御队形，时刻防备着敌情威胁。例如，美国海军"尼米兹"级航母编队的防御体系包括3层：第一层为外防区，又称纵深防区，距航母185～400千米；第二层为中防区，或称区域防御区，一般距航母45～185千米；第三层为内防区，或称为点防御区，防御纵深距航母0.1～45千米。

正因为航母战斗群的综合防护能力强，具有很强的战役机动能力，能独立夺取局部区域或海域的制空权、制海权和制电磁权，并具有同时对多个目标实施远程精确打击的能力，所以被视为和平时期应对局部战争、武装冲突和投送兵力的关键力量。美国航母战斗群几乎参加了近年来所有的局部战争，在海湾战争、科索沃战争、阿富汗战争和伊拉克战争中，美国航母战斗群无不是作为急先锋被部署到战区前沿的。

美国"布什"号航母搭载的 F/A-18 战斗 / 攻击机
准备弹射起飞

美国"里根"号和"斯坦尼斯"号双航母战斗群

美国"布什"号航母的军械员正在检查
舰载机挂载的导弹

美国航母搭载的 E-2 预警机

→ 二战时期航母与现代航母有何区别

　　航母的历史可以追溯到 20 世纪初，那时英国作为一个传统的海军强国，率先把这样的重型武器带到了战场上。到了二战时期，美国拥有140 余艘航母，英国有 90 余艘航母，就连日本也有 20 余艘航母。由此可见，在 20 世纪建造航母并不是什么难事。然而到了现在，世界各国服役的航母加起来还不到 20 艘。为什么现代军事科技更发达，航母数量反而越来越少？

　　事实上，二战时期的航母并不能说是真正意义上的航母。当时各国建造的航母比较简单，吨位较小，建造难度较低，即便是大型航母的排水量也只有 3 万多吨，所以才能快速建造。当时美国拥有很多大型商船和油轮，而这些大型船舶的排水量都很大，再加上美国的工业实力加持，这些航母可以在很短的时间之内被改装成航母，并直接投入到战争当中。凭美国当时的工业实力，一年就建造了 50 艘这种类型的航母，其间更是做出了 76 天建造 1 艘航母的壮举。从 20 世纪 30 年代开始，日本也开始仿照美国，将民用船舶作为"航母预备舰"，短短十几年，日本建造或改装出了 20 多艘航母。如果不是战争后期日本的工业遭到了严重的打击，其航母数量还会大幅攀升。

　　二战期间，为了增加载机量，一些航母会采用双层机库设计，这样一来机库的高度就比较低。同时二战时期的舰载机尺寸较小、重量较轻，对升降机的要求不高，所以二战航母的升降机尺寸较小，增加的重量也不大。当时的舰载机都是螺旋桨飞机，失速速度（飞机着陆最小速度）较低，所以舰载机可以在甲板风的作用下直接起飞。因此，二战时期航母舰载机起飞时一般会在飞行甲板上排着整齐的队伍，依次起飞。当然也有用弹射器弹射起飞的，但是这种起飞方式的起飞效率比列队起飞要低，所以在二战中不常使用。

二战后，舰载机迅速发展，尺寸重量增大，并换装了喷气式发动机。为了搭载这些舰载机，航母必须做出一些改变，于是就有了现代航母。由于喷气式飞机的失速速度远高于螺旋桨飞机，因此舰载机不能直接从航母上起飞，只能借助弹射器或者"滑跃"甲板的力量才能起飞。所以现代航母必须安装弹射器或者"滑跃"甲板，同时要有更大的机库和升降机，飞

行甲板面积和排水量也相应增大。现代航母不仅拥有更多的军事功能，还拥有更加强大的打击能力。与二战时期相比，现代航母科技已经发生了翻天覆地的变化，建造航母的难度非常大。

二战时期美国建造的"大黄蜂"号航母

2019 年 12 月开始服役的英国"威尔士亲王"号航母

→ 航母为何要携带舰猫

　　在现代社会，很多人都喜欢饲养宠物来陪伴自己。在各种宠物当中，猫是尤为常见的一种。但在航母上养猫，恐怕会有很多人觉得不可思议。事实上，欧美国家的海军在军舰上养猫的传统由来已久。他们将其称为舰猫，并授予军衔。

　　早期的风帆战舰，大多是木质结构，在远洋航行的途中很容易被海水侵蚀。同时，大量的食物在温热潮湿的环境中也很容易腐烂，这就给老鼠的繁殖提供了有利空间。而每次出海，难免会有老鼠窜上舰艇，长此以往，舰艇上的老鼠就越来越多，轻则偷吃食材，重则啃咬木质舰体，导致结构失衡，给远洋航行造成极大的安全风险。此外，老鼠还会在船上传播病毒和细菌，军舰在海上航行一般都是一个长期的过程，如果发生鼠疫，那将会是一个非常危险的局面。因此，为了对付这些烦人的老鼠，家猫就被带上了军舰，为抑制鼠患立下了汗马功劳。

　　而到了近代，军舰大多数变成钢质主体，而且布局规整，加上科学的预防和治理手段，老鼠所能造成的危害已经很小，猫也因此失去了用武之地。但水兵们还是将养猫的习惯延续了下来，主要原因就是这些性情温顺、外表可爱的小动物，能在远洋航行和战斗间歇，给官兵们抚平烦躁不安等负面情绪。因此，在军舰上养猫，一度成为西方国家海军的传统。而且在某些国家船员的眼中，猫已经成为一种平安、幸运的象征。

　　不过，随着现代海军对卫生和安全意识的增强，军舰养动物的传统也被逐渐摒弃。

二战时期美国海军士兵及其饲养的舰猫

俄罗斯"库兹涅佐夫"号航母上的舰猫

→ 两栖攻击舰是不是缩小版的航母

两栖攻击舰是一种用来在敌方沿海地区进行两栖作战时，在战线后方提供空中与水面支援的军舰，可以提供舰载机的起飞和降落。它是现代海军舰艇中大小与排水量仅次于大型航母的类别，两者在外形上有一定相似之处。事实上，两栖攻击舰最初就是由航母改造而来的，如今航母与两栖攻击舰之间的界限也越来越模糊。但是两栖攻击舰并不是缩小版的航母，两者之间的区别不只是尺寸大小那么简单。

从某种程度上来说，两栖攻击舰是航空能力强化的船坞登陆舰，而非加装坞舱的航母。两栖攻击舰需要提供的是由舰到岸的运输能力，为此两栖攻击舰需要在船舱内部设计车辆甲板。两栖攻击舰必须具备车辆装卸能力，所以需要车辆跳台。从近海到岸边的过程中，两栖攻击舰需要向陆地投射单位，所以两栖攻击舰需要通过坞舱的形式搭载气垫登陆艇或者机械化登陆艇。但是单一依靠两栖车辆和气垫艇登陆效率过低，并且气垫艇使用条件较为苛刻，所以两栖攻击舰要求有一定的运输直升机的搭载能力。为了掩护运输直升机，两栖攻击舰需要搭载少量的作战飞机，可以是战斗机，也可以是武装直升机。

因为两栖攻击舰的主要职责是两栖作战，所以两栖攻击舰不需要像航母一样常态化搭载大量战斗机，因此可以相应地裁减航空燃油的储备量，降低航空指挥设施的数量，以及降低甲板的结构强度，甚至直接使用民用标准，因此同吨位的两栖攻击舰的价格远低于航母。

有意思的是，吨位相对较小的两栖攻击舰，其舰岛往往比航母的舰岛更大。之所以如此，很大程度上是由两者舰岛的功能所决定的。两栖攻击舰搭载的是一个两栖作战的指挥中心，

美国"美利坚"级两栖攻击舰

35

而航母搭载的只是一个航空指挥中心。相对于只进行空战和海战的航母来说，两栖攻击舰担负的两栖登陆作战任务是所有作战样式中最复杂的一种。两栖攻击舰需要时刻与前线部队、后方火力支援、投送载具之间保持通信联络。从电子信号收发角度来看，当然就是舰岛越大越好，天线越多越好。虽然从电磁兼容的角度来看，天线不应过于密集，但是两栖攻击舰的空间有限，因此只能在保证功能完善的前提下尽量缩减舰岛的体积。

从舰体设计的角度来考虑，航母的舰岛相对较小，是因为充分利用了甲板下层空间。例如，可以将飞行员的准备室和航空指挥中心都放到甲板下面。毕竟，航母不需要容纳两栖登陆战车，同时也不需要容纳相应的海军陆战队士兵。而两栖攻击舰的甲板下面一般都要存放各类登陆装备，因此相应的舱室只能向舰岛堆叠。此外，两栖攻击舰不需要持续保持高航速，所以舰岛设计以实用为主，而不是像航母那样必须考虑高速航行时的风阻和舰载机起降时的遮挡问题。

英国"海洋"号两栖攻击舰

总而言之，虽然两栖攻击舰与航母外形相似，但内部构造和作战使命并不相同。早期两栖攻击舰多由航母改造而来，主要原因是二战时期建造的航母数量太多，在新型航母出现以后，这些二战航母显得大而无当，由于舰体寿

韩国"独岛"级两栖攻击舰

命尚未耗尽，只能改造为两栖攻击舰使用。但将二战航母降级作为两栖攻击舰使用，并不能替代专业的两栖攻击舰。因此，如今许多国家都装备了专门建造的两栖攻击舰。

美国"黄蜂"级两栖攻击舰（上）和"中途岛"级航母（下）

→ 如何处理退役航母

　　航母是一个国家军事实力的重要体现，建造一艘航母需要大量的人力、物力和财力。但航母也是有寿命的，即便是服役时长超过半个世纪的核动力航母，也会有退役的那一天。这样一个庞然大物不能继续运作后，要如何处理呢？一般来说，退役航母主要有以下几种处理方式。

　　（1）维修升级再出售。有些航母退役时，舰体寿命还有剩余。由于航母建造成本高、建造周期长，对于军事工业薄弱又想拥有航母的国家而言，购买别国退役的航母是不错的选择。印度在1957年和1986年分别从英国购买了两艘改装过的退役航母。2004年1月20日，印度又与俄罗斯签订了购买"戈尔什科夫海军上将"号航母的合同。2000年11月，巴西从法国购买退役的"福熙"号航母，将其命名为"圣保罗"号航母。

（2）拆解回收。
建造航母很难，拆解
航母也不简单。美国
在1993年将"珊瑚海"
号常规动力航母进行
了拆解，耗时7年，
而建造这艘航母花费
的时间连3年都不到。
而要拆一艘核动力航

购自法国的巴西海军"圣保罗"号航母

母，其难度比拆常规动力航母要大很多。以美国海军第一艘核动力航母
"企业"号为例，该舰在美国海军服役了51年，是美国海军在役时间最
长的航母。2012年12月1日，"企业"号航母举行了退役仪式，美国
海军决定将其拆解。根据相关单位的评估，全面拆解回收"企业"号航
母至少需要15年时间，并且耗资15亿美元左右。

等待拆解的美国"企业"号航母

（3）被炸成人工礁石。1976年，美国"奥里斯卡尼"号航母退役，
并长期处于废弃状态。里根执政时期，曾提议修复"奥里斯卡尼"号航
母，但因成本过高遭国会否决。1988年美国政府决定将"奥里斯卡尼"
号航母出售拆解，但拆解合约在1997年因故告吹，最终美国决定将"奥里斯卡尼"号航母凿沉做成人工鱼礁。2006年, "奥里斯卡尼"号航母在彭萨科拉外海被炸沉, 成为目前世界上规模较大的人工鱼礁之一。

被炸沉的美国"奥里斯卡尼"号航母

（4）退役封存。运气好的退役航母会被封存, 以备战时启用。美国曾经在西海岸华盛顿州的布雷默顿港集中封存了4艘航母, 即"小鹰"号、"星座"号、"独立"号（福莱斯特级）和"游骑兵"号。但封存舰艇程序烦琐, 需要拆卸核反应堆、封存管路等, 成本高昂。而且封存对环境要求很高, 战时投入现役也需要几个月时间改造。所以, 封存舰艇也不是所有国家都能做到的。即便是美国, 也无法将退役航母长期封存。

（5）作为靶舰。美国不出售退役航母, 主要原因是技术封锁和保密。把退役航母改作靶舰, 检验航母的抗爆炸能力, 这是大多数美国退役航母的归宿。1946年7月1日, 由B-29轰炸机空投的原子弹在158米高度爆炸, 距离爆心800米的"独立"号（独立级）轻型航母首当其冲, 飞行甲板及桅杆、烟囱等当即被摧毁, 燃起的大火烧毁了舰体内部, 并持续了24小时, 但该舰仍能在水面漂浮, 后来被拖离目标区, 拖抵旧金山长期用于放射性研究之用, 直到1951年1月29日才再次作为靶舰被击沉。1996年退役的"美国"号航母在2005年被选为美国航母抗打击试验平台。美国海军动用了鱼雷、反舰导弹、巡航导弹甚至自杀式小艇等武器, 对其攻击了25天, 最终沉没。航母上安装的数百套传感器和摄像机, 记录下了整个过程中的试验数据, 为美国海军研发新型航母提供了权威的参考资料。

（6）改造为博物馆、漂浮平台。在美国，改造成博物馆是退役航母较好的归宿之一。到目前为止，美国有5个航母博物馆，即"无畏"号、"约克城"号、"列克星顿"号、"大黄蜂"号和"中途岛"号。其中名气最大的是"中途岛"号航母，不仅得名显赫（1942年的中途岛海战是太平洋战争的转折点），而且服役时间很长，约20万美军官兵曾在舰上服役。众多支持者筹集了200万美元，耗时整整20年，终于实现了把"中途岛"号航母变成博物馆的梦想。

被改为博物馆的美国"中途岛"号航母

2012年，英国"皇家方舟"号航母退役后驶入泰晤士河，成为警用、医用直升机起落的漂浮平台。

→ 如何评价航母无用论

2020年4月，美国国防部出台了一份"内部评估报告"。该报告的宗旨就是建议美国海军裁减2艘核动力航母。为了填补裁减核动力航母留下的空缺，美国海军可以额外服役数十艘轻型载人船和无人艇，以求力量不会被削弱。针对这一报告，很多人认为美军将会有新的动向和战略转型计划。实际上，这只不过是美国实施的战略欺骗。

早已经形成完整航母战斗编队的美国，并不是第一次鼓吹"航母无用论"。冷战时期，苏联最高领导人赫鲁晓夫听信了美国人的宣传，认为航母是"浮动的钢铁棺材"，在未来核战争中是中看不中用。赫鲁晓夫对航母的偏执定性扼杀了苏联海军发展航母的努力，转而大力发展潜艇，水面舰艇编队的核心思路就是为潜艇部队提供掩护和支援。在苏联对航母嗤之以鼻的同时，美国却开足马力建造航母，当时美国正在研制10 万吨级别的"尼米兹"级核动力航母，"企业"号核动力航母正在环球航行以测试适航性。

直到 1988 年，苏联才幡然醒悟，开始建造排水量 8 万吨的"乌里扬诺夫斯克"号核动力航母。然而这一切都晚了，彼时的苏联已经羸弱不已，"乌里扬诺夫斯克"号航母预计完工时间是 1994 年，然而 1991 年苏联就解体了，这艘航母被乌克兰继承。如果乌克兰能够坚定信念，"乌里扬诺夫斯克"号航母很有可能顺利问世。然而，处心积虑的美国派出了一家钢材企业，向乌克兰承诺高价收购"乌里扬诺夫斯克"号航母，1 吨钢材价格是 500 美元，近 30000 吨钢材价格约 1500 万美元，这对当时经济羸弱的乌克兰来说是一个致命的诱惑，于是乌克兰就拆解了"乌里扬诺夫斯克"号航母。这艘代表了苏联航母巅峰水平的核动力航母最终成了一堆废铁。

时至今日，已经很少有国家相信美国鼓吹的"航母无用论"。有能力的国家一直致力于航母这一国之重器的建造，英国海军的"伊丽莎白女王"级航母刚刚服役，俄罗斯海军计划建造"施托姆"级航母，法国也计划于 2025 年开始建造新一代航母。而美国海军自不必说，正在紧锣密鼓地建造"福特"级核动力航母。

众所周知，航母是一个国家综合实力的象征。作为陆地作战的延伸、远洋作战的利器，航母具有浓厚的战略威慑意味。除了战略威慑的作用外，航母在作战时也具有普通驱护舰艇所没有的一些优势。航母的排水量较大，且一般都是以编队的方式执行任务，其他舰艇组成航母外部层层叠叠的防御圈，编队整体的对陆攻击、反舰、反潜、防空能力都十分强大。一般来说，除了受到弹道导弹以及重型反舰导弹的饱和攻击外，现代航母沉没的概率很小，是名副其实的攻防一体的大型战舰。

航母是一个海上移动机场，有利于己方掌握制空权。航母可以全球部署，赋予了舰载机几乎"无限"的航程。如果一个国家想对另一个距离较远的国家发动空袭，要么在目标国附近有自己或者盟友的空军基地，要么出动航母这个移动机场。航母浮于海上，移动速度快且周边有严密的分层防御圈，相较于固定不动的陆上空军基地，具备更强的生存能力。一旦爆发战争，陆上空军基地很容易成为被轰炸的目标，但定位并击沉航母却不是一件轻松的事情。况且，绝大多数国家在全球范围内没有那么多的空军基地，就连美国也在不断缩减自己军事基地的规模以减少费用支出。使用其他国家的空军基地和起降跑道会面对诸多限制及不确定性，但航母则是完全独立的可移动机场，美军在阿富汗、利比亚、伊拉克等局部战争中曾凭借航母这一特性取得了巨大的战术优势。

停泊在朴茨茅斯港的英国"威尔士亲王"号航母

美国建造的"福特"号航母

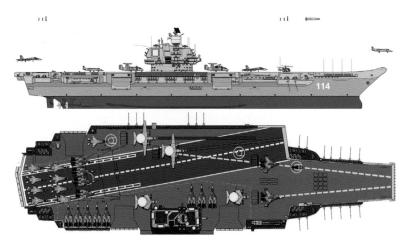

苏联"乌里扬诺夫斯克"号航母结构设计图

第 2 章
舰体构造篇

众所周知，航母是人类历史上体积最为庞大的一种武器，而现代大中型航母的排水量通常都超过 5 万吨，一望无际的甲板之上单凭数量众多的舰载机就能让人领略到宏伟的气势，犹如大山一般的身躯在海面上劈波斩浪的场面十分壮观。本章主要就航母构造方面的问题进行解答。

→ 概 述

航母由主舰体和上层建筑两部分组成。主舰体是飞行甲板以下的舰体部分，其外形设计往往通过计算机进行模拟，并在模型水池中进行试验，以获得最佳线形。在内部结构上，主舰体从飞行甲板到舰底龙骨按照垂直方向共分为若干层空间。在每一层的纵横方向上，又以水密舱壁分为若干水密舱段。水密舱壁可以防止舱室浸水漫延到其他舱室，以保证航母的安全。现代航母通常以机库甲板作为水密舱壁甲板，水密舱壁甲板以下舰体都必须以水密舱壁的形式形成舱室。

一般航母的甲板或平台之间的高度在 2.4 ～ 2.8 米范围内，机库的高度则取决于舰载机的高度，有时机库的高度要占去 2 ～ 3 层甲板的空间。机库是航母上最高大的舱室，常用活动的卷帘门分隔成 3 ～ 4 个机库。以美国"小鹰"级航母为例，从舰底龙骨到飞行甲板共有 10 层：从下往上第 1 层为燃油舱和淡水舱；第 2 ～ 4 层为主机舱、锅炉舱、副机舱以及舰载机的弹药舱；第 5 层主要为士兵住舱、食品舱和行政人员办公室；第 6 层为各种食堂、住舱；第 7 层为飞机修理库；第 8 ～ 10 层大部分为机库，还有值班室和飞行员食堂等。

英国"伊丽莎白女王"级航母正前方视图

美国"福特"级航母的球鼻艏

除了少部分航母（如美国"列克星敦"级）外，二战时期的航母大多采用开放式舰艏。这种设计便于放置防空机枪，起放船锚也比较方便，却存在强度差的问题。1944 年，美国"埃塞克斯"级"大黄蜂"号航母舰艏的飞行甲板就因为台风而严重损毁。因此，战后的美国航母全面采用封闭式舰艏，往后也一直沿用下去。由于改用封闭式舰艏，所以起锚装置由舰艏甲板移到了舰体内部。其他国家的航母也采用封闭式舰艏设计，从飞行甲板到船头皆一体成型。

自"尼米兹"级 9 号舰"里根"号开始，美国航母的舰艏下方开始采用"球鼻艏"设计，苏联"基辅"级航母、西班牙"阿斯图里亚斯亲王"级航母也采用这种设计。据计算，"球鼻艏"设计可使航母的最高航速提升 1 节，所以这种设计开始成为流行趋势。航母的侧舷通常设有供油处，采用斜角甲板的大型航母的舷侧甲板下即设有额外的露天甲板，可进行补给作业，为航母补充舰船油料与航空燃料。航母的舰艉通常是舰载机维修与测试的地区，为开放式。

现代航母的上层建筑力求外形简洁，从而缩小雷达反射截面积。此类技术非常复杂，经过多年发展，如今已实现了上层建筑的"集结化"，包括多功能相控阵雷达、封闭式桅杆（AME/S）、电磁辐射系统（MERS）和多功能射频系统（AMRFS）。早期处于摸索阶段的全通甲板航母曾经省略过上层建筑，如英国"百眼巨人"号和"暴怒"号航母，但后来发现这种设计对导航与航空管制不利而作罢。

在航母的发展历程中，大多数航母的上层建筑均配置于右侧，仅有极少数航母（如日本"飞龙"号）配置于左侧。这是因为大多数飞行员在起飞或进行攻击时习惯往左弯（由于飞行操纵杆为右撇子设计，设置于右侧，若要转弯，飞行员向左拉动远比向右顺手），而且舰载机在降落过程中要逆时针旋转（即左弯）进入环绕航母的环形航线。另外，二战时期大部分战斗机追击轰炸机时也是由右至左。英国正在建造的新一代航母采用了双舰岛设计，前舰岛负责航行，后舰岛负责航空管制，两座舰岛均比单舰岛设计更低矮。

美国"福特"级航母的上层建筑

美国"尼米兹"级航母结构图

→ 航母如何保持平衡

造船业发展至今，有一个重要的经验就是左右平衡，保持重心稳定，这样船舶在水里才能走得稳，能够抵抗较大的风浪。因此，绝大多数船舶是按照船体中线严格对称的。但航母是个例外：上面的飞行甲板太宽，下面的主舰体太窄，右侧是高耸的舰岛，左侧是空空的甲板，物理中心和几何中心不重合，这样在海上如何保持平衡？

半个多世纪以来，工程师们为了保持航母的平衡，想尽了办法。他们通过结构设计、重量分布、压载配平等方式让重心平衡，又通过减摇鳍、舭龙骨、减摇水舱、减摇舵等手段增加稳性。

（1）结构设计。航母右舷的舰岛很重，就算"尼米兹"级航母采用的小型舰岛也重达 700 多吨。1952 年，英国工程师发明了斜角甲板，通过左舷外飘甲板，既增加了甲板面积，让舰载机分区起降互不干扰，又平衡了航母重心，可谓一举两得。但这只是航母综合平衡中的一小部分，更多的秘密隐藏在船舱中。

（2）配平和压载水舱。航母看起来上宽下窄，其实水线以下的舰体非常宽，干舷也很高，从甲板到水面有十几米。例如美国"小鹰"号航母有 8 层甲板，共 1500 多个舱室。从上到下包含飞行甲板、弹射系统、机库、维修工厂、指挥中心、食品库、士兵舱、行政办公室等。虽然项目繁多，但重量只占一小部分。而蒸汽轮机、核反应堆、传动系统、弹药、燃油、淡水等重量较大的设备和物资都在 8 层以下的舱室里。燃油、淡水在左右舷侧边舱里，调整压载水量就能控制平衡。压载水还能增强防护力，抵御鱼雷打击。

（3）稳性好，舰体宽、干舷高，储备浮力大。船舶初稳性（船舶倾角小于 10°～15° 或上甲板边缘开始进水前的稳性）由很多因素决定，最重要的就是重心和稳心的相互关系。稳心是船舶浮心曲线的曲率中心，是正浮状态下浮力作用线与小角度横倾时浮力作用线的交点。航母稳心高、重心低，受力倾斜时浮心移动到重心外侧，产生向上的复原力矩，使航母恢复到平衡状态。不过稳心太高也不好，那样横摇周期短，晃动频率高，舰员容易晕船，也不利于设备操作，所以会控制在一个适当比例。

此外，航母舰体宽、干舷高，储备浮力特别大，大倾角稳性（倾斜角度大于 10°～15° 或上甲板边缘入水）也很强。所以不管正常航行还是恶劣海况，航母都能保持平衡，减小横摇横倾。

（4）减摇、平衡设备。舭龙骨是船舶上普遍应用的减摇装置，位于船舷和船底板连接部分，能增大横摇阻尼，减小约 25%～50% 的横摇幅度；在航母舰体左右，有 1 对或多对减摇鳍，像鱼鳍一样减小横摇保持平衡，有固定式、收放式、折叠式 3 种。减摇鳍受速度影响大，低速时效果不佳；船舷两侧的减摇水舱，在计算机控制下开关阀门，控制压载水横向流动，使其与航母横摇方向相反，周期相同，从而保持平衡；控制舵面、移动重物也可以减小横摇。例如法国"戴高乐"号航母上有 12 块移动金属块，每块重 20 吨。计算机控制金属块在滑轨上左右移动，调整航母平衡。舰载机起降、人员设备移动、油料消耗让航母重心不断变化，所以航母上有专人密切关注并及时调整。

美国"企业"号航母在大洋中航行

通过以上种种方式，航母这个形状奇特的多边几何体保持着强大的平衡和稳性，足以应对各种恶劣海况和敌人攻击，为舰载机提供一个安全平稳的"海上机场"。

舰体大幅倾斜仍能安全航行的美国"艾森豪威尔"号航母

英国"伊丽莎白女王"号航母在苏伊士运河航行

⇥ 航母的舰岛为何设在右舷

　　现代航母的舰岛都设在右舷，这是经过实战检验后得出的结果。英国作为航母的起源国，早期曾经将航母的舰岛设在左舷，但在使用过程中发现了一个问题，就是舰载机飞行员在遇到危险时大多喜欢向左飞，因此发生了不少舰载机撞击舰岛的事故。英国对这种现象进行了调查，最后发现一般人们驾驶飞机、汽车等交通工具时遇到危险情况的第一反应就是向左躲避，据说这和绝大多数人心脏长在左侧有关。于是，从"半人马"级航母开始，英国海军就将航母的舰岛统一挪到了右舷。

　　与英国相比，同时期开始建造航母的日本在舰岛位置的问题上吃了更多的苦头。当时日本作为航母大国，拥有多艘航母，每次出行都是多艘航母结伴而行。日本设计师认为，当 2 艘航母并排航行时，如果舰岛都在右舷，将不利于两舰同时进行舰载机的放飞与回收工作。如果将一艘航母的舰岛设在右舷，而另一艘设在左舷，两舰配合起来会更加方便。因此，日本在 20 世纪 30 年代建造的"苍龙"号和"飞龙"号航母，舰岛就是一个在右舷，一个在左舷。

然而，实际情况却和日本设计师的看法截然不同。由于二战时期日本舰载机的操纵杆在飞行员两腿之间，一般是用右手操作。如果飞机要转弯，飞行员向左拉动操纵杆，远比向右顺手。由于"飞龙"号航母的舰岛设在左舷，飞行员在降落失败拉升重飞时避让舰岛会很不方便，一不注意就会撞到舰岛。在发生多起撞击舰岛事故后，日本也乖乖将舰岛放在了右舷。

有了英国和日本的前车之鉴，美国、法国和苏联等国在建造航母时也沿袭了这一传统，形成了航母的舰岛统一在右舷的布局。

舰岛设在右舷的俄罗斯"库兹涅佐夫"号航母

美国"福特"号航母的右舷舰岛

→ 双舰岛布局有何利弊

2017 年，英国海军"伊丽莎白女王"号航母开始服役。不同于常见的采用单舰岛设计的航母，"伊丽莎白女王"号航母采用了双舰岛布局，极为引人注目。

众所周知，对于以舰载机为立身之本的航母来说，飞行甲板应该越简洁越好。早期处于摸索阶段的全通甲板航母曾经省略过上层建筑，但后来因发现这种设计对导航与航空管制不利而作罢。因此，单舰岛已经是不得已而为之，为何"伊丽莎白女王"号航母还要增加 1 个舰岛？

其实，英国人有自己的考虑。"伊丽莎白女王"号航母一前一后 2

个舰岛，前者负责舰艇控制，后者负责飞行控制。从本质上讲，这种设计就是将传统的单舰岛一分为二平行放置，有点类似于双座战斗机的舱位设置。双舰岛的好处主要有以下几点。

（1）从空气动力学角度来说，双舰岛的布局减少了飞行甲板上空的气旋，能够使舰载机起降时的周围气流更加平稳，安全性更高。

（2）从充分利用舰体空间的角度来说，双舰岛提高了下层甲板空间布置的灵活性。

（3）从提升航母生存能力的角度来说，大吨位的航母势必需要更大的舰岛，将单个舰岛拆开能够有效缩小尺寸，易于减小雷达反射面积，这与"伊丽莎白女王"号航母的整体隐形设

"伊丽莎白女王"号航母右舷视图

"伊丽莎白女王"号航母左舷视图

"伊丽莎白女王"号航母俯视图

计一致。同时，2个舰岛存在部分功能重叠，这也提升了航母自身的抗打击能力。

（4）从舰载机调控管理的角度来说，将航行与飞行管理功能分开后，后方舰岛上的飞行控制中心位于调控飞机着陆的最佳位置，有利于更好地控制舰载机的起降秩序，提高舰载机的出动效率。

（5）英国海军非常重视电磁兼容、抗干扰问题，在相关技术仍然欠缺的情况下，采用双舰岛布局将种类繁多的电子设备和复杂的天线分散布置，是避免信号间相互干扰的有效举措。

（6）从作战需求的角度来说，双舰岛的设计在某种程度上体现了英国对未来航母的角色定位。英国海军认为，航母是未来海军的指挥中枢，必须具备强大的通信指挥能力，这与美国的思路完全不同。因此，核心的定位决定了"伊丽莎白女王"号航母将安装更多的信息化设备，而双舰岛的设置为这些设备提供了较单舰岛更多的安装点，并且分布更加均匀，位置更佳，有利于充分发挥电子设备特别是雷达的性能。

虽然双舰岛设计有着不少好处，但也有着不可回避的缺点。例如，双舰岛会对飞行员的视场造成一定阻碍，舰岛高度水平面下方的横向气流不够稳定等。总的来说，"伊丽莎白女王"号航母采用双舰岛设计是平衡自身需求和技术水平的产物，并不一定比单舰岛设计更先进。

"伊丽莎白女王"号航母舰岛特写

→ 斜角甲板与全通甲板相比有何优势

巨大的飞行甲板是航母外型上最明显的特征，它是航母特有的也是极其重要的分层甲板。陆基飞机如果起飞时速度不足，仅需要延长起飞时间即可，舰载机则完全不同，因为航母飞行甲板的空间有限，舰载机没有多余的跑道来滑行。因此，飞行甲板的设计对航母的战斗能力有着至关重要的影响。

在航母发展初期，飞行甲板就是在舰艉处装上一条长直钢板，因跑道长度有限而起飞速度不足，加上飞行甲板末端的上层建筑构造会产生不利于飞行的气流，这种设计很快被摒弃。之后，出现了"全通甲板"，外观为长直

采用全通甲板的美国"塞班岛"号航母

的矩形，拦阻网将甲板分为前后两部分，前段为舰载机起飞区，后段为舰载机降落区。当拦阻网放下时，前后两部分合二为一，舰载机就能从舰艉向前自由测距滑跑起飞。

自航母问世到 20 世纪 50 年代初期，全通甲板一直是各国航母的主流设计。喷气式飞机时代来临后，以往能够满足螺旋桨飞机起飞的前段跑道长度无法令其起飞，若从后段甲板起飞，则会令其他舰载机无法降落，从而降低起降效率。另外，全通甲板也存在降落失败会撞毁跑道飞机的问题。英国曾尝试在甲板上铺设橡胶，让舰载机在没有开动起落架的情况下降落，但这会造成舰载机降落后难以移动的问题。

有鉴于此，英国海军上校丹尼斯·坎贝尔（Dennis Campbell）提出将甲板自舰身中心线左偏 10°，前段甲板就可用来安全地停放飞机和进行起飞的设计概念，若飞机在斜角区降落失败也不会撞到起飞区与停机区的飞机。1952 年 5 月，美国海军也在"中途岛"号航母的斜角甲板上尝试起降螺旋桨飞机与喷气式飞机，效果皆令人满意。此后，斜角甲板设计逐渐成熟，喷气式舰载机也在 20 世纪 50 年代中期大量服役，美国海军还将大量老式航母（如"埃塞克斯"级）改为斜角甲板。斜角甲板的优点是：当降落飞机未能钩住拦阻索时，可马上拉起复飞而不会与前甲板停放的飞机相撞。另外，舰载机起飞和降落可同时进行。

时至今日，中大型航母大多采用斜角甲板，舰体前方的直通部分用于飞机起飞，长 70 ～ 100 米，斜角部分位于主甲板左侧，用于飞机降落，

长 220 ～ 270 米，两部分夹角为 6°～ 13°。而小型航母（轻型航母）由于尺寸较小，无法布置多条跑道和弹射器，加上没有成熟的弹射器技术，因此仍旧采用全通甲板，并结合"滑跃"甲板的设计。

采用斜角甲板的美国"中途岛"号航母

采用斜角甲板的美国"布什"号航母

航母飞行甲板如何划分功能区

飞行甲板是航母上最大的甲板，所以也是确定航母主尺寸的主要依据。飞行甲板的功能区划分主要以舰载机的作战使用为主线来展开，而舰载机在飞行甲板上的周转流程也就决定了其功能区的布局。总体来讲，在有利于稳定、便利、快捷使用的原则下，航母的飞行甲板上最主要的功能区为着舰区、停靠区和起飞区。

（1）着舰区。着舰区是飞行甲板上的重要功能区，舰载机的使用离不开起飞、着舰。着舰区通常设置在航母的舰艉至舰舯侧舷的一段飞行甲板上。着舰区通常设阻拦索、阻拦网。有的航母还在着舰区的末端设置1～2台飞机弹射器，使着舰区同时还肩负着弹射起飞的任务。

（2）停靠区。飞机停靠区一般设置在飞机着舰跑道和起飞跑道的三角形交会区，这里既便于舰载机向起飞区流转，又便于着舰飞机停靠，同时停靠区旁边还有2～3台升降机，可以用来运送机库和飞行甲板之间的舰载机。除了特定的飞机停靠区外，航母飞行甲板的许多地方在某种时刻都可以用作飞机停靠。比如升降机等，在没有飞机回收任务时，其降落甲板也可以用作停靠区。

英国"伊丽莎白女王"级航母的飞行甲板上有清晰的分区标线

（3）起飞区。起飞区位于航母的舰艏部位，长度一般为从舰艏端向后60～90米，大约占据航母1/3的飞行甲板面积。采用平台式"滑跃"起飞甲板的航母，其起飞区相对面积略小。起飞区的主要功能就是通过此阶段的滑跑或弹射，让舰载机离舰起飞。现代航母在降落甲板的前端通常设置 1 ～ 2 台弹射器，因而在没有着舰回收任务的情况下，降落甲板的局部位置也可用作起飞区。

→ 航母飞行甲板有多厚

宽大的飞行甲板是航母外形上的重要标志，相比同样是直通甲板的两栖攻击舰要宽不少，可以起降更大更重的舰载机。那航母的飞行甲板有多厚呢？

事实上，飞行甲板厚度对航母来说并不是重要指标，而是在保证同样防护作用的前提下尽量使用更薄的钢板。以当前服役最多的"尼米兹"级航母为例，其飞行甲板平均厚度为 50 毫米左右，厚度较大的地方不超过 80 毫米。也就是说，"尼米兹"级航母飞行甲板的厚度与 5.56×45 北约标准步枪弹的长度（57.3 毫米）相差无几。这样看来航母的飞行甲板并不算厚，但是为什么重达 30 吨的舰载机降落时的高速冲击力不会造成飞行甲板的损伤呢？主要原因是航母飞行甲板采用的都是高强度的特种钢，例如美国"福特"级航母使用的是 HSLA-115 型钢材，"尼米兹"级航母使用的是 HSLA-100 型钢材，其屈服强度很大，即便是面对舰载机的高速冲击力也不会变形。

为什么现代航母的飞行甲板不做得更厚一些呢？主要有两个方面的原因。

（1）结构重量的平衡需要。一般而言，航母飞行甲板的重量约占满载排水量的 6.8%。即便是注重装甲防护的战列舰，例如德国"俾斯麦"号的装甲总重量为 18700 吨，也仅占满载排水量 50900 吨的 36.7%，而且这是全舰的装甲重量，并不只是水平甲板。如果增加航母飞行甲板的厚度，重量也会大幅增加，不利于航母的平衡。

（2）战舰防护理念的不同。二战中，被德国"沙恩霍斯特"号和"格奈森瑙"号战列巡洋舰的舰炮击沉的英国"光荣"号航母，在战斗初期，直接被战列巡洋舰的 283 毫米炮弹击穿了飞行甲板，无法起降舰载机。如果要提高飞行甲板的被动防护能力，就必须增加厚度，这就会造成此前所说的重量问题：装甲重量分配不合理。而现代航母侧重于主动防护，在中远距离防御攻击，与二战时期火炮和炸弹为攻防主力的理念有很大不同。凭借合理的水密舱设计和损管配合，更能提高航母中弹后的生存能力。

作为公开数据中被动防护性能最好的航母，二战后的英国"皇家方舟"号航母的飞行甲板厚度在127～144毫米，而时代相近的美国"中途岛"级航母的飞行甲板厚度约88.9毫米。这一时期的航母，因为面临舰载战斗机换代，从活塞式战斗机向更大更重的喷气式战斗机过渡，因此需要抗冲击力更强的飞行甲板。

二战中被德军击沉的英国"光荣"号航母

二战后英国建造的"皇家方舟"号航母
（"大胆"级航母2号舰）

美国"福特"号航母宽大的飞行甲板

→ 飞行甲板两侧竖立的细杆是什么

在航母飞行甲板两侧竖立的细杆，学名叫作可倒桅或起倒桅。顾名思义，它不仅是一种桅杆，而且是一种可竖直和放倒的桅杆。

航母除了作为舰载机的起降平台外，还要担任编队的指挥舰，所以需要功率强劲的巨大天线。舰岛是各种天线集中布置的地方，但是受制于航母本身的体积和布局要求，舰岛不宜造得太大。如果将巨大的通信天线都装在舰岛上，导致舰岛过大，舰体重心不稳，也会影响舰载机的起降，容易造成事故。因此，一般航母的通信天线都安装在飞行甲板两侧的可倒桅上。

通信是可倒桅的主要功能。现代舰艇的桅杆几乎都是用于设置观察、通信和导航设备的天线，悬挂国旗、号旗和其他信号，装设桅灯、信号灯、航行灯等。其中，最主要的作用就是设置通信用的各种天线。在航母航行过程中，可倒桅一般呈拉起的竖直状态，而在舰载机起降作业时，要倒下与飞行甲板水平，以免干扰舰载机起降。

此外，可倒桅能对飞行甲板上停放的舰载机提供额外防护。美国历史上第一艘航母"兰利"号就有可倒桅的设计。英国的"皇家方舟"号和"竞技神"号航母均有相关设计。德国设计的"格拉夫·齐柏林伯爵"号也有网状可倒桅设计。当然，这其实只是可倒桅衍生出的小功能，并且这种防护极其有限。

美国"企业"号航母飞行甲板右侧竖立的可倒桅

双层飞行甲板为何销声匿迹

航母的作战效率取决于航母一次起飞舰载机的数量及其搭载的武器，现在的航母都是单层飞行甲板设计，舰载机的起飞和降落都在同一层甲板上。有人就考虑了这样一个问题：能否将航母的飞行甲板设计成双层，下层用来降落舰载机，上层用来起飞。

事实上，这种想法早已有人提出并且进行了试验。1920 年，由于经费限制与政策变化，英国海军接受了未来仅保留 5 艘大型航母的提案，而在 1919 年的规划中这个数字是 11 艘。当时已经服役的"百眼巨人"号全通甲板航母的载机量在 20 架左右，已经下水、很快就要竣工服役的"鹰"号与"竞技神"号航母的载机量也大致相当。航母减半的结果就是单舰载机量需要加倍。根据在"鹰"号航母上的早期测试结果，英国海军部认为一艘航母可以用较快的速度放飞 6 架舰载机，但下一个小队的 6 架舰载机就需要间隔半小时左右，以完成整备。有鉴于此，航母的放飞能力最好也能加倍，而最直接的思路就是双层机库与双层飞行甲板。

由于"鹰"号航母的干舷和重心较高，在现有的飞行甲板之上安装第二块飞行甲板会导致此甲板上的横摇加速度过大，不利于航空操作，因此英国海军并未对"鹰"号航母做出改装，而是选择了重心更低的"暴怒"号航母来测试新设计。"暴怒"号的改装于 1929 年 5 月完成，其机库分为上下两层，上层机库前端距离舰艏约 60 米，机库前端设有大型舱门，上层机库的地板直接与舰艏的下层飞行甲板连接，飞机可以从机库内部沿着下沉式飞行甲板（提供更大的起飞加速度）向前起飞。这一设计在表面上较好地解决了载机量与放飞能力的问题，在"暴怒"号航母上进行的测试也表明当时的各类飞机均能在其上安全起降。尽管由于车间侵占了下层飞行甲板，"暴怒"号航母没能达到要求的 45 架载机，但其后续舰"勇敢"级基本实现了这一理想载机量。日本海军的"赤城"号与"加贺"号也在一定程度上模仿了英国设计。

在当时拥有航母的国家中，仅美国从未采纳过双层飞行甲板设计。实际上，美国人对此也做了非常多的讨论。在战间期的一系列"舰队问题"演习中，美国人通过"甲板系留"方式，大幅度提高了飞机的起降效率。

例如，在飞机降落时，完成降落的飞机被直接拖到甲板前部而不是降下机库，这样下一架飞机就可以立刻降落。起飞方式也类似。这牺牲了一定的安全性，但对起降效率的增益是巨大的。在1927年的一次陆海军联合演习中，"兰利"号航母耗时10分钟起飞了20架飞机。对比英国航母的起飞效率，这无疑令人印象深刻。

采用双层飞行甲板的英国"暴怒"号航母

美国航母全都使用单层机库设计，而其载机量与双层机库的英、日航母相比并不逊色，往往还会超

采用双层飞行甲板的日本"加贺"号航母

过，这也是由甲板系留发展而来的。在习惯了这种运作模式后，美国人会把半数左右的舰载机始终停放在甲板上，维护保养修理工作则在机库内完成。由于不使用双层机库，美国航母获得了巨大的机库高度和舰内空间，而代价则是舰载机的调度工作远比英、日航母复杂。

美国海军在"舰队问题"演习中逐渐形成了这样的航母运作理念：在发现目标后，航母必须以最快速度放出最大规模的攻击机群。这种理念延续到了二战，使得美国航母的单舰放飞能力要凌驾于英、日航母之上。而这种理念也给甲板运作带来了巨大麻烦：飞机载荷越大，需要的滑跑距离越长，在甲板上的位置就要越靠后。因此，一个大型的攻击机群会让航母失去运作弹性：机群起飞时飞行甲板的后半段被飞机占满，此时无法降落回收飞机；机群降落时飞行甲板的前半段又挤满了刚刚回收的飞机，再想起飞其他飞机又成了问题。侦察机所受的影响是最大的，而偏偏侦察任务对于航母来说是最重要的。

　　增加一层飞行甲板看起来是个完美的解决方案：下层飞行甲板放出机群时，上层飞行甲板可以时刻回收飞机。对于双层飞行甲板，比较正式的讨论是在设计"约克城"级和"胡蜂"号时进行的。此时美国人已经在"列克星敦"级航母上积累了足够的航母运作经验，单层飞行甲板能够快速放出足够大的机群，因此其初衷与英国设计并不相同（虽然从设计上来说不会有多大差别）。此时英、日采用这类设计的航母均已入役，美国人得以审视这种设计的缺点。

美国"列克星敦"级航母

　　首先，两层飞行甲板都不那么让人满意。下层飞行甲板位置太低，和普通巡洋舰的干舷高度类似。航母放飞舰载机的时候需要逆风全速航行，太低的干舷会带来相当严重的上浪，会打坏舰载机、倒灌机库甚至损坏甲板（英、日都发生过）。而且，飞机从下层飞行甲板起飞时必须先穿过机库，高度紧张之下在这样的半封闭空间里操作，难度可想而知。最重要的一点是起飞前必须进行暖机，而按照美国海军对"列克星敦"级航母的使用经验，在机库中暖机会让发动机废气充满机库，直接限制了放飞速度。而上层飞行甲板则过短，在下层飞行甲板放飞能力受限的情况下，上层飞行甲板需要作为主飞行甲板，但放飞能力又与甲板长度直接关联。

其次，双层飞行甲板会带来很严重的稳性问题以及结构重量问题。按美国人的估算，较单层飞行甲板，双层飞行甲板需要把甲板高度整个抬高 1.8 米（此时下层飞行甲板的高度较低）。在此基础上，若要解决下层飞行甲板高度过低的问题，需要把下层飞行甲板提高至 12 米，上层飞行甲板也会随之抬高，从而带来极差的稳性，又需要付出其他代价来弥补。

最后，付出如此大的代价，极大提高了整体复杂度，双层飞行甲板是否能够带来相应的收益呢？美国海军航空局的观点是把飞行甲板尽可能地延长以提高飞机运作的空间。对于侦察机临时降落的问题，只需要在返航的侦察机和即将出动的攻击机之间打一个时间差，就能得到解决。在此之前完全可以把它们收进机库，因为并没有那么紧迫。在返航的侦察机和即将出动的攻击机之间打一个时间差，问题即告解决，并且已经在演习中得到了解决。

至于临时放飞舰载机的问题，他们引入了独特的机库弹射器设计来解决。它横向安装在机库的一端，指向舷外，机库侧壁开有大型卷帘门以供舰载机飞离。它是下层飞行甲板的替代品，又没有下层飞行甲板面临的种种问题，从机库直接进行弹射，对飞行甲板全无影响。尽管当时新型弹射器的开发还遥遥无期，但无论如何，它的技术风险都要远小于双层飞行甲板。作为下层飞行甲板的替代品，这种在美国航母上一直沿用到"中途岛"级航母的设计就此登场。而到了"约克城"级航母入役之后，美国海军又发现机库弹射器的效果也没有那么好。对于临时放飞舰载机的需求，只需要把飞行甲板前段被弹射器占据的那一段区域留出来就足够了，且从飞行甲板上放飞舰载机还能得到甲板风的帮助。相比之下，机库弹射器实属鸡肋。到了 1942 年，机库弹射器被全部取消，转而用于当时的护航航母项目，此后再未出现过。

英、日两国的转变也与美国类似。他们是这种设计的直接体验者，对其缺陷的认识比美国更深刻。而由于舰载机运作模式与美国存在差异，他们对额外起降手段的需求也没有美国那么强烈。伴随着航母运用经验的增长，甲板调度的成熟，弹射器的进步，双层飞行甲板的优点越来越不明显，而缺陷则被迅速放大。最终，日本在"赤城"号与"加贺"号的大改装中将其改为单层飞行甲板；而英国放弃了下层飞行甲板，在上面安装了几门防空炮。

美国"约克城"级航母

→ 二战期间日本航母为何采用木质甲板

　　二战前期，大部分国家的航母、战列舰、巡洋舰等大型战舰都是木质甲板。因为木质甲板具有防滑、防潮、隔热、维修方便等特点。木质甲板是当时世界航母的主流，美国和日本的航母都采用木质甲板，只有英国例外。1936 年，英国建造"光辉"级航母的时候，采用了全新的封闭式机库设计，并将飞行甲板升级为钢质强力甲板，钢质甲板从此成为英国航母的标准配置，所以二战时期英国大部分航母都是钢质甲板。而日本一直沿用传统的航母设计理念，对钢质甲板不感兴趣。

　　二战后期，随着航母生产技术越来越先进，飞机对甲板的要求越来越高，美国逐渐放弃了木质甲板，开始采用钢质甲板。日本作为航母大国，也开始觉悟，但为时已晚，虽然研制出了"大凤"号装甲航母，但由于囊中羞涩，舰载机缺乏，也没有足够的资源，此后再也没有航母下水，更谈不上更换钢质甲板。因此在二战中，日本除了"大凤"号加装了有限的钢质装甲外，其他航母都是木质甲板。

　　英国航母注重装甲防护，日本航母注重舰载火力，这也是两国航母采用不同材质甲板的原因之一。由于大西洋海况环境恶劣，非常有利于传统战舰发挥作用，所以英国非常注重战舰防护，英国的舰船装甲普遍偏厚，防护力较强。为了保障航母的安全，英国航母采用了钢质甲板。

此外，英国航母主要在近海活动，对手德国和意大利海军很弱，而且英国航母经常能得到陆基飞机支援，对舰载机数量要求不高。与同级别的美国和日本航母相比，英国航母的载机量往往要少近一半。而日本航母活动区域在太平洋，海况环境较好，传统战舰不容易发挥作用，所以更注重舰载机的作用，木质甲板重量轻，可以有效减轻航母重量，能够增加舰载机的数量，所以日本青睐使用木质甲板。

与木质甲板相比，钢质甲板不仅成本高，而且维修不方便。钢质甲板虽然防护性好，但有一个严重的缺点，那就是一旦遭到攻击很容易变形，必须回港口修整，很可能好几个月不能上战场。木质甲板就不同了，维修非常方便，甲板遭到攻击后，很快就能修复。二战时，日本的主要对手是美国，美国是世界第一航母大国，航母数量很多，有几艘返回港口休整也不影响作战。而日本航母数量相对较少，少一艘就会影响作战，所以只能选择木质甲板。此外，甲板钢造价很高，二战时日本的钢铁一直非常匮乏，采用木质甲板能节约成本。到二战后期，日本连木质甲板都铺不起了。

相比之下，英国的主要对手是德国和意大利，两国海军对英国航母的威胁较小，英国航母编队在大西洋和地中海几乎没有对手，采用钢质甲板对英国航母作战没有什么影响。

二战英国"光辉"级航母

二战日本"飞龙"号航母

二战日本"大凤"号航母

→ 印度航母为何没有挡焰板

　　舰载机起飞时，发动机尾喷口喷射的火焰和热量能传递很远的距离，如果不加以防范，不但容易导致甲板上的人员出现危险，也影响其他舰载机的正常操作。因此，各国航母会在弹射器尾部设置挡焰板，阻隔舰载机尾焰产生的安全威胁。

　　挡焰板也被称为偏流板，嵌在飞行甲板中间，未升起时就跟飞行甲板融为一体，当有舰载机起飞时它就升起 60°，让舰载机尾部气体进行折射偏流，避免对工作人员和其他舰载机造成伤害。

　　挡焰板看上去就是一块普通的"板子"，其实它的表面涂满了抗高温、隔热、防滑和抗腐蚀等材料，结构也非常复杂。除了普通的液压作动机构，挡焰板还需要冷却系统进行降温。因为喷气式飞机的尾流温度超过 1000℃，挡焰板近距离被喷温度上升很快，如果等它自然冷却，会极大影响舰载机放飞的效率。因此，20 世纪 70 年代美国海军就在挡焰板上率先使用了水冷降温系统，这套系统通过布设在挡焰板背部的水管冷却挡焰板，冷却水源是海水。该系统每分钟内能引入 400 吨海水，效率极高，能让挡焰板在两分钟内温度下降至 250℃。经过几十年的发展，美国海军正在逐步淘汰水冷式的钢质挡焰板，换装航天飞机所用的航天技术散热瓷砖，散热效果好，拆卸方便，免去了频繁而复杂的保养，"布什"号航母就换装了这种散热瓷砖。

在起降作业的航母上，挡焰板起到的安全作用非常大。然而，印度海军现役的"维克拉玛蒂亚"号航母却没有安装挡焰板，令很多人疑惑不已。其实，"维克拉玛蒂亚"号航母的前身是苏联时期建造的"戈尔什科夫海军上将"号航母，原本配套的舰载机是雅克-38战斗机，这种舰载机是垂直起飞和降落，只需要对起降点的甲板进行加固和抗高温处理，用不

上挡焰板。而俄罗斯根据印度的要求改装"戈尔什科夫海军上将"号航母时，发现安装挡焰板需要重新设计挡焰板背后的冷却系统，不仅造价高，还费时费力，所以没有建议印度加装挡焰板，印度也没有过多的要求，就成了现在没有挡焰板的结果。由于没有挡焰板，又不能对航母上的其他飞机产生影响，所以"维克拉玛蒂亚"号的起飞点非常靠后，让舰载机起飞时背对大海，这样直接将尾焰排在舰外。

印度"维克拉玛蒂亚"号航母

美国"福特"号航母在舰载机起飞时升起挡焰板

→ 航母内部有几层甲板

航母的甲板层是配置舰载机、武器系统、物资仓库、人员活动场所的基础平台。各国航母的具体甲板层数没有特别规定，但从实用类型来

看，大致可以分成飞行甲板、顶楼甲板、中楼甲板、机库甲板和下层甲板几种类型。其中，飞行甲板裸露在外，其他甲板则居于航母内部。

（1）顶楼甲板。顶楼甲板是位于机库甲板和飞行甲板之间的甲板层，也是飞行甲板下面的第一个甲板层。顾名思义，顶楼甲板就是机库甲板的顶楼。由于紧贴飞行甲板，顶楼甲板自然而然地成为与飞行最紧密相关的甲板层，通常用来布置与飞行作业关系比较密切的重要舱室，如飞机弹射装置、飞行员休息室、空地勤人员食堂、作战情报中心等。

顶楼甲板通常是连续的，过去航母的机库一般只占有 2 层甲板的高度，为了停放某些大型舰载机，有的航母会在顶楼甲板的某些位置挖去部分空间，以增大机库的高度。现代航母由于搭载的舰载机机型较多，有的舰载机体积大、垂直尺度高，如预警机、空中加油机等大型舰载机，因而需要高度较大的机库，所以现代航母一般设置占有 3 层甲板高度的机库，顶楼甲板也不需要挖去部分空间了。

美国"杜鲁门"号航母的作战情报中心

（2）中楼甲板。中楼甲板是位于顶楼甲板和机库甲板之间的甲板层，通常有 1 ～ 2 层。实际上，中楼甲板的布设，是由于机库占用空间比较高，为了提高航母内部空间的使用效率，在机库空间之外的部分再度划分成 2 ～ 3 层使用空间而形成的甲板层。为了保证机库的容积，中楼甲板只能在机库四周布置一些舱室，中间很大一部分空间是属于机库的。中楼甲板可以布置与海上补给、甲板机械以及和机库有关的一些舱室。

（3）机库甲板。机库甲板是安置在机库空间的甲板层。在航母发展较早的国家，机库甲板习惯上被称为主甲板。与飞行甲板类似，机库甲板也是为舰载机服务的主要甲板，其设置应有利于舰载机的流通转移、安全管理和保养维修。

为了安全、便捷、有效地对舰载机进行管理和保养维修，机库内应该设置机库控制室，对飞机的安放、流动、运行操作、维修等作业进行管理，并要特别注意设置安全防火的设备和装置。舰载机的主要维修保养任务都是在机库内进行的，因而机库内必须具备较为完善的维修保养设施和相应的专业车间。除机库空间外，机库甲板上的其余空间通常也以舰载机服务为原则进行设置。例如连通机库甲板和飞行甲板之间的升降机，可使舰载机在最短时间内转移到飞行甲板。此外，还有损害管制中心、配电室等。

美国"斯坦尼斯"号航母的勤务人员
正在清洗机库甲板

（4）下层甲板。下层甲板是机库甲板以下的甲板层，通常占据 3 层空间。由于机库甲板以下通常采用水密舱壁结构，所以下层甲板一般结构坚固，安全性较高，可以设置一些重要的指挥和控制部位。同时，由于机库甲板以上的甲板层以设置与舰载机飞行相关的舱室部位为主，因而下层甲板又是布置各种设备和舰上人员生活设施的重要场所，其每层甲板设置的舱室相对较多。此外，航母的水线基本接近下层甲板下方位置，因而该层甲板有时候还可以设置一些调整水舱等其他舱室，用来帮助航母调整重心或航行姿态，保障航母上武器装备和舰载机等设备、平台的顺利使用。

美国"尼米兹"级航母上的健身房

→ 航母如何设置舰员居住舱室

与民用船舶有所不同，为保证作战性能，军舰上的空间往往会被设计得较为紧凑。在不少军舰上，舰员的床位往往是上、中、下三铺。即

第 2 章

使是像航母这样的大型军舰,其上可供舰员住宿的空间也是有限的,毕竟航母的舰员大都有数千人。那么,航母舰员的住宿条件到底怎么样呢?

以美国"小鹰"号航母为例,其标准编制近 3000 人,全舰共有 1000 多个各种用途的内部舱室,其中人员居住舱室约 150 个,弹药补给舱约 120 个,油水舱和隔离舱约 900 个,储藏舱约 150 个,操控室和轮机舱约 50 个。从资料来看,"小鹰"号航母的 1000 多个专用舱室,人员居住舱室仅占 1/10(由于舱室大小不一,生活区的舱室实际使用面积会偏小,所以居住舱室的可控空间甚至 1/10 都不到)。所以,航母舱室在设计、建造时,便会提前优化工作舱和设备舱的间隔位置,从而保障全舰作战使用和日常勤务的舱室符合实际需要,在更大程度上利用有限的航母内部空间,提升航母的装载力和防御力。

不同于陆军部队的机动行营或者固定公寓等宿舍,由于航母的内部空间十分有限,所以不可能给所有舰员提供十分宽敞、明亮的居住舱室。一般情况下,航母舰员的居住舱室都会按照军衔级别进行分配。当然,这并不是所谓的区别对待,因为普通舰员驻舰的时间不过两三年,而军官驻舰的时间会更长,为保障军官心理和身体的健康状态,军官的住舱一般靠舷侧,并且装有舷窗,采光效果较好。

至于普通舰员,居住环境会差一些,一般都会居住多人间、三层铺。有些航母为节省居住舱空间,舰员还会被安排住大通舱,大多处于机库甲板以下区域或机库甲板以上舰艏、舰艉处。一般情况下,一个大通舱居住几十人完全没有问题。当然,为保证舰员的个人隐私,营造独立空间,每个大通舱之间还会用隔板划分为多个小舱室。而为保障女舰员的个人隐私,大多航母都会设置专门的女舰员生活区,更大程度上保障其生活质量。

同时,在美国航母上,舰岛也会有居住舱,一般设置在 2 ～ 4 层。由于这里视野开阔、光线充足,所以指挥级别的军官以及正、副舰长都会居住在此,便于他们快速传达指挥信息和发现不明情况,尽快提升全舰的战斗状态。

由于飞行员是航母的主要出击战术单位,俨然是航母的重点保障对象,所以,他们的居住舱室都会安排在飞机甲板下的第二甲板处,一般都是双人舱室，居住地点离机库或者距离飞行甲板更近，可以更好地协同舰载机与飞行员的战斗联系。飞行员的居住环境比较优越，并且相对安静，可以有效恢复飞行员的精神状态，从而提升舰载机的多波次攻击效力。

英国"伊丽莎白女王"级航母上的
女舰员铺位

美国"中途岛"级航母的舰员住舱

美国"中途岛"级航母的下级军官住舱

美国"中途岛"级航母的舰长住舱

→ 航母有哪些服务舱室

　　航母的服务舱室就是面向航母上的所有人员，提供社会服务职能。目前来看，绝大多数航母服务舱室内会配备邮局、洗衣房、健身室、医务室、阅览室、超市、理发店等服务区间，保障舰员有效利用非战斗时间，提升个人素养。

　　邮局是航母上不可缺少的一个服务设施。对于远离家乡、远离陆地的舰员来说，通过邮局可以和家人朋友取得联系，并且来往书信和物品。虽然现在可以通过网络通信联系家人朋友，但在茫茫大海中，民用网络的信号非常不稳定，而军用网络只能直接供指挥级的舱室使用。所以，航母的邮局至今仍是维系舰员和家人和谐关系的重要载体。

航母上的医疗设备以及医疗人员十分完善，甚至可以媲美一个小型的医院。一般情况下，简单的外科手术都可以通过航母医务室完成。不过，如果遇到重症伤员，便会转移到专用的医疗船上进行救治。为保障救援通道的运转，航母的舰艏和舰艉都会设有医疗救助站，可以更大程度上满足实际作战需求。

不同于陆军部队，航母舰员的衣服都必须通过洗衣房进行集中洗涤，毕竟居住区没有多余空间用于洗涤。同时，洗衣房多划分为分类收集室、洗涤消毒室、烘干熨烫室、储存室，由此形成一个完整的洗涤链条，保障舰员可以在紧张的战斗、训练之余能够得到干净衣物，使其心情放松，提升战备能力。据统计，美国"尼米兹"级航母每天换洗的衣服、床单、枕套等物品的重量超过 5 吨。

航母上还有售卖生活用品、零食的商店。一般来说，舰员在航母上购买必需品时，是不能用货币交易的，特别是硬币，一旦遗留在飞行甲板或者机库，都会给舰载机联队以及航母平台带来非常严重的后果。

此外，航母上还有供舰员休息、阅读的阅览室，供舰员锻炼身体的健身室以及理发室、航母电视台等。当然，在没有作战任务时，大型的健身活动可以在飞行甲板上进行。

美国"尼米兹"号航母的邮局

美国"布什"号航母的医务室

➡ 航母最大的独立空间是什么

航母是海上移动的机场，依靠舰载机实现战斗力，因此，航母的设计建造一切都围绕舰载机的需要而设计，这是航母的重点。舰载机属于精细武器装备，需要精心呵护，而航母所处的环境恰恰是最恶劣的，海水腐蚀性很强，因此就需要给舰载机提供存放场所，这就是机库。航母的机库通常占据 2 ～ 3 层甲板高度，是航母上最大、最高的独立空间。机库位于机库甲板层内，也是机库甲板层最重要的组成部分。从航母发展历程来看，机库分为开放式和封闭式两种。

开放式机库是在机库甲板上方额外建造机库墙壁、甲板支撑柱等结构，再加上飞行甲板。开放式机库的优点是通风良好、损害管制佳（炸弹若击中机库内部，爆炸造成的冲击波会宣泄到外面）、结构较轻、容纳飞机多以及可依舰载机尺寸作修正。

封闭式机库是机库与船体结构整个一体成型，飞行甲板为强化结构。封闭式机库的优点是防御力强、结构坚固、核生化防护佳等。由于封闭式机库容易累积易挥发的气体，受到攻击或者是意外而着火的舰载机也不能直接丢入海中，所以在 20 世纪 50 年代以前很少被采用。直到进入喷气式舰载机时代后，航空燃料变得相当安全，加上后来发展的消防灭火与监控装置协助，封闭式机库才逐渐成为主流。

美国海军官兵进入"福特"号航母的机库

美国"企业"号航母的官兵们在机库中举行就职典礼

随着现代作战飞机的尺寸不断加大，为了能够存放全部飞机，航母的机库必须足够大。因此航母的机库一般长达 200 ～ 250 米，宽 25 ～ 33 米，高 6 ～ 9 米，以满足舰载机的数量和大小、高度的要求。大型航母的机库相当于四五个大型剧院那么大。美国"尼米兹"级航母，机库长 208.48 米、宽 32.92 米、高 8.08 米，能够容纳数十架作战飞机。

需要注意的是，机库的用途不只是停放舰载机。机库是舰载机的维修保养场所，既可以进行整机的检修，也可以进行飞机零部件的维修；机库可以作为弹药转运空间，航空炸弹和副油箱会挂在机库顶部，只有在进行检查和使用的时候才会取下来；机库是转运蔬菜、水果和其他补给品的地方；机库是舰长和上级指挥官召集全体舰员宣布重大事项的地方，也可以是嘉奖或通报批评某个单位（个人）的地方；机库是进行各种演习的地方，例如消防、损管和模拟舰员受伤。此外，机库还可以用作娱乐用途，舰员们可以在机库里看球赛、踢足球、打篮球、健身等。当然，舰员们进行休闲娱乐的时间并不多。

美国"布什"号航母的舰员在机库中健身

美国"小鹰"号航母的机库

如何提高航母机库的安全性

在航母机库通向舷侧升降机的舱壁上开有椭圆形的大开口，那么为保证机库的密封性，就需要在这个位置上设有机库大门，以免受到舱外的海上恶劣气象、火灾烟雾以及爆炸冲击的波及。同时为高效利用机库甲板的停机面积和有效控制火灾在机库内的蔓延，机库内还设有防火分隔门（或耐火石棉制成的防火帘）来将机库分隔成 2 ～ 4 个相对独立的停机区域。机库的防火分隔门由 2 组或 3 组门板组成，每扇门板都在其上下独立的轨道上滚动，并且每扇门板顶部和底部还装有防爆炸冲击的横梁。

一旦机库内某一停机区发生火灾，在机库内火警装置的控制下，防火分隔门就会开启，把航母上这个最大舱室分为2～4个相对独立的区域（美国大型航母为3个，俄罗斯"库兹涅佐夫"号航母为4个，法国"戴高乐"号航母为2个）。与人们生活中常见的"防火门"一样，防火分隔门的目的也是控制火情向相邻停机区蔓延，提高消防系统的灭火作业效率。

美国"布什"号航母的机库大门

美国"里根"号航母的机库大门

舰载机是航母的主要作战武器，一旦引发机库内的火灾、爆炸事故，不仅会导致航母丧失部分或全部战斗力，而且可能危及整舰自身的安全。因而，航母机库配备着充分有效的消防设施。除了防火分隔门外，航母机库内重要的消防措施就是机库

美国"尼米兹"号航母机库顶部的消防设施

顶部的消防喷淋系统。在美国航母上，机库内顶部设有 AF-FF 水合成泡沫灭火剂消防喷淋系统，这套消防喷淋灭火系统被分为 14 个不同的组，对应着 14 个消防站，每组可单独启动，互不影响。每组由 2 个主管路供应 AFFF 灭火剂，分别来自左、右舷侧的 AFFF 注入站。每组自动喷淋系统的控制开关布置在消防观察站里以及每个喷淋系统组附近的机库甲板两侧。此外，在航母机库内还设有 14 个消防站、2 处灭火剂补给站和 3 个全天人员值守的消防观察站。消防站内备有大量的二氧化碳和 PKP 灭火器，便于第一时间灵活处置较小范围的火情。

→ 航母通常有几处弹药库

弹药库是用来储备各式炸弹、鱼雷、导弹与火箭等武器的场所。为了确保弹药库的安全，航母的弹药库一般设置在舰体中部水线以下部位，采用分离式设置舱室，一般配置 2 ~ 4 个弹药库，彼此之间完全隔绝，并配置了装甲防护和灭火设备，只要发生异常情况就会第一时间进行灭火或者注水处理，防止出现弹药爆炸事故。

弹药库中的武器多以半组装方式收纳。以美国海军为例，其航母上各种航空炸弹均不是完整的待命状态，在挂载到战机上出击之前需要提前进行相应的航空炸弹组装工作。航空炸弹分为引信、弹体、尾翼 3 个部分，平时是分别存放的。如果战时有需要，航母上的地勤人员可以根据战术需要选装瞬间触碰引信或是延时引信，航空炸弹的尾翼也可以根据战术需要选装低阻尾翼以及高阻尾翼。引信与弹体分别存放也可进一步增强航母弹药库的安全性，避免航空炸弹意外触发爆炸事故的发生。

为了将武器送至甲板，弹药库配有比飞机升降机更小的专用升降机（以美国"尼米兹"级航母为例，共有 9 台弹药升降机，其外形如一个从甲板向上开启的门，在不使用时可盖起来，成为甲板的一部分），将武器从库中升到上一层甲板，由各层作业员进行阶段性的组装，再由该甲板的其他升降机往上输送（部分通到机库）。

除了存放常规武器的弹药库，拥有核武器的国家还会在航母上设置用于存放和组装核武器的弹药库。美国海军将这种弹药库称为"特殊飞机维护储存区"（Special Aircraft Services Stores，SASS）。基于核武器的机密和敏感性，这些弹药库的使用、人员进出管制与保安都有特别的处理和操作程序，没有受到相关训练验证或者是无关的人员，一概不得靠近。

美国"杜鲁门"号航母的弹药库

→ 弹药升降机如何影响航母战斗力

谈起航母，人们总是对升降机运行过程、拦阻索工作原理、飞行甲板布局、舰载机性能等话题津津乐道。然而航母上有一个对航母的出动率与性能影响非常大的设计，却很少有人提及，甚至于很多人都不知道它的存在，这就是弹药升降机。

航母上的弹药升降机，被飞机升降机的阴影覆盖，在绘制航母三视图的时候，弹药升降机往往被忽视，但是弹药升降机作为航母上不可缺少的存在，会直接制约舰载机的出动效率与架次。那么航母作为一国海军的绝对核心，不起眼的弹药升降机如何影响航母的战斗力，弹药升降机的位置又有哪些影响？

美国"福特"级航母的首舰于 2017 年 7 月开始服役，却迟迟没有形成战斗力，主要原因就是弹药升降机出了问题。"尼米兹"级航母的弹药升降机可以用每分钟 30 米的速度运送 4.5 吨重的弹药，而"福特"级航母的"先进武器升降机"能用每分钟 45 米的速度，提升 10.8 吨重的弹药。虽然"福特"级航母的弹药升降机性能非常先进，但并不可靠，11 台弹药升降机只有 4 台能用。

弹药升降机和飞机升降机不同，飞机升降机沟通的是机库甲板与飞行甲板，而弹药升降机沟通的是弹药库、机库甲板、飞行甲板，而且并非所有的弹药升降机都需要穿透机库甲板。例如"福特"级航母的 11 台升降机中，只有 4 台升降机穿透了机库甲板，剩余 7 台升降机仅沟通弹药库与机库甲板。在如小轿车一般大小的空间内常态化抬举 10 吨以上的弹药，这对结构的强度要求非常高，而且弹药升降机直通弹药库，一旦弹药升降机被击穿，整艘航母都会陷入危险的境地。因此，弹药升降机的数量不能多也不能少。

　　"尼米兹"级与"福特"级航母均有 4 台弹药升降机位于飞行甲板位置，但是两者位置不同。"福特"级航母的弹药升降机更加靠近停机区位置，并且 4 台升降机中的 3 台不会受到舰载机起飞的影响，地勤人员可以轻而易举地将弹药推到战斗机附近并给战斗机挂载弹药。舰岛前部的升降机密集到了 3 架战斗机共享 1 台升降机的地步，所以右侧停机区舰载机的弹药挂载速度极快，起飞准备时间短，放飞效率高。而位于燃气导流板正后方的弹药升降机，能免受发动机燃气的困扰，也能为待飞战斗机挂载燃油和弹药。

　　"尼米兹"级航母的弹药升降机同样位于飞行甲板右侧，但是弹药升降机的大小不规整，位置不规则，而且前部弹药升降机（第一弹药升降机）位于起飞区。只要有舰载机起飞，其前部升降机就无法使用。也就是说，"尼米兹"级航母能够常态化运行的弹药升降机只有 3 台。而这 3 台升降机，有 2 台位于舰岛左侧，1 台位于停机区左侧，也就是说第二弹药升降机为舰岛前部停机区的舰载机运输弹药，第四弹药升降机为舰岛后部停机区的舰载机补充弹药，第三弹药升降机同时为舰岛前后以及斜侧停机区停放的舰载机补充弹药。至于没有弹药升降机的左侧停机区，是因为停放于这个位置的战斗机非常少，所以使用飞机升降机运输弹药即可。

　　整体来说，弹药升降机应当分开布置，并尽量贴近停机区与避开机库正前方。每个停机区至少分 1 台，以实现弹药运输流程的最优化，避免挂载 1 发导弹要推着数吨重的弹药推车跑几百米的尴尬境地，飞行甲板前部的弹药升降机数量应当多一点，因为在舰载机回收状态时，前部的弹药升降机越多，越有利于弹药的快速回收。

美国"小鹰"号航母的弹药升降机在运送 AGM-154 导弹

美国"艾森豪威尔"号航母的军械员利用弹药升降机运出武器

→ 飞机升降机如何设置和运作

　　由于航母的机库位于飞行甲板下面，因此，舰载机在机库和飞行甲板之间的移动需要借助升降机。在航母的运作中，升降机扮演着非常重要的角色。其大小和形状都必须合理布局，占用面积大了会过多也挤占甲板的宝贵空间，面积过小则影响飞机在机库和甲板之间的转运效率。

　　早期航母的升降机一般布置在飞行甲板的中线上，称为"舰内升降机"。这种升降机的防浪性和安全性较好，但舰体的纵向强度损失较大，需用几百吨钢材来补差，而且占用的有效空间较大，装甲防护也差，特别是不能同时弹射和回收飞机。后来，美国海军在1942年完工的"埃塞克斯"号航母上首先采用了"舷侧升降机"，将升降机位置调整到舷侧。

　　舷侧升降机为悬臂梁，在航母机库甲板的舷边开个洞，在洞外设两道垂直的导槽。升降机平台靠近舷边的一端有几组导向轮卡在导槽内，平台伸到舷外的另一端，在升降机两点用绳索起吊，借升降机侧面导向轮的反作用力来平衡整个升降机的负荷及钢索张力。工作时，导向轮沿槽上下滚动，平台就随之上下移动，将飞机由机库升至飞行甲板，或由飞行甲板移至机库。

　　舷侧升降机使航母飞行甲板不必开口，提高了舰体结构强度，且由于三面对空，所以可起降大型

美国"卡尔·文森"号航母的舷侧升降机

舰载机，并可增加机库的面积。但其缺点也是明显的，升降机必须在舷侧开口，其加工工艺难度较大，水密、气密及防化性能较差，而且海浪也容易冲上升降机平台。不过相较而言，舷侧升降机还是利大于弊，因此至今仍为大多数航母拥有国所采用。

　　至于升降机布置在左舷还是右舷，则因不同的航母而异。升降机的

位置应适于将飞机供给弹射器，并有助于迅速将回收的飞机送入机库。美国"尼米兹"级航母将升降机舷侧开口处的四角采用圆弧形，内外有两层门，在大风浪和遭到核生化武器攻击时，将两扇门密封关闭，使舰体得到加固。英国"伊丽莎白女王"级航母的 2 台升降机均在右舷。

升降机的尺寸取决于航母上最大飞机的尺寸和输送的有关设备。"尼米兹"级航母上使用的升降机开口宽 23.5 米、纵深长 15.9 米，表面面积为 374 平方米，自重 105 吨，最大提升重量超过 45 吨，表面材料为钢板覆盖铝合金，焊接成型。

美国"斯坦尼斯"号航母的舷侧升降机

英国"伊丽莎白女王"级航母的
舷侧升降机

→ 飞机升降机是否越多越好

飞机升降机是航母上设在机库甲板与飞行甲板之间供舰载机升降的装置。如果没有可靠的飞机升降机技术，势必会影响航母的出动率。那么，飞机升降机是否越多越好呢？答案当然是否定的。美国海军已经用 10 艘"尼米兹"级航母的建造和使用经历进行了充分的验证，给出了一个合理的答案。"尼米兹"级航母拥有 4 台飞机升降机，其中 3 台位于右舷，1 台位于左舷。美国海军根据"尼米兹"级航母数十年的使用经验得出一个结论：4 台飞机升降机供大于求。

在平时，航母的飞行甲板只停放有值班任务的舰载机，其余舰载机都在机库里，有任务的时候需要通过升降机将舰载机提升至飞行甲板。因此飞机升降机的作业效率非常关键。在"尼米兹"级航母的实际使用中，美国海军发现位于右舷尾部的飞机升降机的使用率非常低，实际作用并不大。所以美国海军在最新建造的"福特"级航母上，取消了位于右舷尾部的飞机升降机。"福特"级航母的飞机升降机数量由此下降到3台，但通过优化飞机升降机的设计、理顺舰载机出入机库和甲板牵引路线等措施，最终的测试结果显示"福特"级航母从机库将舰载机提升到飞行甲板，或者从飞行甲板将舰载机回收到机库内的作业效率并没有降低，反倒有所提升。

即便取消了1台飞机升降机，"福特"级航母的3台飞机升降机仍然不算少，目前其他国家航母的飞机升降机基本上都是2台，而且均设置在右舷，往往没有左舷飞机升降机。这种差异和航母吨位以及飞行甲板面积相关。

实际上，要想提升机库到飞行甲板之间的通行效率，单纯增加飞机升降机数量这条道路走不通，更有效的办法是提升单台飞机升降机的能力。假如1台飞机升降机可以同时提升2架舰载机，其综合收益要优于增加1台飞机升降机。

目前，西方国家航母的飞机升降机普遍具备同时提升2架舰载机的能力。例如"尼米兹"级航母每台飞机升降机长度为23.5米，宽度为15.9米，最大提升重量达到47.6吨。而F/A-18E/F战斗/攻击机折叠后的翼展为9.32米，空重不到14吨，1台飞机升降机可以轻松提升2架F/A-18E/F战斗/攻击机。英国"伊丽莎白女王"级航母的飞机升降机也具备同时提升2架F-35B战斗机的能力。"伊丽莎白女王"级航母有2台飞机升降机，1台位于双舰岛中间，1台位于后舰岛之后。24架F-35B舰载机只需6次升降作业，即可全部从机库转移至飞行甲板。

相比之下，目前俄罗斯和印度航母的飞机升降机的提升能力就要逊色许多，每次只能提升1架舰载机。以俄罗斯"库兹涅佐夫"号航母的飞机升降机为例，其总体尺寸相对较小——长度为16米，宽度为14米，最大提升重量为40吨。理论上，该飞机升降机的提升重量较大，也具备同时提升2架重型舰载战斗机的能力，因为苏-33战斗机在机翼折叠后的宽度只有7.8米，空重也保持在20吨以下。然而实际使用中却很难同时提升2架苏-33战斗机，原因在于"库兹涅佐夫"号航母机库和飞机升降机之间的通道设计。"库兹涅佐夫"号航母机库和飞机升降机之间采用椭圆形的结构设计，虽然有助于提升结构强度，却使两侧的可用高度减小，不足以在同时停放 2 架苏 -33 时保证两机外侧折叠机翼在调运中不会发生剐蹭碰撞，存在很大的运行风险，所以最终只能单台单架提

升。原本就只有 2 台飞机升降机，再加上每台每次只能提升 1 架重型战斗机，这就使得俄罗斯航母在机库和航空甲板之间调运舰载机的效率，明显低于美、英航母。

美国"斯坦尼斯"号航母的飞机升降机在工作

由于未来航母在吨位、飞行甲板面积、载机量、起飞方式等方面都会较现有航母有明显的进步，所以飞机升降机数量不一定会增加，但是单台飞机升降机的提升能力一定会有进步。通过合理设计、加大飞机升降机的载运量，也能提升舰载机的效率。

从"斯坦尼斯"号航母的机库内部看飞机升降机

→ 航母为何长着"大鼻子"

如果我们能够看到航母水线以下的部分，就会看到舰艏前端底部有一个突出的"大鼻子"，非常引人注目。这个"大鼻子"的学名为球鼻艏。

球鼻艏是水面舰艇的特殊部位，除了航母、巡洋舰等军舰之外，大型民用邮轮、货轮也设计有球鼻艏，功效相同。球鼻艏位于艏部水线以下，其光顺的型线设计可以减小兴波阻力，提高舰艇机动性；同时作为声呐

的外部包容结构，承担着保护安装其内的声学传感器等设备不受波浪拍击及远场爆炸载荷损坏的任务，其重要性不言而喻。具体来说，球鼻艏主要有以下几个作用。

（1）减少阻力。球鼻艏设计得当，可以使船体与球鼻艏分别形成的波浪相遇而相互抵消。如果球鼻艏的长度可以调节，便可以自主控制球鼻艏在舰艇航行时产生的水波，使在任何航速下由球鼻艏产生的水波和船体艏部产生的水波叠加后的水波波幅最小，从而起到减少兴波阻力、提高船速的作用。

（2）提高操纵性能。安装球鼻艏后，不仅有利于提升舰艇的稳定性，同时还能改变舰艇艉部的水流状态，从而改善舵的灵敏性，达到提高操纵性能的效果。

（3）提高推进效率。舰艇航行时，船体附近的水受到船体运动的影响，会产生一种追随船体运动的水流，也就是伴流。伴流主要由摩擦伴流、势伴流和兴波伴流三部分组成。其中摩擦伴流是伴流的主要成分。试验表明，安装球鼻艏以后，舰艇螺旋桨的推进效率在静水中会得到提高。这是由于艏部压力降低，使推力减额（螺旋桨用于克服船体阻力部分的推力与所发出的推力之差）降低，高速时伴流系数有所提高；底部流场变得比较均匀，降低了伴流不均匀对螺旋桨的影响。

虽然被称为球鼻艏，但是它的形状并不全都是球形。不同类型的舰艇，球鼻艏的形状有很大不同，呈现出多种多样的形式和结构。具体来说，球鼻艏有水滴形、撞角形、圆筒形、"S-V"形，以及纺锤形、扁椭圆形、柱形、菱形、鱼雷形等形状。在各种形状的球鼻艏中，水滴形球鼻艏出现最早，其特征是体积较小且集中于中下部，有利于减小设计水线的进流角，多用于中、高速舰艇上；撞角形球鼻艏的前伸较长，前端较尖，其横剖面呈圆形或椭圆形，浸深较大，满载和压载时降阻效果均较好，适用于丰满的油船、矿石船和散装货船；圆筒形球鼻艏的下半部分是1个圆筒，圆筒顶端是1个半球或椭圆球；"S-V"形球鼻艏的特征是艏柱呈"S"形，球艏下部横剖面呈"V"形，适用于艏部剖面呈"V"形的舰艇，在不同的航速均能降低船体阻力和提高推进效率，还有较好的破冰性能。

美国从"里根"号航母开始将球鼻艏大幅拉长成了纺锤形，几乎和飞行甲板前端齐平，位置也抬高了，利于消除兴波阻力，实现更好的高速减阻效果。英国的"伊丽莎白女王"级航母的球鼻艏造型和美国航母类似，也是很长的纺锤形球鼻艏。

美国"福特"级航母正在安装球鼻艏

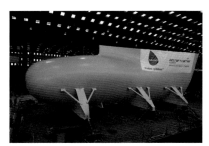

英国"伊丽莎白女王"号航母的球鼻艏

航母水下部分为何涂成红色

　　不同国家设计建造的航母，在上层建筑的布局和涂装颜色等方面各有特色，但是水线以下的部分往往都是红色涂装。对此，许多人都会产生疑问，航母的水下部分大多无法看见，为什么还要特意涂上油漆？为什么大多数国家都涂成红色？

　　事实上，航母水下部分的涂装并不仅仅是为了美观，更重要的是它对于航母的保护作用。现代航母的水下部分通常有两层油漆，一层是防锈漆，另一层是防污漆。防锈漆直接涂刷在船底外壳上，而防污漆则涂刷在防锈漆上，两者的作用略有区别，防锈漆主要负责防止船体钢材被腐蚀，防污漆主要防止海洋生物的附着。

　　航母长期在海洋中停泊和航行，船底极易附着藤壶科和贝类生物。它们对于航母的危害主要体现在两个方面：一是会提高船体表面的粗糙程度，拖慢航速；二是附着在船底的动植物在生长中会分泌各种液体，这些液体通常带有腐蚀性，会影响船体的结构强度。人类在早期的海上航行中发现这个问题后，最初采用的方法是用薄铜板或者其他金属来包裹船体的水下部分，能起到一定的效果。后来由于舰艇大量使用钢材，继续覆铜的话就会发生电化学反应，导致船壳不断被腐蚀，所以覆铜的方法行不通了。

　　既然无法阻止海洋动植物的附着，一些造船厂便开始采用有毒物质制作涂装，用来毒死这些动植物。二战期间，各国海军大多使用氧化汞或氧化亚铜作为毒剂，辅以沥青和其他材料制作船底漆。一般使用这种毒剂的船底漆都保留原本的暗红色，或者出于有毒警示的目的加入红色颜料。

　　最初，这种船底漆存在毒剂渗漏不稳定、有效周期较短的问题，后来有人提出以可溶性基料作为基底（一般是氯化橡胶或乙烯树脂），加入毒剂，这样在航行过程中就可以不断释放毒剂以防止各种生物寄生。不过，这种可溶性漆的释放速度太快，无法满足远洋作战军舰的需求，于是又出现了用松香或其他不可溶基料作为基底的不溶性船底漆，也叫接触性防污漆。之后，由于接触性防污漆会形成很薄的皂化层，又改用自抛光防污漆。这种防污漆在水解反应时会释放毒料（通常是含锡毒料），而且由于一边按照设定速率反应一边释放，所以能较好地保持船底船壳的平滑性。

美国"福特"号航母的红色船底

　　由于上述船底漆会向海洋排放有毒物质，影响海洋生态环境，已经被国际海事组织禁止使用。目前，各国海军大多使用无锡自抛光防污涂料。这种涂料的颜色很多，绿色、蓝色和黑色都有，但是许多国家还是遵循传统，采用红色涂装。

俄罗斯"库兹涅佐夫"号航母维修时露出红色船底

航母回收角为何销声匿迹

在2012年退役的美国"企业"号航母上，有一个特别突出的视觉特征，就是在航母的舰艏有两个突出的"角"，而同样配备蒸汽弹射器的"尼米兹"级航母却没有这个东西，这是为什么呢？

舰艏这两个突出的角，学名叫作"回收角"，是蒸汽弹射器发展过程中的一种产物。早期的蒸汽弹射器采用拖索弹射，甲板人员先用钢质拖索把舰载机挂在弹射器滑块上，再用 1 根索引释放杆将其尾部与弹射器后端固定住。弹射时，猛力前冲的滑块拉断索引释放杆上的定力拉断栓，牵着舰载机沿轨道迅速加速，在轨道末端把舰载机加速到起飞速度抛离甲板，拖索从舰载机上脱落，滑块返回弹射器起点准备下一次工作。

这些拖索一般是直径 20 ～ 40 毫米的钢索，如果一次性使用，恐怕财大气粗的美国也无法承受。于是，设计师在弹射器前方的甲板顶端装上前伸的角状物，两个角之间绑上网兜，每一次弹射之后拖索刚好落在网兜里，每隔一段时间将拖索回收并进行维护就可以了。

1964 年，美国成功试验了前轮弹射方式，直接将舰载机的前轮挂在弹射器上弹射，这样更加方便省事。所以拖索逐渐退

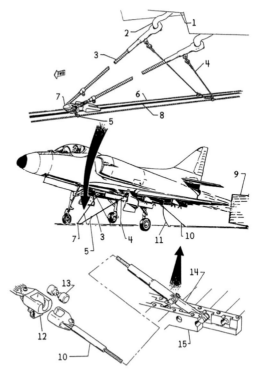

拖索弹射示意图

出历史舞台，与之相关的舰艉回收角和网兜也随之销声匿迹。在美国建造的"尼米兹"级和"福特"级大型航母上，已经见不到回收角了，舰艉都是平的。

设有回收角的美国"中途岛"号航母

→ 飞行甲板涂料有何要求

　　飞行甲板涂料主要由防滑粒料、成膜树脂等组成。防滑粒料是为了提高漆膜防滑性能的添加剂，赋予漆膜防滑能力；成膜树脂具有固定防滑粒料的作用，同时保护底材不受破坏，赋予涂层各方面优良的综合性能。一般来说，飞行甲板使用的涂料必须具有以下性能。

　　（1）优良的防滑性和耐磨性。飞行甲板涂层的摩擦系数一般要求在 0.7 以上，摩擦系数越大，防滑性越好，才能有效防止因海浪颠簸造成飞机侧滑和人员摔伤。同时，甲板也是飞机起降和人员活动频繁的地方，涂层优异的耐磨损性，可减少涂层的磨损，延长涂层的使用寿命。

（2）耐海洋性气候影响。高盐、高湿、高温差的海洋性气候使得钢底材的腐蚀加剧，涂层良好的附着力和密封性，能阻止水汽和盐雾的渗透，确保钢底材不受腐蚀。

（3）优良的防护性能。较长的使用寿命涂层不仅具有耐日光曝晒、耐干湿交替变化、耐海水浸湿等特点，还得耐油沾污，能用洗涤剂液进行简单方便的清洗。飞行甲板面积很大，涂装一次费工费时，用料量大，因此，希望使用寿命越长越好。

（4）耐高温抗冲刷性。垂直 / 短距起降舰载机靠向下的热喷气对甲板产生巨大的反冲力而起降，其尾焰温度较高，冲刷力较大。

（5）踩踏舒适性。飞行甲板也是舰员经常活动和行走的地方，涂层的踩踏舒适性很重要。

（6）良好的弹性和柔韧性。飞行甲板常年暴露在严酷的海洋环境中，昼夜温差和季节变化造成钢结构热胀冷缩形变，若涂层的弹性和柔韧性不足，这种形变必然会导致涂层开裂、剥离和脱落等破坏。另外，舰载机在甲板上起降时，对涂层产生极大的冲击能，需要一定的弹性缓冲，而且飞行甲板涂层一般较厚，柔韧性不足会导致涂层开裂。

F/A-18 战斗 / 攻击机降落在美国 "布什" 号航母的飞行甲板上

美国"福特"号航母的舰员在清洗飞行甲板

第 3 章
动力系统篇

　　航母是当之无愧的"海上巨无霸"，为了推动排水量达数万吨甚至十万吨的庞大躯体，必须有特制的动力系统。目前航母所能采用的动力装置有常规蒸汽动力装置、核动力装置、燃气动力装置等。本章主要就航母动力装置方面的问题进行解答。

→ 概　述

　　航母的轮机舱是全舰的动力中枢，也是决定其重量与体积的关键之一。一般来说，主机形式分为柴油机、燃气轮机、蒸汽轮机和核反应堆。由于航母属于大型军舰，以柴油机为主动力会推力不足，而燃气轮机的燃料消耗大，因此现在大中型航母多使用蒸汽轮机和核反应堆，小型航母则青睐燃气轮机（有些外加柴油机辅助）。

　　燃气轮机是以连续流动的气体为工质带动叶轮高速旋转，将燃料的能量转变为有用功的内燃式动力机械，是一种旋转叶轮式热力发动机。英国"无敌"级航母、西班牙"阿斯图里亚斯亲王"级航母均采用燃气轮机。

　　蒸汽轮机是一种撷取（将水加热后形成的）蒸汽之动能转换为涡轮转动之动能的机械，它将蒸汽通过喷嘴喷到装有叶片的转轮上，使其旋转，带动推进器推进航母。与燃气轮机和柴油机相比，蒸汽轮机有体积大、重量大、热效率低下、加减速能力差等缺点，但也有着单机功率大、润滑油消耗量小、运行平稳、噪声和震动小等优势。美国"尼米兹"级航母、俄罗斯"库兹涅佐夫"号航母均采用蒸汽轮机。常规动力航母的蒸汽轮机依靠重油锅炉来提供蒸汽，消耗的是重油，即原油提取汽油、柴油后的剩余重质油，其特点是分子量大、黏度高。而核动力航母是依靠核燃料燃烧发出的热将水加热成蒸汽，推动蒸汽轮机做功。

　　核反应堆分为压水式、沸水式及游泳池式，现在大部分使用压水式。与常规动力航母相比，核动力航母的优势很大。不过，核反应堆造价极高，远非一般国家所能承受。目前，世界上只有美国海军大量建造核动力航母。除美国外，只有法国拥有 1 艘核动力航母。

国外现役航母动力类型一览

所属国家	舰名	舷号	服役时间	动力类型
美国	"尼米兹"号	CVN-68	1975 年 5 月 3 日	核动力蒸汽轮机
美国	"艾森豪威尔"号	CVN-69	1977 年 10 月 18 日	核动力蒸汽轮机

续表

所属国家	舰名	舷号	服役时间	动力类型
美国	"卡尔·文森"号	CVN-70	1982 年 3 月 13 日	核动力蒸汽轮机
美国	"罗斯福"号	CVN-71	1986 年 10 月 25 日	核动力蒸汽轮机
美国	"林肯"号	CVN-72	1989 年 11 月 11 日	核动力蒸汽轮机
美国	"华盛顿"号	CVN-73	1992 年 7 月 4 日	核动力蒸汽轮机
美国	"斯坦尼斯"号	CVN-74	1995 年 12 月 9 日	核动力蒸汽轮机
美国	"杜鲁门"号	CVN-75	1998 年 7 月 25 日	核动力蒸汽轮机
美国	"里根"号	CVN-76	2003 年 7 月 12 日	核动力蒸汽轮机
美国	"布什"号	CVN-77	2009 年 1 月 10 日	核动力蒸汽轮机
美国	"福特"号	CVN-78	2017 年 7 月 22 日	核动力蒸汽轮机
英国	"伊丽莎白女王"号	R08	2017 年 12 月 7 日	常规动力燃气轮机
英国	"威尔士亲王"号	R09	2019 年 12 月 10 日	常规动力燃气轮机
法国	"戴高乐"号	R91	2001 年 5 月 18 日	核动力蒸汽轮机
俄罗斯	"库兹涅佐夫"号	063	1991 年 1 月 21 日	常规动力蒸汽轮机
意大利	"加里波第"号	551	1985 年 9 月 30 日	常规动力燃气轮机
意大利	"加富尔"号	550	2008 年 3 月 27 日	常规动力燃气轮机
印度	"克拉玛蒂亚"号	R33	2013 年 11 月 16 日	常规动力蒸汽轮机
泰国	"查克里·纳吕贝特"号	CVH-911	1997 年 8 月 10 日	常规动力燃气轮机

国外在建航母动力类型一览

所属国家	舰名	舷号	服役时间	动力类型
美国	"肯尼迪"号	CVN-79	2024 年（计划）	核动力蒸汽轮机
美国	"企业"号	CVN-80	2028 年（计划）	核动力蒸汽轮机
美国	"多里斯·米勒"号	CVN-81	2032 年（计划）	核动力蒸汽轮机
印度	"维克兰特"号	R44	2022 年（计划）	常规动力蒸汽轮机

→ 燃气轮机动力装置有何利弊

燃气轮机动力装置是指以燃气轮机为主机的全燃化动力装置。它自20世纪50年代末期起，尤其是20世纪60年代中期以来，已得到了极其广泛的应用。功率总数日益增长，装舰使用范围日益扩大，已由快艇发展到了护卫舰、导弹驱逐舰、巡洋舰和航母等。航母以燃气轮机为主机的优势有以下几点。

（1）功率密度很大。一般情况下，同等功率的燃气轮机体积是柴油机的 1/3 ～ 1/5，是蒸汽轮机的 1/5 ～ 1/10。这是由于燃气轮机本身精巧的连续转动热力学循环结构造成的，体积小、功率大，非常适合军舰分舱小、航速要求高的特点。

（2）启动速度快。燃气轮机的转速是常规动力系统中最高的，其转子十分轻巧，依靠启动机的帮助在 1 ～ 2 分钟就可以达到最高转速。而柴油机由于转子运动源于活塞的往复，加速较慢。蒸汽轮机更是缓慢，整个系统达到最高功率输出可能需要长达 1 小时的时间。对于航母的战时出动和反潜作战时加减速性能来说，启动速度有着直接的影响。

（3）噪声低频分量很低。由于燃气轮机本身处于高速稳定转动当中，产生的噪声更多是高频啸声。而柴油机的活塞往复产生了大量低频机械振动噪声，恰好迎合了海洋容易传播低频噪声的特点，导致航母容易被敌方声呐探测到。

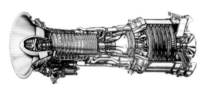

西班牙"阿斯图里亚斯亲王"级航母使用的通用电气 LM2500 燃气轮机结构图

英国"伊丽莎白女王"号航母使用的劳斯莱斯 MT30 燃气轮机

　　燃气轮机也存在不少缺点，由于它工作时需要吸入大量的新鲜空气，同时排放出大量的废气，因此排烟系统会占据大量空间，简单来说就是需要较蒸汽轮机更大的烟囱，从而导致其余设备在空间和结构上的局限性。高温排烟也会影响舰载机的起降，并且加大被敌方探测发现的概率。燃气轮机油耗很高，即使是一些相对较小的军舰，往往也是柴油机和燃气轮机并用。对航母来说，燃气轮机消耗的燃油量更是惊人。此外，燃气轮机无法像蒸汽轮机一样为飞机弹射器以及部分装备提供蒸汽。

搭载燃气轮机的英国"伊丽莎白女王"号航母

→ 烟囱为何是常规动力航母的难题

　　烟囱是航母设计上令人头疼的难题。现代航母要具备 30 节以上的航速，要有数十万千瓦的动力。常规动力航母用蒸汽锅炉做动力，需要安装粗大的进气管和排烟的烟囱。如何布置这些管道，一直困扰着航母设计师。水面舰艇的烟囱一般布置在机舱顶上，烟囱周围开设进气口。但航母最上层是整体结构的飞行甲板，第二层是机库甲板，烟道无法穿过，只好自机舱转弯抹角从舷侧通到舰外。

　　进气管和烟道看起来不大显眼，但它们占据了舰内很多宝贵的空间。贯穿舱壁的开口会降低舰体结构的强度。穿过机库和修理车间的烟道，会留下无穷的隐患，战斗中万一烟道中弹穿孔，有毒的高温废气就会喷射而出，使战斗保障作业陷入瘫痪。平时高温废气也会腐蚀烟道管壁，使之破损。当敌人实施原子、生物、化学战时，细菌、毒气或放射性物质沾染的空气，有可能通过进气管大量进入舰内。

　　现代舰艇上的电子设备和天线，严重地受到烟囱排烟的腐蚀，维修人员为此叫苦不迭。在航母上，烟囱排烟还会引起飞行甲板上的气流紊乱，危及舰载机着舰的安全。

　　如何处理这个有百害而无一利的烟囱，是航母设计上的大问题。经过努力，设计人员提出了"岛型结构"方案，将烟囱和舰桥结合在一起，布置在舷侧。为了减轻排烟对电子设备的天线的腐蚀，航母的烟囱朝外倾斜，这种烟囱样式一直沿袭至今，然而烟囱和排气的危害并没有真正解决。

英国"无敌"级航母的烟囱冒出青烟

　　如果有不需要排气的推进系统，就可以解决半个世纪以来航母和它的舰载机的"潜在敌人"——烟囱和排气。不必排气，意味着能源不需要空气，这正是核动力系统的一大特点。航母使用了核动力系统以后，烟囱不需要了，才彻底解决了烟囱和排气的困扰。光是这一点，就有足够的理由采用核动力系统，何况它还给航母在提高作战能力和改善舰员生活条件方面带来极大的好处。

俄罗斯"库兹涅佐夫"号航母的烟囱在航行时冒烟

建造核动力航母的门槛有多高

现代舰船所用的核动力是数十年来反应堆小型化的成果，在保证核反应堆功率的情况下，不仅要尽可能地小型化，还需要考虑安全性和可靠性等问题，其困难程度可想而知。而且不同的舰船所使用的核反应堆并不能完全通用，法国就因为直接将核潜艇上面的反应堆搬到了"戴高乐"号航母上面，导致"戴高乐"号航母的最高航速只有 27 节，战斗力严重受限。目前，完全掌握核动力航母技术的国家只有美国。

美国核动力航母的起步时间很早。早在 1946 年，美国海军就认为传统动力模式有可能会影响飞机的起降安全。只是当时核技术的发展刚刚起步，受限于当时核材料的生产能力和设计技术，同时在二战结束后初期，美国核资源比较紧缺，同时军费也在削减，核动力航母方案被取消。后来美国国力不断提升，从 20 世纪 50 年代开始，美国核武器数量开始井喷，核动力航母也在这个时候开始发展，并且先后建成 11 艘大型核动力航母，主要分为"企业"级、"尼米兹"级和最新的"福特"级。

核动力航母的核心主要就是反应堆。其实从工程原理上来看，核动力航母和核潜艇所采用的反应堆相差不大。美国"福特"级航母采用的 A1B 反应堆和现役"尼米兹"级航母所采用的 A4W/A1G 反应堆都是在核潜艇 S5W 反应堆的基础上加以放大和改造衍生出来的堆型。

核动力航母的核反应堆布置方式主要有分散布置和一体化布置。分散布置是指将反应堆、蒸汽发生器、稳压器和主泵等设备分散布置在反应堆舱。这种方式占用空间大，自身重量也很大，一般需要采用紧凑式分散布置的堆型。美国在所有的核动力航母和核潜艇上都采用紧凑式分散布置的堆型。

一体化布置是将反应堆、蒸汽发生器、冷却泵和增压器等系统设备都组装进了压水壳中。所以这种布置方式完全取消了冷却剂流动系统中的所有管道连接，减小了冷却剂的流动阻力，减小了沿程压降和局部压降，能够提高反应堆的自然循环能力。一体化布置反应堆具有自然循环能力高的优势，同时采用低富集度铀核燃料，并且结构紧凑，体积和重量都大大减小。目前只有法国"戴高乐"号航母采用。

"戴高乐"号航母装备 2 座 K15 反应堆，热功率共 300 兆瓦，但是其表现却不尽如人意。因为 K15 反应堆是装备于"凯旋"级核潜艇上的核动力装置。当时进行核动力项目研发的时候，法国受限于当时的经济条件和技术水平，将"戴高乐"号航母和"凯旋"级潜艇的核动力设施合并在一个项目里进行研究，这样可以节约研究费用。核潜艇上装备 1 座，核动力航母上装备多座。"戴高乐"号航母的总轴功率仅有 61 兆瓦，这一数据甚至低于法国上一代常规动力航母"克莱蒙梭"级的 93 兆瓦。

"戴高乐"号航母的航速过慢，最大航速只能达到 27 节，这也不如"克莱蒙梭"航母的 32 节，不仅对航母战术、技术性能有较大影响，对与海军舰艇编队协同作战也有害无益。

美国"企业"号核动力航母

法国"戴高乐"号核动力航母

→ 航母与潜艇的反应堆能否通用

目前世界上只有美国、法国拥有核动力航母，而拥有核潜艇的却有美国、俄罗斯、法国、英国、印度等多个国家。很多人都想知道：核动力航母和核潜艇所使用的反应堆是否相同？有能力建造核潜艇的国家，是不是也能建造核动力航母？

从原理上来说，核动力航母和核潜艇的反应堆是相同的，都是成熟的压水反应堆。高压轻水从反应堆一回路中带出热量，在蒸汽发生器中变成高温高压蒸汽，推动汽轮机做功。那么潜艇核反应堆能放大移植到航母上使用吗？答案是可以，美国、法国都做过尝试，但效果并不好。

20 世纪 50 年代，美国第一艘核动力航母"企业"号，使用在核潜艇 S5W 反应堆基础上发展来的 A2W 反应堆。因单堆功率太小（3.5 万马力），所以装了 8 座反应堆才将功率堆到 28 万马力。1 座大功率反应堆和 8 座小功率反应堆并联的效果自然不一样。每个反应堆都需要冷却输出管路，各反应堆间还存在配合联动问题。8 座反应堆占据了大量空间，浪费大量吨位，将"企业"号航母撑得又大又长。不过，8座反应堆好歹让"企业"号航母的最高航速达到33节以上，并且足够驱动4台蒸汽弹射器的工作。

与"企业"号航母相比，法国"戴高乐"号航母就没那么幸运了，因为法国裁减了它的反应堆数量。原本"戴高乐"号航母计划使用3座K15潜艇反应堆（单台4.1万马力），也就是设计输出功率达到12万马力以上（"克莱蒙梭"级航母就达到12万马力的功率，最高航速为32节），对于满载排水量为4.25万吨的"戴高乐"号航母来说，这个动力应该说足够了。然而，法国因为经济问题裁减了1座K15反应堆，这样输出功率降到8万马力，所以就出现了动力不足的情况。

综上所述，核潜艇的反应堆可以移植到航母上使用，但并不一定适合。究其原因，主要有以下几点。

（1）单堆功率不足，缩短使用寿命。核潜艇的排水量通常控制在2万吨以下，"戴高乐"号航母的K15反应堆是用在"凯旋"级核潜艇上的，而"凯旋"级核潜艇只有不到1.5万吨的水下排水量。K15反应堆驱动"凯旋"级核潜艇还算游刃有余，但是推动数万吨的航母就有心无力了，最终只能靠数量来堆总功率。而单堆长期高负荷工作也会影响使用寿命。

（2）占用空间过大，浪费吨位。单堆功率小，只能用数量来凑，"企业"号航母使用了8座A2W反应堆才达到设计指标，但是这么多反应堆占据了大量的舰内空间，严重压缩了航空燃油、弹药的携带量。为了迁就这8座反应堆，舰体也进行了专门设计，"企业"号航母的长度达到了342米，至今仍然是世界上最长的航母。这种空间和吨位上的浪费，显然得不偿失。

（3）故障率高，维护时间长。一般来说，反应堆数量越多，可靠性越差。"企业"号航母的8座反应堆

美国"企业"号核动力航母及其护航舰艇

都需要各自专门的冷却系统，再进行并联或串联，这种复杂结构无疑增加了故障概率。而核动力航母每次大修都需要对核燃料进行更换，数量过多的反应堆也会增加维护时间和维护成本。

　　航母反应堆和潜艇反应堆追求的方向不同，在设计上自然不太适合互换。潜艇反应堆一方面是受到潜艇内部空间的限制，尺寸和功率都不会很大。另一方面是噪声，因为反应堆一回路循环泵的噪声是潜艇重要的噪声源。所以潜艇反应堆设计的时候对噪声控制非常苛刻。但是航母反应堆追求的是功率和持续工作时间，对噪声水平要求不高，舰内空间也没有核潜艇那么紧张，所以并不适合直接使用潜艇反应堆。

搭载 K15 反应堆的法国"凯旋"级核潜艇

搭载 2 座 K15 反应堆的法国"戴高乐"号航母

→ 核动力航母为何不用核电驱动

目前，美国"尼米兹"级核动力航母从核反应堆获取的绝大部分能量是获取的绝大部分能量被用于驱动蒸汽轮机以获取航母前进的动力，少部分用来发电来支持舰上电子设备的运行，还有一部分蒸汽无误用来给蒸汽弹射系统供应蒸汽。很多人都有这样的疑问：为什么核动力航母要采用核能加热的蒸汽轮机，而不是直接用核电驱动？

核动力航母不用核电驱动的原因其实很简单：由于目前电力驱动航母技术还不成熟，核能加热蒸汽机轮的热效率要比电动机高。航母核反应堆的工作原理其实与核电站的发电过程相似，核电站首先通过核能裂变产生热能驱动蒸汽机，再通过蒸汽机的动能驱动磁场转动来转化为电能。整个过程的能量转化形式为：核能—热能—动能—电能。这样的方式其实转化率非常低，其间会浪费大量的能量，但由于核能的强大，即使浪费了绝大部分能量也能提供大量的电能。就目前的科技水平而言，还无法跳过中间两个步骤。

同理，核动力航母实现航行的核心动力就是动能，因此只要热能足以驱动蒸汽机轮即可，完全没有必要再一次转化为电能去驱动电动机。因为能量传递经过的设备越多，效率就越低，本来航母核反应堆的功率就有限，使用发电机产生的电能带动电动机驱动，航母就会损失一部分能量。假设发电机的效率为90%，电动机的效率为80%，那么从蒸汽轮机大轴传递过来的能量就只能有72%的能量用来驱动航母。

对航母来说，机动性是一个重要指标。如果要将核能完全转化为电能，那么航母启动时，二回路产生的蒸汽必须等到足够的量，通常反应堆功率需要达到25%以上才能进行蒸汽轮机冲

航行中的美国"华盛顿"号核动力航母

转，这样才能带动发电机产生频率合格的交流电；否则蒸汽轮机转速不到，频率不合格，产生的电能就无法给电动机使用。而蒸汽轮机直接带动螺旋桨就不存在这个问题，只要有转速就可以立刻划水前进。

此外，少用一个大型设备，意味着故障率将会降低一个档次。减少发电机及其辅助系统（氢气冷却系统、润滑油系统、励磁系统、定子冷却水系统等），不仅会减少航母的制造成本，还可以降低航母的故障率。此外，也会节省出很大一部分发电机及其辅助系统占用的空间。

美国"杜鲁门"号核动力航母后方视图

核动力航母的主要优势是什么

与通常的想象不同，所谓的无限续航能力并非航母选择核动力推进的主要理由。体形庞大的航母天生耐力惊人，是海军主要作战平台中最没有必要依靠核动力提升续航能力的舰种。与常规动力航母相比，核动力航母的主要优势在于以下几点。

（1）不排出高温废气

无废气排放有多种好处：核动力航母的舰岛不需要安装常规动力系统的进排气管道，舰岛体积小且位置灵活，有利于最大限度优化飞行甲板布局，提高舰载机飞行作业的效率和安全性；舰岛体积紧凑，尾流场较弱，对着舰飞机的干扰较小。高温废气的消失进一步减少了回收通道上的大气扰动；上层建筑和停放在甲板上的舰载机不再受到燃烧产物的腐蚀，地勤人员拥有更为清洁健康的工作环境。

航母、舰载机武器系统全寿命开销的主要部分来自舰载机的维护保障费用。满编舰载机联队的采购价格大致与舰队航母平台相当，全寿命期运作成本大致为购入价格的 3 倍。航母平台服役周期内其舰载机至少完成 1 次更新换代。假设核动力化带来的洁净环境使得舰载机运作费用平均下降 5%，航母服役周期内节省的舰载机维护保障开支即可达到航母平台原始采购价格的 30%。因此，尽管核动力载机平台的全寿命成本高于常规动力平台，核动力航母和舰载机的全系统全寿命成本却完全可能低于常规动力航母和舰载机的组合。

（2）动力响应迅速

所有类型热机的燃效均随负荷降低而变差。在中速航渡过程中，常规动力航母往往关闭部分原动机以节省燃料。美国海军的常规动力中大型航母装有 8 台燃油锅炉，每对锅炉驱动 1 台主推进轮机，巡航状态下有一半的锅炉处于关闭状态，舰长可随时调用的有效功率从 8 台锅炉全部点燃时的 240 兆瓦锐减至 120 兆瓦，在满足基本的推进与电气功率需求后所剩无几。蒸汽轮机热惯性巨大，冷启动速度缓慢。由于剩余功率不足，一半锅炉关闭的常规动力航母从 10 节加速至 20 节耗时达到 150 秒；加速至 30 节需要等待关闭的锅炉冷启动完成，时间可能长达数十分钟。相比之下，核动力航母的原子锅炉时刻处于热机状态，动力随叫随到，从 10 节加速至 20 节只需 90 秒，从 10 节加速至 30 节仅用 180 秒。

（3）改善舰员生活环境

核动力航母可制造大量的淡水和充沛的电能，可用于空调及其他电器，改善舰员的生活环境。由于没有管线和储存油料的舱房，省下的空间可装载更多的物资（如航空燃油、补给品、炸弹），舰员起居空间也变得更大。

航行中的法国"戴高乐"号核动力航母

航行中的美国 "尼米兹" 号核动力航母

→ 常规动力航母是否全面落后

　　美国有着百年的航母发展历史，因此很多人都把美国航母看作发展的风向标，认为核动力航母的优势是十分明显的，而常规动力航母则拥有很多的弊病。事实上，美国曾经做过翔实的对比，并且列出了一份长达 196 页的专业性报告。常规动力航母与核动力航母的对比结果可能出乎很多人的意料。

　　这份报告中进行对比的两艘航母分别是 "肯尼迪" 号常规动力航母（"小鹰" 级航母 4 号舰）和 "尼米兹" 号核动力航母（"尼米兹" 级航母首舰），两艘航母的吨位相差大约 1.3 万吨，"尼米兹" 号航母大于 "肯尼迪" 号航母。报告主要是围绕着以下项目进行的。

　　（1）航行速度。航行速度决定着航母的战略机动性，以及航母实施战略部署的及时性。报告显示，虽然核动力航母拥有更强劲的动力，航行速度更快，但在长距离航行时却体现不出优势。两艘航母从圣地亚哥到波斯湾所用时间都是18天，"肯尼迪"号航母仅仅慢了4.8小时。虽然核动力航母航行速度快，但是舰队整体速度拖慢了它的速度。

（2）航行途中的补给。虽然核动力航母本身不需要补给，但是舰队其他舰艇需

"肯尼迪"号常规动力航母

要进行补给，而且航母上的舰载机也需要油料，因此在这一点上常规动力航母和核航母舰队几乎没有差距。核动力航母舰队的补给时间略短一些，优势并不明显。

（3）战区战时的补给。这时候核动力航母会占有一些优势，因为核动力航母的油料消耗远小于常规动力航母，蒸汽弹射器工作也在快速消耗着能源。在海湾战争中，常规动力航母的补给时间是2.7～3天进行一次补给，核动力航母是3.3天补给一次。

（4）可进行部署的时间。航母的可部署时间很短，通常只有1/3的时间可进行作战部署，其余时间都在维修保养和进行训练。因为核动力航母更加复杂，维修所用时间更长，常规动力航母3个月的维护项目，核动力航母需要大约5个月。因此在实际部署能力上，常规动力航母反而更加具备优势。

（5）战斗机的搭载能力。虽然"肯尼迪"号航母的吨位比"尼米兹"号航母小了1.3万吨，但是两种航母的战斗机搭载能力相差不大，而且战时的起飞效率也毫无差距，都是第一天可以出动170架次，随后3天是140架次，之后降低到并维持在90架次。

（6）淡水制造能力。常规动力航母的淡水制造能力完全不输于核动力航母，常规动力的"肯尼迪"号航母的淡水制造能力甚至高于核动力的"尼米兹"号航母，而且超出了1/4。

　　（7）加速性能。虽然核动力航母的加速性能令常规动力航母望尘莫及，然而美军至今也没有在实际使用中发现加速能力不足会为常规动力航母带来什么不好的影响。

　　在报告中没有涉及的成本和人员培训方面，常规动力航母也具备绝对优势。当然，报告中进行对比的都是美国自己的航母，如果是美国的核动力航母与其他国家的常规动力航母进行对比，差距就会大得多。另外，核动力航母毕竟是更高的科技运用，有着更好的发展潜力，所以在技术条件允许的情况下发展核动力航母仍是最好的选择，因为未来的电磁武器、激光武器和粒子武器都是以电能为基础的。

"尼米兹"号核动力航母

综合全电力推进有何优势

　　综合全电力推进（Integrated Full Electric Propulsion，IFEP）也被称为全电推进，是用于舰艇的一种动力组合方式。其使用燃气轮机或柴油发电机产生三相交流电以带动电机转动螺旋桨或喷水推进器，从而推进舰体。英国"伊丽莎白女王"号航母是世界上第一艘采用综合全电力推进的航母。

　　传统的舰艇动力系统中，通常由一套功率最大的主机，通过直接机械耦合来驱动推进器，另外再设置独立的发电机组来供应舰上所需的电力。一般而言，舰艇推进系统的功率远高于发电机组，然而在实际运作时，舰艇推进系统全功率满载的情况不多，导致许多能量遭到浪费；而舰上的各项用电设备则无时无刻不需要电力供应，导致发电机组经常处于满载，有时甚至会发生供电吃紧、部分系统无法获得足够功率的状况。研究显示，舰艇推进机组与发电机组的总功率比为 8：1 ～ 9：1，然而年度燃料消耗比例却降为2∶1～3∶1，显示两者之间的操作负载失衡。

相较之下，采用综合全电力推进的舰艇可以根据舰艇的航速变化、排水量变化、舰艇上电力负荷的变化而任意调整发电机组的运行数量，减少燃料的消耗，故具有较好的经济性。综合全电力推进系统具有电力实时调节功能，这对于装备大功率探测装备、电磁弹射器、电磁炮、激光武器等高能耗设备的舰艇极其重要。综合全电力推进系统可以在电力推进系统和高能耗设备之间进行快速切换，如电磁弹射器在需要大量电能时，可以对电力推进系统的电能和其他系统的电能进行短暂限制，将电力推进系统的电能快速全部或部分转换给电磁弹射系统，当电磁弹射系统工作循环完毕后又快速将电能转换给电力推进系统。

此外，综合全电力推进系统还有不少优点。采用综合全电力推进系统的舰艇在总体布局上具有很大的灵活性，发电机组的布置比机械式推进系统更为方便，可以摒弃串联式布置方式，灵活布置在舰艇上其他合适的位置，优化、节省了空间，简化了动力系统的结构，提高了燃料和弹药的携带量。由于只需将推进电机布置在舰艇艉部，可使用短轴系，减少轴系噪声和制作成本。由于安装综合全电力推进系统的舰艇不再需要庞大的推进动力舱，一些武器如导弹垂直发射装置的布置可以更方便和优化。

当然，综合全电力推进系统也并非没有缺点，电力推进虽然采用线路传输节省了大量的空间，但线路的稳定性不及机械轴系；损管的难度远高于机械轴系，而且舰艇内部的复杂程度更高意味着对舰员的素质要求也更高；柔性电缆的绝缘套管和金属外护套强度不高，即便加上薄钢管，其战时防护能力也相当有限。一旦电力系统受损，不但舰艇无法机动，甚至无法进行有效的防御性作战。

采用综合全电力推进的英国"伊丽莎白女王"级航母

英国"伊丽莎白女王"级航母左舷视图

→ 常规动力航母为何要烧重油

　　一般来说，汽车烧汽油，卡车烧柴油，飞机烧煤油，船舶烧重油。前面三种油是普通人比较熟悉的，毕竟汽油和柴油在加油站都能看到，煤油也经常会听到。相比之下，重油在日常生活中则很少被提及。

　　重油是在原油提炼了汽油、柴油后剩下的重质油，又称燃料油。特点就是分子量大、黏度高，非常粘稠，难挥发，呈现暗黑色。其主要成分是碳氢化合物，还有少量的硫黄及微量的无机化合物。重油的比重能够达到 0.82% ～ 0.95%，这比汽油和柴油都要高很多。

　　不同的发动机需要不同的燃料。汽油的热值低、燃烧速度快，适合汽车发动机提速；柴油的热值高、密度大，能够提供较大的动力，所以适合卡车发动机；煤油密度低、热值高，适合作为飞机发动机的燃料。所以不同的燃料有不同的特性，适合不同的发动机。重油也是如此，其特性很适合作为船舶锅炉的燃料。

　　常规动力航母的蒸汽轮机在使用过程中需要持续不断地烧水，

因为航母在驱动的过程中需要的热量非常大，持续性的燃烧就一定需要强劲的燃料，一般的汽油、柴油是无法满足需要的。重油就成了航母蒸汽轮机启动的关键燃料。重油在燃烧过程中具备可燃性好的特点，不仅燃烧的过程中温度非常高，其产生的热量也很足，能够达到40000～42000kJ/kg（千焦 / 千克）。早期在炼钢的过程中就经常使用热力十足的重油，目的就是在炼钢的过程中能够提供足够的热量。

使用重油还有一个因素就是经济，重油是从石油中提炼出来的，在石油的提炼过程中，汽油、柴油、煤油会最先被炼出来，剩下的残渣就是重油。石油作为当下"工业的血液"，而重油又是石油中较为便宜的一部分，以此来驱动航母这个"吞金巨兽"最为合适了。正常情况下，重油的价格仅仅是煤油的 1/3。所以航母的驱动需要大量的重油来提供燃烧，而重油的价格相对较低，对国家的能源保护也有极大的好处。

黏稠的黑色重油

此外，重油的黏度和凝固点都比较低，因此容易储存和和运输，航母在海上遇到的情况复杂多变，容易储存和运输的重油相对来说比较安全。

→ 航母螺旋桨的材质有何特别

航母的螺旋桨是一个非常重要的零部件。甚至可以这样说，作为军用品的螺旋桨在一定程度上决定着航母的航行速度，因此航母的螺旋桨从方方面面来说都是必须严格要求的。不合格的螺旋桨会严重影响航母的速度，以及产生过大的噪声。而要制造优质的螺旋桨，材料是首先要考虑的问题。

想要了解航母螺旋桨的材料，就得从螺旋桨的历史说起。早期船舶多使用黄铜合金作为螺旋桨材料，但是随着船舶大型化、高速化，黄铜材料的性能逐渐不能满足需求。一方面，黄铜材料的抗拉强度和耐疲劳腐蚀强度较低，应用在大型高转速螺旋桨上叶片厚度大，加上材料密度大，导致螺旋桨自重过大，造成轴承过早磨损；另一方面，随着螺旋桨转速增加，螺旋桨叶面空泡腐蚀加剧，而黄铜螺旋桨在海水中易发生脱锌腐蚀，导致材料塑性降低，进一步加剧空泡腐蚀和应力腐蚀，导致螺旋桨容易产生开裂折断。对于船舶来说，这是致命的缺陷。

对航母这个"海上巨无霸"来说，螺旋桨的材料自然不能马虎。航母螺旋桨通常有 5 片桨叶，重量有数十吨，更是不能用黄铜材质。至于纯钢材质，虽然强度足够，但经不起腐蚀，所以也无法满足要求。现代航母的螺旋桨采用的是一种特殊的定制合金材料，这种材料是根据航母的特性，在铜合金上增加了一些其他的材料。

除了对材料的要求较高，航母螺旋桨的制作工艺也比较复杂。航母螺旋桨的单片桨叶较大，在铸模成型过程中不能有一点空泡；桨叶表面光滑度要求特别高，必须达到微米等级，可以说要达到像玻璃一样平滑；为了实现划水的功能，桨叶需要具有一定的弯曲程度，而异形加工难度高。目前，只有少数国家掌握这项工艺技术。

制造中的美国"福特"号航母螺旋桨

美国"福特"级航母 2 号舰
"肯尼迪"号的螺旋桨

航母的螺旋桨有多大

很多人都会好奇：航母这样一个"海上巨无霸"，当它劈波斩浪快速航行的时候，究竟需要多大的螺旋桨呢？

参照大型航母 300 多米的舰体长度和 6 万吨以上的满载排水量，很多人都会理所当然地认为航母的螺旋桨肯定也是很大的。其实不然，航母的螺旋桨比我们想象中要小很多，它的直径约有 6 米，重量有几十吨，其体积与航母主舰体相比可谓微不足道。但是单独将航母螺旋桨拿出来看，视觉效果还是比较震撼，相当于一台大卡车满载的重量。

有意思的是，直升机的重量及体积和航母都不能相提并论，但是直升机的螺旋桨（旋翼）直径有 10 米左右，某些大型直升机的螺旋桨直径甚至超过 40 米，远远超过航母螺旋桨的直径。为什么会有这么大区别呢？这是因为直升机和航母的螺旋桨工作时所接触的介质完全不同，对螺旋桨的长度也就有了不同的要求。直升机螺旋桨是在空气中转动，而空气比海水的密度要小百倍之多。因此在空气中使用大叶片螺旋桨会获得更大的升力，而航母螺旋桨则需要窄而多的螺旋桨叶片，以获得更大的推力。

事实上，与海面上航行的其他民用船舶、军舰相比，航母的螺旋桨算是比较大的。毕竟航母对动力和速度的要求很高。随着科学技术的不断发展，航母的螺旋桨还有可能越来越小。如此一来，螺旋桨不仅占用的空间会更小，更能有效提升航母的综合性能，而且还能保护海洋生态平衡。

美国"华盛顿"号航母的螺旋桨

美国"福特"号航母的掷瓶人、前总统杰拉德·福特的女儿苏珊·福特站在螺旋桨下方

→ 航母启动需要多长时间

航母体形庞大、结构复杂，要点火出海并不是一件容易的事情。特别是大型航母，启动更是复杂耗时。

目前全球航母动力类型可以分为 3 种：常规动力蒸汽轮机、常规动力燃气轮机、核动力蒸汽轮机。不过就形式上来说，只有蒸汽轮机和燃气轮机两种。目前，美国、俄罗斯、法国、印度的航母，无论是常规航母还是核动力航母，都使用蒸汽轮机作为主动力。而英国、意大利、泰国的航母则使用燃气轮机。

常规蒸汽轮机航母的启动主要分两步：第一步，在炉膛中点燃混合汽油的重油燃料，启动锅炉；第二步，将锅炉中的纯水烧开，达到足够的温度和压强，以驱动蒸汽轮机运转，并通过传动装置将动力传导到航母的驱动部分，从而带动航母启航。这个过程说起来简单，但是常规蒸汽轮机航母有多台锅炉，锅炉水多达数十吨，将这些水从常温烧至400℃的高温高压蒸汽，可不是一件容易的事情。常规蒸汽轮机航母从完全冷车状态下启动到出航状态，前后需要 10 个小时左右。

如果战争突发，航母需要 10 个小时才能启动出航，万一遭到敌人突袭，岂不是需全军覆没？难道美国海军也是一样吗？实际上核动力航母和常规蒸汽轮机航母在动力原理上是一样的，都是靠"烧开水"的方式获得高温高压蒸汽，并通过蒸汽推动汽轮机运转为航母带来动力。只不过常规蒸汽轮机航母是通过烧重油等燃料来烧开水；核动力航母是通过"烧"核燃料来烧开水，获得高温高压蒸汽。由于核动力航母的动力核心为核反应堆，即使在靠岸状态下，核反应堆也不会完全关闭，而是保持低功率运行。也就是说，核动力航母锅炉内的锅炉水时刻处于加温状态。因此美国"尼米兹"级航母从冷车状态启动出航仅需要 4 个小时左右，明显优于常规蒸汽轮机航母。

常规动力航母家族中还有一个另类——燃气轮机航母。英国、意大利、泰国的航母都采用燃气轮机作为主机。舰用燃气轮机和航空燃气轮机在原理结构上是一样的，都是通过燃烧室内的燃料加热空气膨胀后，直接推动燃气轮机做功，省略了锅炉水这个介质，因此只需要热空气能够将燃气轮机推动起来即可，所以燃气轮机航母不需要烧锅炉，启动简单快捷，甚至比核动力航母更快。

事实上，常规蒸汽轮机航母只要不是大修时间，即使靠港停泊，其主机也能和核动力航母一样，保持低速运转，从而保持锅炉温度。一旦有紧急情况，常规蒸汽轮机航母即可在数小时内出击，并不比核动力航母差。而且，影响航母出航效率的因素，不仅是主机点火时间，还有航母自身的补给品携带量、舰载机状态，以及军舰的燃料和航空弹药等物资的补给情况。这些因素综合起来才能确定航母真正的出航时间。

搭载燃气轮机的泰国"查克里·纳吕贝特"号航母启动较快

美国"布什"号航母出海执行任务

→ 航母最高航速为何总是 30 节

从风帆时代到蒸汽时代，再到核动力时代，军舰的动力系统已经发生了翻天覆地的变化。然而，现代中大型军舰的最高航速大多都在 30 节，航母也不例外，甚至比不上二战时期的军舰。在一贯追求速度的海上装备中，为什么会出现这种现象？

首先，现代海军的作战方式已经和二战时期大不相同。二战时期，军舰主要使用火炮和鱼雷作战，往往需要在战斗中利用高航速来抢阵位、突防，相较而言，高航速比适航性更为重要。二战后，随着军事科技的发展，在雷达、导弹、飞机大发展的背景之下，舰艇必须注重隐蔽性和防御性，不能再单纯地追求速度，否则会招致严重的后果。毕竟，即便是喷气式飞机这样的高速飞行器也无法摆脱雷达的追踪和导弹的攻击，何况体积庞大的军舰。面对反舰导弹的攻击，不管是 30 节航速，还是 40 节航速，都没有太大的意义。反倒是 30 节航速时军舰的稳定性更好，电子设备能够更好地工作，军舰的战斗力和生存力反而更强。

其次，军舰要想追求高航速，在技术水平相当的前提下，只能将舰体改得细长，以便减小海水的阻力。不过，这样一来军舰的适航性会受到很大影响，在风浪中难以维持平台稳定。例如美国建造的"自由"级濒海战斗舰，最高航速可以达到 47 节，但是它的船头非常小，不仅影响军舰的内部空间，而且还影响军舰的舒适性。另外，军舰的航速越高，阻力越大，所需功率也就越大，而且并不是线性关系。也就是说，可能花了很大代价加大功率，但航速只提高了一点。

低速航行的美国"布什"号航母

美国"里根"号航母和"提康德罗加"级巡洋舰并列航行

经过长期的实践总结，各国海军都将 30 节左右航速作为中大型军舰平衡航速与油耗的最佳折中范围，如果超过这个范围，要么会增加油耗，要么会牺牲军舰携带武器弹药或者物资的数量，从而影响作战效能。

相对于航母、驱逐舰和护卫舰这些中大型军舰来说，小型舰艇由于需要面对特殊的作战环境和任务需求，所以它的速度就不会进行限制。例如，美国建造的"先锋"级远征快速运输舰的最高航速为 43 节，而挪威建造的"盾牌"级导弹艇的最高航速可达 60 节。不过，小型舰艇都是牺牲了装载量和武器配置才获得了高航速。与中大型军舰相比，小型舰艇配备的武器简单至极。

总而言之，30 节航速作为中大型军舰在性能与经济之间的最佳平衡点，在革命性技术出现之前，还会维持很长一段时间，未来随着激光反导、半潜军舰的出现，这个速度还有可能被下调。

→ 航母如何收放船锚

船舶想要在海上或者河里停泊，都需要借助船锚来完成，就连巨大的航母也不能例外。由于航母的体形巨大，所以船锚的尺寸和重量也非常可观。

以美国第一艘核动力航母"企业"号为例，标准排水量在 7 万吨左右，单是船锚重量就达到了 20 吨。而"尼米兹"级航母的满载排水量约 10 万吨，其船锚重量为 27 吨。一般来说，普通的船锚需要 11 节锚链，每节长 27.5 米，总长约 300 米，重约 100 吨。有些航母出于特殊需要，会有 22 节锚链，总长约 600 多米，重约 200 吨。美国"尼米兹"号航母的单个锚环重达 60 千克，比一名成年男子的腰部还粗。

美国"罗斯福"号航母的船锚

航母的船锚在锚杆末端做成了一个轴，锚体可以转动，所以比传统的海军船锚有更强的抓地作用。起锚时需要的动力也更小，只需要将航母开到锚点的正上方就可以起锚了。

航母下锚时,下锚地点的水深通常只有几十米,水深超过 150 米时并不适合下锚。舰艇一侧下锚,靠泊一侧通常不下锚,而是带缆。首先确定靠泊方式是"左靠"还是"右靠"。"右靠"必须下左锚,"左靠"必须下右锚,否则球鼻艏声呐罩会压住锚链。航母通常在距离泊位 300 米以上的地方下锚。主锚的两个爪子与锚干张开一个角度,靠航母拉力插入海床,锚稳后,松锚链,锚链靠自然重量下落。

美国"企业"号航母的锚链　　　美国"里根"号航母的舰员在拉动缆绳

航母之所以只能在浅海域下锚,不能在深海域下锚,是因为海洋的平均深度超过 3000 米,有些海域甚至有 10000 米深。区区 300 ~ 600 多米长的船锚,根本无法到达海底,再加上一个航母船锚的造价超过 100 万元人民币,如果钩住礁石拿不回来,损失会非常大。更可怕的是,一旦不小心钩到海底的光缆设备,后果更是无法想象。所以航母要在深海域停止航行,也只能关闭发动机,随着洋流漂泊。

航母起锚时,必须利用起锚机将锚拉起,通常是靠油压机带动锚机旋转,把锚链拉上来,锚链并不缠绕锚机上,而是落入锚链舱。此时,航母锚链导管里面开始喷水,冲刷锚链,避免泥沙被带入锚链舱。

美国"里根"号航母下锚

锚并不会被航母一下拉起，航母备机但不使用动力，靠锚的拉力带动航母自然运动，当到达锚位时，锚干被拉起，同时带动锚抓向上翘起来，脱离海床，在锚冠重力的作用下锚爪向锚干收起，并进入锚位。

→ 动辄几万吨的航母如何转向

俗话说"船小好掉头"，那么排水量少则 1 万吨、多则 10 万吨的航母，靠什么在海上实现转向？

众所周知，曾经的帆船依靠风力行进，船尾水线以下部分还装有一个尾舵，其作用就是用于协助船只转向。尾舵虽然只是个小小的装置，但它能使庞大的船体运转自如，其奥妙何在？原来，航行中的船只，如果要向左转，就要将尾舵向左偏转一个角度，水流就在舵面上产生了一股压力，即舵压。舵压本身很小，但它距离船只的转动中心较远，所以使船只转动的力矩比较大，船首就会相应地转向左方。

虽然航母的体形和吨位远大于帆船，但在海上转向的原理是一样的，也是依靠舰上的舵机装置。航母一般采用主动双舵，在舵叶后部增设导管螺旋桨，不依靠迎面流水动力作用，而是依靠导管螺旋桨发出水流作用于舵，从而实现转向。

坦克可以通过让左右履带减速或反转产生速度差，从而实现转向。同理，航母也可以利用两个螺旋桨产生的速度差进行转向：一个螺旋桨正转产生推力，另一个螺旋桨反转产生拉力，利用两个螺旋桨产生不平衡的速度差，从而达到方向偏转的效果。这种转向方式对舰船主机等动力机构和传动机构损伤较大，动力机构的反应也较慢，一般只在方向舵破损、港内规避等相对极端的情况下使用。

正在转向的美国"福特"号航母

　　军舰中，也有部分"先驱者"开始使用综合全电力推进系统。电力传动的出现，使得摒弃传动轴的设计正在成为现实。综合全电力推进系统的舰船，其水下部位直接设置了一个可以在平面内 360°旋转的电力推进吊舱，吊舱内置 1 个电机和螺旋桨，若要转向，直接控制吊舱旋转即可。

　　随着人类科技的进步，包括航母在内的各种军舰的转向方式日趋丰富，这些战争机器将越来越灵活。

美国"杜鲁门"号航母完成转向

航母能否倒退航行

　　汽车可以挂倒挡往后退，那航母有倒挡么？在海上能倒退吗？这是很多人都会产生的疑问。在公开的影像资料中，航母几乎都是向前航行，即使是转弯的时候，也不会倒退。

　　海上的轮船或者快艇都可以倒退，也并不是很困难。理论上，航母其实也可以实现"倒车"，但是实际操作起来并不容易。航母之所以倒退困难，主要原因在于它太大太重了。即使没有亲眼见过航母，但是从它的图片还有数据都可以清楚地知道航母的体积是非常庞大的。由于体积大、吨位重，航母在前进时所带有的惯性力以及航母螺旋桨所具有的转动惯量都是非常巨大的。

如果要航母实现"倒车"，就需要让螺旋桨反转。这个操作看似简单，但是由于航母的螺旋桨动辄几十吨，再加上转动惯量，要想成功驱动它反转是非常困难的。因为传动系统和主机都承受不住。所以执意要让航母在海上"倒车"的话，最大的可能就是造成熄火；更严重的话，还有可能破坏整个动力系统和传动系统。此外，航母因为自身又大又重的原因，在海里的吃水深度很深。所以骤然间要实现"倒车"，受到的海水阻力也是非常大的，可以说是难上加难。

虽然航母在海中"倒车"的情景极为少见，但也不是完全没有。美国海军在测试航母性能的时候，不仅会在大海上测试航母大角度拐弯、原地转弯等非常规形式动作，还会将10万吨级航母倒着开。从公开资料来看，目前只有美国的航母能够完成这一动作。当然，美国也只会在测试中这么做，绝不会在战斗期间做出这种冒险的行为。

以巡航速度航行的美国"企业"号航母

俄罗斯航母为何总是黑烟滚滚

2016 年 10 月，俄罗斯海军派出以"库兹涅佐夫"号航母为核心的航母战斗群，从摩尔曼斯克港出发，前往叙利亚附近海域执行任务。在航行途中，烟囱中喷出滚滚浓烟，被美国媒体讥讽这是一支"不用雷达就能被发现"的俄国舰队。

事实上，"库兹涅佐夫"号航母航行时的滚滚黑烟，早已是媒体和军事爱好者经常调侃的话题。一路冒着黑烟的"库兹涅佐夫"号航母，其浓烈的烟雾几乎将舰体完全遮蔽。这种场面在 21 世纪的作战舰艇上，已经不能用"十分罕见"来形容了。这个场面实在和一个海军大国在 21 世纪装备的主力舰的形象不符，更像是 19 世纪中后期刚刚配备蒸汽动力时的铁甲舰。

战舰在航行时冒烟，其实并不是稀罕事。无论是柴油机、蒸汽轮机还是燃气轮机，各国军舰在刚刚启动主机以低速航行时几乎都会冒烟。因为在这种状态下，燃油在主机中燃烧不充分，而在加速到正常巡航速度后冒烟现象就会减轻许多（看起来似乎是完全不冒烟，但实际上是因为冒烟大幅减少加之快速航行时带动的气流能吹散烟尘）。然而到了"库兹涅佐夫"号航母，情况却完全不同。该舰即便是在加速到 18 节的正常巡航速度后，其冒烟量也丝毫没有减少的迹象。说起来，产生这个问题的原因也是由来已久：由于俄罗斯海军长期缺乏经费，"库兹涅佐夫"号航母在服役期间几乎没有进行过完整的系统性整修和维护，即便是在 2015 年前后进行的一次大修也被迫中断。俄罗斯海军也并非不清楚这艘航母的实际情况，但一再要求为该舰追加维修经费却总是因俄罗斯不甚良好的经济状况而不了了之。如此看来，这艘缺乏维护保养的航母会以黑烟标志其在英吉利海峡的航迹，也就见怪不怪了。

可以说，"库兹涅佐夫"号航母几乎就是目前俄罗斯海军乃至俄罗斯联邦武装力量的缩影。这艘始建于 20 世纪 80 年代的航母，虽然舰龄并不算很老，但其服役状态实在太差。与其他俄罗斯海军作战舰艇一样，由于资金短缺，这艘本来就十分烧钱的战舰经常得不到有效维护。历览近 10 年来"库兹涅佐夫"号航母的服役记录，除了在俄罗斯海军四大舰队之间来回调转时有过几次长距离航行记录外，其远航经历实在是乏善可陈，与南征北战的美国航母不可同日而语。

目前世界各国的现役航母中，与"库兹涅佐夫"号航母的在航率保持同一水准的只有泰国的"查克里·纳吕贝特"号航母。该舰是泰国在1998年经济危机爆发前盲目购置的轻型航母，购置后发现实力薄弱的泰国海军根本不具备保养能力。俄罗斯的综合国力远胜于泰国，而"库兹涅佐夫"号航母的保养水平和在航率却与"查克里·纳吕贝特"号航母相差无几，实在令人唏嘘不已。

俄罗斯并非已经放弃了在发展海军装备特别是发展航母方面的努力。近年来，代号"施托姆"的新型航母方案频频在各大防务展上亮相，其设计方圣彼得堡克雷洛夫国家科研中心还信誓旦旦地表示"可以在2025年建成"。然而从目前的进度来看，从核反应堆到电磁弹射器，重型航母所需的关键性技术，俄罗斯军用船舶工业没有任何一项取得突破，甚至连用于建造航母的大尺寸船坞都需要重新建造。更糟糕的是，即便技术都已到位，以俄罗斯目前的国防预算也难以支撑新航母的建造。"库兹涅佐夫"号航母退役后，俄罗斯海军能否装备后继舰，仍是个不容乐观的问题。

"库兹涅佐夫"号航母航行时冒出黑烟

第 4 章
起降设施篇

　　航母的主要功能就是作为舰载机的起降平台，因此舰上协助舰载机起飞和降落的设施格外重要。螺旋桨飞机时代，舰载机可以凭借自身动力在平直甲板滑跑起飞。后来随着体形更大的喷气式飞机上舰，舰载机的起降方法越来越多样化，弹射器、滑跃甲板、垂直起飞陆续出现。本章主要就舰载机起降设施方面的问题进行解答。

→ 概　述

　　从航母诞生至今，舰载机的起飞方式主要有 4 种：自主起飞、弹射起飞、垂直起飞和滑跃起飞。其中，自主起飞类似于陆基飞机的起飞方式，飞机依靠自身的动力沿飞行甲板跑道加速起飞，现在已经很少使用。而垂直起飞有着难以克服的致命缺陷，会限制舰载机的综合作战能力，所以应用也不广泛。因此，各国现役主力舰载机大多采用弹射起飞和滑跃起飞方式。由于弹射起飞的技术要求较高，目前仅有美国完全掌握了蒸汽弹射器技术，而英国、俄罗斯、西班牙、意大利、印度和泰国等国的航母只能采用成本低、技术简单的滑跃起飞方式。

　　航母诞生之初，舰载机的降落作业非常困难，发生事故伤亡较多，因而最早在美国"兰利"号航母上出现了两种革命性的辅助降落制度：设置降落指挥官、使用拦阻网。其中，降落指挥官一般由技术纯熟的飞行员担任，主要负责在甲板上判断降落条件、飞机高度等信息，然后挥动旗帜打信号，引导舰载机降落。至于拦阻网，则是让降落的飞机免于意外的一项保险，早期飞机降落时要由甲板人员上前挂住钩索，而后进步为飞机降落时会打开下方的拦阻钩来钩住甲板上并排的拦阻索，拦阻索两端连入甲板下的液压制动器，吸收飞机剩余的动能，进而让其在甲板上停下。如果没有挂到拦阻索，拦阻网可以避免飞机撞上甲板停放的飞机或是摔出飞行甲板，也不会毁损机体，还可以调整降落位置。

　　进入喷气式舰载机时代后，由于其速度过快，降落指挥官和飞行员都反应不及，所以原有制度已不能保证安全降落。1952 年，英国海军中校尼可拉斯·古德哈特设计出了早期的光学助降装置——助降镜。它是一面大曲率反射镜，设在舰艉的灯光射向镜面再反射到空中，给飞行员提供一个光的下降坡面（与海平面夹角为 3.5°～ 4°），飞行员沿着这个坡面并以飞机在镜中的位置修正误差，直到安全降落。助降镜受海浪颠簸影响较大，飞行员往往会丢失光柱并较难捕捉到。20 世纪 60 年代，英国研制出第二代光学助降装置——菲涅耳光学助降装置，它在原理上与助降镜相似，也是在空中提供一个光的下滑坡面，但它提供的信号更利于飞行员判断方位，修正误差。

20 世纪 70 年代，美国海军又研制出了全自动助降系统，它通过雷达测出飞机的实际位置，再根据航母自身的运动，由航母计算机得出飞机降落的正确位置，再在指令计算机中比较后发出误差信号，舰载机的自动驾驶仪依据信号修正误差，引导舰载机正确降落。现代航母的辅助降落设备多半是混合使用，可互相取长补短，获得最好的效果。

美国"艾森豪威尔"号航母上的菲涅耳光学助降装置

美国"艾森豪威尔"号航母的勤务人员正在检查拦阻索

在螺旋桨舰载机时代，航母上通常设有 10 ～ 15 道拦阻索和 3 ～ 5 道拦阻网。而喷气式舰载机降落时并不关闭发动机，情况不好马上可以复飞，所以现代航母的拦阻索大幅度减少。虽然拦阻索看起来只是一道普通的钢索，但它是不折不扣的高科技产品，甚至可以说是一国冶金工业的集大成者。目前，只有极少数国家具备制造拦阻索的能力。英国、法国、印度等国均采用从美国进口的拦阻索。拦阻索的价格也不便宜，单价在 150 万美元左右，现代航母通常要铺设 3 ～ 4 道拦阻索，并需要定期更换和维护保养。

美国 F/A-18 "大黄蜂"战斗 / 攻击机借助拦阻索降落

美国 E-2 "鹰眼"预警机借助拦阻索降落

由于美国海军现有的拦阻系统依然存在很多短板，难以满足美国海军下一代航母和 F-35 舰载机的需求。所以，美国通用原子公司设计了涡轮电力拦阻方案，与现有的拦阻系统相比，涡轮电力拦阻的体积更加紧凑，智能化、自动化水平更高，具有明显优势。

→ 蒸汽弹射器的作业流程

1911 年，美国人西奥多·埃利森发明了重锤与滑轮结合的加速弹射器装置，而后又改进为压缩空气推动活塞的弹射器，并于 1915 年 10 月装设于"北卡罗来纳"号装甲巡洋舰上，为最初实用化的弹射器，而后又出现了油压式的弹射器。早期由于螺旋桨飞机重量轻和起飞速度不大的缘故，一般都是自主起飞，只有重量较重的水上飞机和无甲板空间可滑行的战列舰舰载机才需要用到弹射器。

到了喷气式飞机时代，舰载机重量大幅提升，自主起飞和原先的弹射器已不足以应付其需求。1951 年，英国人柯林·米切尔提出将航母蒸汽轮机的蒸汽连动到弹射器上，进而发明了航母使用的蒸汽弹射器（值得注意的是，第一个发明以蒸汽作为弹射器动力源的国家是德国，用于 1944 年发射 V-1 导弹之用），并在"伯修斯"号航母上首次安装试验；美国也于 1960 年研制出内燃式弹射器，但其效果不够令人满意，日后被淘汰。

到了现代，弹射器分为两种形式：拖索式和前轮牵引式。前者是以钢索将舰载机挂载到滑块上，再快速向前移动，将飞机沿着甲板上的轨道拖曳加速，进而起飞；后者则是将飞机前轮上的弹射杆挂载到甲板上弹射器的滑块中，经由弹射的拖曳达到加速效果。前轮牵引式是目前的主流形式，能省下大量的人力，弹射时间也更短，不过舰载机需要经过专门设计。

蒸汽弹射器的管线铺设在飞行甲板下方，并在甲板的沟槽上连接 1 个滑块，在前轮牵引式的情况下，舰载机会用弹射杆钩住滑块，当弹射器充气完成后，甲板会立起阻挡热蒸汽、保护甲板作业人员的挡焰板，飞机再借由蒸汽的强大推力驱动滑块前进而起飞，多余的蒸汽再从管线末端排出。若天气恶劣、甲板勤务人员不好进行作业时，可以自甲板的"弹射器综合控制系统"操作，其为甲板上的 1 个半圆形透明操作室，可于该处操作弹射系统，不使用时可关闭而成为甲板的一部分。一般大型航母上都有 2 部以上的弹射器，可以在 2 秒内将飞机从静止加速到 300 千米 / 时，每 20 秒左右即可让 1 架飞机升空。

　　由于蒸汽弹射器造价昂贵，制造和安装技术比较复杂，保养非常费工夫，占用航母空间过大和过重（以美国"尼米兹"级航母来说，4 部

蒸汽弹射器重量就有 2280 吨，体积则有 2265 立方米），所以只有极少数国家拥有制造技术。目前，美国拥有 C-13 型蒸汽弹射器（除供给美国海军使用外，法国海军也有使用），英国拥有 BS5 型蒸汽弹射器。

弹射起飞的美国 F/A-18 "大黄蜂"战斗 / 攻击机

美国"尼米兹"级航母的蒸汽弹射器局部特写

美国"尼米兹"级航母的蒸汽弹射器控制室

美国"尼米兹"级航母蒸汽弹射器的内部

美国"尼米兹"级航母蒸汽弹射器的密封槽

→ 电磁弹射器有何优势

目前，美、英等国正在发展最新一代航母专用飞机弹射器——电磁弹射器，美国"福特"级航母已经配备了电磁弹射器，英国也在计划为"伊丽莎白女王"级航母加装电磁弹射器。电磁弹射器的原理类似磁悬浮列车，能有效降低维护和发射成本，并能提升航母的自动化程度。电磁弹射器使用1台直线电动机作为动力来源，这是它与传统的蒸汽弹射器最大的不同。

电磁弹射器的装备重量轻（只有20吨左右）、造价适中、维护成本较低，系统的淡水消耗量较少，同时也更节能。电磁弹射器占用的空间更小，运作需要的人力也更少，可靠性也更高。一部蒸汽弹射器弹射一次，需要消耗大量蒸汽，并且要在航母甲板下安装庞大的机械设备。电磁弹射器使用航母产生的电能，安装也更简单。另外，将大量的水烧开产生蒸汽储备需要十几小时，而电磁的充能只需要几分钟，这种紧急应战能力是很大的优势。

相较于蒸汽弹射器，电磁弹射器可以弹射更重型的飞机，其加速的过程更均匀，对飞机的结构伤害也更小。电磁弹射器的加速度可以精确地控制，针对重型的战斗机和小型的无人机可调节不同能量输出，

以适应其不同的起飞速度要求。美国的电磁弹射器弹射速度的范围为
28～103 米/秒，中间为无档段，但传统蒸汽弹射器只有几个较粗档段，
飞机设计重量只能是几种特定重量，过轻或过重都不行。另外，电磁弹
射器每次弹射的最大输出能量要比传统的蒸汽弹射器高出 29%，而且能
量利用率也高出 5%。

　　当然，电磁弹射器同样存在弱点。一旦航母的电力系统或核反应堆
出现故障，整套系统将不能运作。另外，由于弹射器需要消耗大量的电力，
作为其能量来源的 4 套发电机组将占用相当大的空间。

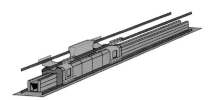

电磁弹射器结构示意图

美国"福特"号航母飞行甲板上的电磁
弹射器组件

安装在陆地上用于试验的电磁弹射器

→ 菲涅耳光学助降装置如何运作

　　菲涅耳光学助降装置的核心是菲涅尔透镜。它是由法国物理学家奥
古斯汀·菲涅尔发明的，他被誉为"物理光学的缔造者"。菲涅尔透镜
是一种应用十分广泛的光学元件，应用于投影显示、聚光聚能、航空航海、
科技研究、红外探测、照明光学等多个领域。

菲涅耳光学助降装置设在航母中部左舷的一个自稳平台上，以保证其光束不受舰体左右摇摆的影响。该装置由 4 组灯光组成，主要是中央竖排的 5 个分段的灯箱，通过菲涅尔透镜发出 5 层光束，光束与降落跑道平行，与海平面保持一定角度，形成 5 层坡面。灯光由着舰引导员控制，他们在舰体后部左舷的平台上，分工观察着舰载机的位置、起落架、襟翼、尾钩等情况，一面与飞行员通话，一面操纵灯光信号。在舰岛上部左后方设有主飞行控制室，由 1 名飞控官监视着飞行甲板和空中的情况，进行最后的安全把关。

当不允许舰载机着落时，左右两侧红色灯发出闪光，绿色水平基准灯不亮；当允许舰载机着落时，红色灯则不亮，绿色基准灯发出固定光，菲涅尔透镜也同时发光。它发出的光要比绿色基准灯强，而且上下不同位置的透镜发出的定向光束各代表一种下滑角。黄色光是高的下滑坡面，红

色光是一个低的下滑坡面，橙色光是正确的下滑坡面。舰载机飞行员下滑时，如果看到的是橙色光，就可以准确地着舰了。如果看到的是黄色光束，说明舰载机下滑角太大。如果看到了红色光束，则说明舰载机下滑角太小。后面两种情况都需要舰载机飞行员及时修正误差，直至舰载机处于正确的下滑坡面。

美国"里根"号航母的菲涅耳光学助降装置

勤务人员正在调试菲涅耳光学助降装置

在夜间工作的菲涅耳光学助降装置

→ 雷达助降系统有何利弊

　　菲涅耳光学助降装置具有简单、可靠、直观的优点，一问世便被英美等国的航母普遍使用。不过，菲涅耳光学助降装置有一个很大的缺点：遇到阴雨雾云，常常显得"力不从心"，无法可靠地帮助舰载机降落。为此，美国海军又开始在航母上安装雷达助降系统，即全天候自动着舰系统。

　　全天候的雷达助降系统是随着计算机技术和雷达技术的发展而产生的。这种助降系统由机载设备和舰载设备共同组成。在航母舰岛的后部，装有 1 部高精度引导雷达，负责测量飞机降落时的实际位置和运动参数，通过舰上其他设备测定航空母舰的运动参数，将各种参数输入数据处理计算机内，经航迹计算，求出飞机下滑应飞航路。把应飞航路与实际飞行轨迹进行比较，得出误差信号，然后用无线电发射到飞机上去。飞机上的接收装置收到信号后，自动驾驶仪便会自动修正误差，操纵飞机准确降落。

美国"尼米兹"级航母的上层建筑搭载了 AN/SPN-41 着舰辅助雷达

　　雷达助降系统的装备不仅改善了舰载机的着舰能力，提高了飞行安全，更为重要的是它提高了航空母舰全天候作战能力。不过，雷达助降系统还是有着与生俱来的缺点：易受电子干扰。

摩洛哥空军战斗机在美国"艾森豪威尔"号航母上空飞行

→ 美军如何实现"甲板交叉"操作

在 2021 年的一次军事演习中，美军成功执行了将自己的舰载机从英国"伊丽莎白女王"号航母上起降的任务。这种所谓的"甲板交叉"操作可适应更加复杂和激烈的战场环境，也可提升多国联合作战能力。

要实现舰载机顺利降落在其他国家的航母上，并不是一件简单的事情。众多周知，舰载机要成功降落在航母上受到甲板纵摇、可视条件、水平参照物、自然环境和飞行员驾驶技术等多种因素的影响，而这些需要飞行员平时成千上万次的练习来实现，但这样的练习仅仅是针对同一艘航母或同样结构类型的航母而言的。然而，不同国家研制的航母，其长度、宽度、结构、甲板等都有可能不一样，所以舰载机在降落时需要面临的问题就会不一样，更何况在瞬息万变的战场上，舰载机因为突发事件会临时降落到哪一艘航母并不确定，这就大大增加了其降落的难度。

为了解决这一难题，美国雷神公司发明了一种可帮助舰载机精确降落的系统。这种系统只要安装在航母上，就会通过与舰载机的传感器、天线和航电系统进行通信，并通过加密的抗干扰数据链和精密定位系统等给舰载机计算出降落所需要的所有参数，同时绘制出舰载机降落飞行轨迹，以此来帮助和提高舰载机降落到不同航母上的成功率。这个系统被称为"联合精密近进和着陆系统"，是基于软件高完整性的差分 GPS 导航助降系统。这种系统不受任何天气环境条件和水面条件对舰载机降落的影响，可引导飞机降落在航母和两栖攻击舰上。

这种智能化的助降系统比之前配备的菲涅耳光学助降装置更加便捷，也更加清晰，能最大限度地减轻飞行员的压力，尤其是对舰载机降落在不同结构类型或不同级别的航母和两栖登陆舰上来说具有重要的意义。目前，这种系统已经安装在英国"伊丽莎白女王"号航母上，使美国的舰载机更容易在彼此舰艇上执行"甲板交叉"任务。联合精密近进和着陆系统已经与 F-35B、F-35C 战斗机进行了系统上的集成，之后还要与 MQ-25 无人加油机、CMV-22 运输机等机型集成，即所有参与航母和两栖登陆舰起降的舰载机都要配备这种助降系统。

联合精密近进和着陆系统除了可以运用到海军拥有甲板的舰船上外，雷神公司还计划与海军陆战队展开合作，讨论该系统可帮助飞行员更加精确和便捷地找到远征基地跑道的可行性，这为美军提出的"远征先进基地作战"概念提供了更好的服务。通过在地面的远征基地机场或临时地点安装该系统，飞机可以更安全、更容易地降落，这不仅可以增加战机的出动频次，还可以在跑道被破坏或简易的机场上进行降落，以此来提高战机打击的突然性。

美国海军 F-35C 战斗机在"林肯"号航母后方飞行

美英两国航母进行联合演习

拦阻索如何拦截舰载机

　　舰载机拦阻装置是航母上的重要辅助设备，实现了舰载机在有限长度的航母甲板上的安全着舰。拦阻索是拦阻装置中的重要组成部分，它与舰载机直接接触。早在 1911 年，美国"宾夕法尼亚"号装甲巡洋舰便利用拦阻索，首次实现飞机拦阻降落。此后，各国先后研发了重力式、制动式、液压式、液压缓冲式、涡轮电力式等多种类型的拦阻装置。

　　航母最早使用的是重力式拦阻装置，它的结构非常简单，就是两端系上沉重沙袋的粗麻绳。使用时把绳子拉紧横向布置在舰载机预计降落的甲板上。舰载机降落时，机身下面的尾钩钩住一根拦阻索，利用沉重的沙袋与甲板产生的摩擦力使飞机减速。为了提升拦阻效果和成功率，早期航母通常布置 10 多道甚至 20 多道拦阻索。

　　重力式拦阻装置虽然方便，但拦阻能量较低，在螺旋桨舰载机时代尚能发挥作用，进入喷气式舰载机时代后就失去了使用价值。不过，这种横跨甲板布置拦阻索的方式和拦阻原理一直沿用至今，成为各国航母拦阻装置的标准配置形式。目前，现役航母主要使用液压缓冲式拦阻装置。由于喷气式舰载机降落时并不关闭发动机，情况不好马上可以复飞，所以现代航母的拦阻索数量大幅度减少。

　　以美国航母为例，舰上通常设有 4 道拦阻索，第一道设在距离斜角甲板尾端 55 米处，然后每隔 14 米设一道，由弓形弹簧张起，高出飞行甲板 30 ～ 50 厘米。由于要承受舰载机的巨大冲击力、甲板的摩擦力，以及各种化学物品和海水的腐蚀，所以拦阻索不仅要有很高的强度，还需保持很好的柔韧性和耐腐蚀性，对索体材料和编织工艺要求极高。目前美国航母使用的拦阻索直径约 35 毫米，由 6 股绳股组成，每股由 12 根主钢丝、12 根辅钢丝及 6 根较细的钢丝缠绕成三角股结构，这种结构将拦阻索分为 3 层，外层由较粗的主钢丝组成使得拦阻索在冲击中不会轻易受损，中层及内层由较细的钢丝组成又可保证拦阻索有足够的柔性。

　　当舰载机即将降落时，首先放下起落架和襟翼，再将尾钩放下。舰载机俯冲着舰，其尾钩就可能钩住间隔布置在甲板上的多根拦阻索中的一根，通常第二、第三根拦阻索的拦机率最高。舰载机的尾钩勾住拦阻索继续向前滑跑，拦阻索给舰载机施加向后的作用力，使其速度越来越小，之后安全停在甲板上。在舰载机停止的瞬间，绳索中存在的应力使舰载机向后滑动很小一段距离，拦阻索会自动从舰载机的尾钩上脱落，失去拉力的拦阻索恢复到原来的位置，为下一架舰载机的降落做好准备。至此，1 架舰载机在拦阻索的帮助下完成降落。如果着舰时没有钩上拦阻索，舰载机则加大发动机油门采取逃逸复飞措施，低空飞行后重新着舰。

　　据美国海军统计，白天着舰的舰载机尾钩挂住第二、三道拦阻索的情况合计约占 62%，尾钩挂住第四道拦阻索的情况约占 18%，尾钩挂到第一道拦阻索的情况约占 16%。而在夜间，尾钩大多挂住第三、四道拦阻索。另外，白天舰载机的逃逸复飞率为 4%，夜间则高达 12% ～ 15%。

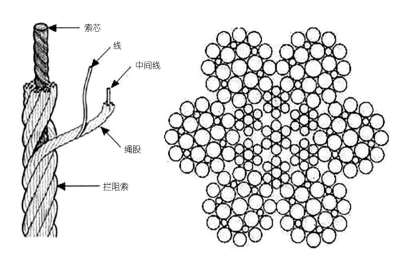

美国钢质拦阻索横截面图

美国 F/A-18 "大黄蜂" 战斗 / 攻击机的
尾钩成功钩住拦阻索

法国 "阵风" M 型战斗机在着舰时放下
尾钩

→ 拦阻网如何保护舰载机

　　拦阻网是让降落的舰载机免于意外的一项保险措施，如果降落的舰载机没有钩到拦阻索并且无法逃逸复飞（如飞行员受伤、机体受损、燃油耗尽等），拦阻网可以避免舰载机撞上甲板停放的飞机或是摔出飞行甲板，也不会毁损机体。

1926年，美国海军格利上尉驾机在"兰利"号航母降落时，尾钩没有钩住拦阻索，飞机径直撞向了停在甲板上的机群，导致12架飞机受损。事故发生后，舰长决定用木架和缆绳在飞行甲板前架起一道网，用于拦阻降落失败的飞机，这就是拦阻网的由来。拦阻网的发明大幅提升了飞机的降落效率，1923年未使用拦阻网时美国海军最佳的成绩是7分钟降落3架飞机，1926年使用拦阻网后则是4分20秒降落了6架。

现代航母配备的拦阻网一般由高强度尼龙材料制成，网体由上、下水平主吊带和为数众多的垂直竖带构成，下水平主吊带与后方横贯甲板的1根缓冲钢索连接。舰载机冲入拦阻网后，垂直竖带会缠绕在主机翼上，将冲击力传递到水平主吊带以及钢索上，迫使舰载机停下来。

拦阻网一般设在第三道拦阻索处，高约4.5米，宽略大于拦阻索。拦阻网的垂直竖带宽约76毫米，厚约7毫米，间隔约900毫米，可承受的冲力大于拦阻索。一般情况下，拦阻网并不会张开，而是放在跑道左侧。跑道两侧各有1根可悬挂拦阻网的支柱，放倒在槽内，与飞行甲板齐平。一旦发生紧急情况，勤务人员可在2分钟内支起拦阻网。

与可以重复使用的拦阻索不同，拦阻网使用一次后必须更换。因为拦阻网属于紧急迫降手段，冲入拦阻网中的舰载机会受到不同程度的损伤，而拦阻网也会报废，无法再次使用。

美国"小鹰"级航母上支起的拦阻网

美国"尼米兹"级航母勤务人员正在整理拦阻网

利用两侧支柱竖立起来的拦阻网

美国 S-3 "维京" 反潜机被拦阻网截停

→ 先进拦阻装置有何特别

先进拦阻装置（Advanced Arresting Gear，AAG）是美国通用原子公司正在研发的涡轮电力拦阻系统，与传统液压系统相比扩展了适用范围、实现了可控飞机回收，是美国"福特"级航母应用的革新技术之一。

AAG 系统的研制开始于 20 世纪末至 21 世纪初。由于技术问题，AAG 系统在 2013 年进行了重新设计，不仅导致装置测试延期，而且使美国海军不得不把装舰和后续试验并行。重新设计导致的 AAG 系统测试延期一度被认为是"福特"级航母入役的重大障碍，为保证进度，美国海军在麦奎尔 - 迪克斯 - 莱克赫斯特联合基地的火箭滑车试验场、跑道拦阻着陆试验场分别建设了 AAG 单机装置（1 套拦阻装置 1 根拦阻索，实际装舰是 3 机装置），分别负责静载拦阻和飞机拦阻试验。

2019 年 8 月 2 日，美国海军宣布批准 AAG 系统回收重型涡桨飞机（C-2 运输机、E-2 预警机），之前 F/A-18E/F 战斗 / 攻击机、EA-18G 电子战飞机已获批准。这标志着该系统已具备对美国海军现役所有型号舰载机的安全着舰回收能力。同年 11 月，在"福特"号航母再次出海测试之际，美国海军在跑道拦阻着陆试验场进行了 AAG 系统的陆基连续拦阻试验：仅 26 分钟之内就有 22 架飞机被成功拦阻制动。试验模拟了 AAG 系统在舰上实际使用中可能遭遇的极限工况，是保障上舰试验的重要数据点。

AAG 系统主要包括拦阻机和软件控制系统，采用合成纤维制拦阻索。拦阻机是吸能部件，包括拦阻索、水力涡轮等结构，而软件控制系统则控制飞机着舰过程。

先进拦阻装置结构示意图

美国"福特"号航母上的拦阻装置操作员

AAG 系统有重量轻、占用空间小、维护方便等特点，专为更广泛的飞机（包括无人机）而设计。与"尼米兹"级航母使用的液压式拦阻装置相比，AAG 系统拥有更直观的维护软件，重量和尺寸都变得更小，噪声和释放的热量也大幅降低，为航母带来了更安静、更凉爽的工作和生活空间。在拦阻不同重量的飞机时，AAG系统的中央集中调节控制器会根据着舰飞机自动进行分析，对输出励磁电流进行调节，使对飞机的拦阻制动过程平滑、稳定，最大过载也由传统制动装置的 6G 降低为5G，减轻了对飞机和飞行员的伤害。

先进拦阻装置安装示意图

"福特"号航母的 F/A-18 "大黄蜂"战斗 / 攻击机成功利用 AAG 系统着舰

→ 合成纤维制拦阻索能否成功应用

拦阻索是舰载机着舰时与拦阻装置接触的关键部件，是舰载机的"生命线"。目前，各国航母多采用液压式拦阻装置，使用的是钢制拦阻索，例如美国航母采用的 Mk 7-3 型拦阻系统。

钢制拦阻索作为舰载机的拦阻索，抗冲击能力及抗拉能力良好，且经过了长时间的发展及使用，积累了大量的经验。20 世纪 70 年代，美国学者吉布森对拦阻索的设计原理进行研究，并且采用 6 种典型的钢丝绳结构，模拟拦阻过程进行了大量实验，其实验结果表明在拦阻索单丝数量的选择上，单丝数量越多其柔性越好，在横向冲击实验中表现越好，但同时单丝数量的增多必然会造成单丝直径变小，在冲击实验中与拦阻钩的接触更易受到损伤；在拦阻索结构的选择上，采用三角股结构的拦阻索绳股接触面积大、破断拉力大，能够延长拦阻索的使用寿命，在抗弯曲、扭转的实验中表现更好，同时该结构具有更好的表面质量，抗磨损能力更强。

尽管采用钢制拦阻索的液压式拦阻系统已经发展多年，但其安全性仍有待进一步提高。21 世纪以来，美国和俄罗斯航母均不止一次发生拦阻索安全事故。例如，2003 年 9 月美国"华盛顿"号航母的 1 架 F/A-18"大黄蜂"战斗 / 攻击机在着舰时拦阻索意外断裂，飞机落入海中，断裂的拦阻索在甲板扫动造成多名舰员受伤。2016 年，俄罗斯"库兹涅佐夫"号航母接连发生 2 起拦阻索安全事故。

钢制拦阻索是航母拦阻系统最易发生安全事故的部位之一，但由于其结构特性，在健康状态检测上有一定的困难。钢制拦阻索还有自身重量大、易腐蚀、使用寿命较短等缺点，并且在使用条件上受到舰载机重量范围的限制，要求舰载机重量不能过大或者过小，对于重量过大的舰载机，或者出现满载弹药的舰载机可能要舍弃部分弹药才能安全拦阻，而对于轻质无人机的拦阻也存在一定困难。

为了满足舰载机重量范围更大的要求，美国将目光投向合成纤维制拦阻索，希望能成为新型拦阻索。合成纤维制拦阻索密度小、耐腐蚀、寿命较长，便于保存、运输以及更换，减轻了工作量。在拦阻系统中减小了系统总惯性，降低了结构载荷，缩小了滑轮减震器尺寸。同时，合成纤维制拦阻索具备良好的强度重量比及柔性，能够满足拦阻过程中对拦阻索强度的需求，受冲击载荷及振动载荷的影响较小，与拦阻钩接触部位所受的弯曲内应力较小。测试表明，钢制拦阻索使用轻质材料代替能较大幅度地减弱绳索的波动，降低拦阻钩对拦阻索冲击而产生的应力峰值。

不过，合成纤维制拦阻索存在耐磨损性及抗机械撕扭力较差等问题，同时合成纤维制拦阻索缺少实际使用经验，具有一定的技术风险。合成纤维制拦阻索要想取代钢制拦阻索，还需要进行大量的改进和实验。

美国航母的钢制拦阻索在拦阻飞机时承受着巨大的拉力

美国"斯坦尼斯"号航母的勤务人员正在整理断裂的钢制拦阻索

→ 滑跃甲板如何确定上翘角度

滑跃甲板是英国人的发明，它将航母最前方的飞行甲板的仰角提高。这样就能将舰载机起飞滑跑的动能转化为爬升起飞的势能，在不使用弹射装置的情况下完成起飞。滑跃甲板可使舰载机在滑跑距离不变的情况下载重增加20%，或者在载重不变的情况下将滑跑距离缩短60%，效益十分可观。滑跃甲板的成本和技术限制不大，制造相对简单，故障率也较低。不过，以滑跃甲板起飞的舰载机所能携带的武器数量远少于以弹射器起飞的舰载机，严重限制了舰载机的战斗力。此外，它对飞行员的技术要求也很高。

在滑跃甲板的各项参数中，上翘角度是至关重要的一项。20世纪70年代，英国海军"海鹞"战斗机（由英国陆军"鹞"式战斗机发展而来）

研发和上舰能否成功的一个重要因素就是滑跃起飞，这是 1973 年由英国海军泰勒少校提出的新颖想法，通过在飞行甲板尽头布置一个斜坡，就能增加舰载机升空时的上升速度。此外，滑跃甲板还具有降低起飞速度和加快起飞重量的优点。英国国防部与霍克·西德利公司合作开发了滑跃起飞的计算机模型，并在贝德福德皇家航空研究院建造了一个地面滑跃甲板，于 1977 年 8 月 5 日进行了首次滑跃起飞测试，约翰·法利驾驶"鹞"式战斗机成功完成起飞。

这个陆上滑跃甲板的角度一开始只有 6°，后来逐步增加到 12°和 20°，尽管最后一种角度对起落架和相邻机身产生很大的应力，但使"鹞"式战斗机的起飞速度降到了 78 千米 / 时。最终在舰载机结构寿命和起飞性能的折中之下，滑跃甲板的最佳角度被确定在了 12°，既能获得让人满意的起飞性能，也不至于对飞机结构造成过大应力。

在完成单座和双座"鹞"式战斗机的滑跃起飞测试后，英国海军决定为"无敌"级航母的首舰"无敌"号和 2 号舰"光辉"号安装 7°滑跃甲板，这是因为当时这两艘航母舰艏配备了"海标枪"防空导弹，限制了滑跃甲板的角度。3 号舰"皇家方舟"号直到 1985 年才服役，该舰具有 12°滑跃甲板并加长 12.19 米，能以最大的重量起飞"海鹞"战斗机。在 1980—1981 年，"竞技神"号航母（当时被作为直升机航母使用的"半人马"级航母）加装 12°滑跃甲板以搭载"海鹞"战斗机。从 1986 年起，"无敌"号和"光辉"号航母也接受了 12°滑跃甲板升级。

与英国一样，俄罗斯航母的滑跃甲板上翘角度也是经过不断修改而来的。苏联时期，航母的滑跃甲板上翘角度最初只有 8.5°，经过多次起飞试验后发现 8.5°并不合理，于是改为 12°，"库兹涅佐夫"号航母就采用了 12°滑跃甲板。再到后来，上翘角度进一步增加到 14.3°，并在"瓦良格"号航母上得到应用。

滑跃甲板 14.3°上翘的俄罗斯"库兹涅佐夫"号航母

　　原则上来说，角度越大，舰载机所需要滑跑的距离就越短，但同时舰载机所承受的压力也会越大，一旦发动机功率不足，飞很容易造成机倒扣或者是失速。经过大量的研究和试验后，英国和俄罗斯的科学家得出了相同的结论：滑跃甲板的上翘角度在 10°～ 15°范围都是合理的。英国最新一级航母"伊丽莎白女王"级就采用了 13°滑跃甲板。

F-35B 战斗机从英国"伊丽莎白女王"号航母上滑跃起飞

英国"伊丽莎白女王"号航母滑跃甲板特写

→ 滑跃起飞航母如何确定舰艏结构

　　滑跃起飞航母在舰艏结构布局上有两种形式：一种是滑跃起飞甲板跃升段占据整个舰艏甲板的宽度（整体式），如俄罗斯"库兹涅佐夫"号航母；另一种是滑跃起飞甲板跃升段只占据舰艏甲板的部分宽度（非整体式），如英国"伊丽莎白女王"级航母。

　　两种结构布局各有长短，全舰艏跃升段式飞行甲板由于其宽度大，可设置 2 条起飞跑道，这样可以提高舰载机的出动率。但是由于舰艏部分被占用，舰艏处也就无法用来停放舰载机，从而影响飞行甲板上的舰载机数量；非全舰艏式跃升段飞行甲板因其跃升段宽度有限，一般只能设置 1 条起飞跑道，降低了舰载机的出动率，但因其舰艏甲板未被全部占用，可用来设置停机位，增加飞行甲板的舰载机数量。

　　"库兹涅佐夫"号航母主要搭载苏 -33 舰载机，采用滑跃起飞、拦阻降落的模式。该舰有 1 条起飞跑道，而且是分为长、短两段使用。如果想要增加飞行甲板的舰载机数量而缩短舰艏跃升段甲板，则会使舰载机的使用灵活性和出动率受到影响，并会导致起飞区和降落区之间相互干扰。此外，还有一个较为重要的因素，就是双发舰载机在起飞时，因左右发动机推力的不同，可能会产生偏航问题。在航母上这种短距离起飞模式里，飞行员要进行修正，在时间上和起飞距离上几乎不可能。因此，舰艏跃升段的宽度也需要增加。

　　影响舰艏跃升段式飞行甲板宽度的因素，还取决于航母自身吨位的大小，小吨位航母在舰载机采用滑跃起飞模式时，其跃升段即使采用非全舰艏跃升段式飞行甲板，所余下的甲板宽度也难以增设停机位，因此也采用整体结构；再就是因其吨位小，起飞跑道一般都偏向右舷，与航母的中心线形成一定夹角，用来增大舰载机起飞滑跑的距离，这种情况下采用整体结构更能保证舰载机起飞安全。西班牙"阿斯图里亚斯亲王"号和泰国"查克里·纳吕贝特"号航母就是如此，前者满载排水量为 16700吨，后者满载排水量为 11486 吨。

采用整体式舰艏结构的俄罗斯"库兹涅佐夫"号航母

　　舰载机的类型也是影响整体式或非整体式结构的一个主要方面，"伊丽莎白女王"级航母主要搭载F-35B 垂直起降飞机，满载排水量为 65000吨，采用滑跃起飞、垂直降落的模式，为非整体式，舰艏跃升段飞行甲板占舰艏 1半的宽度，设置一条与航母中心线平行的

采用非整体式舰艏结构的英国"伊丽莎白女王"级航母

第 4 章

起飞跑道。"伊丽莎白女王"级航母在设计方案时有多种选择，如采用整体式舰艏、设置双起飞跑道等。最后选择了现行方案，其目的是增加飞行甲板的舰载机数量。其设计起降能力指标是能够同时进行 4 架舰载机的起飞作业和 4 架舰载机的降落作业，或者能够在 15 分钟内出动 24 架次舰载机。

　　航母在设计建造之初，将以后改装的因素考虑进去的做法，也对采用整体式或非整体式舰艏具有很大的影响。日本"日向"号直升机护卫舰在设计建造时就考虑了以后搭载 F-35B 舰载机的需求，其舰艏的平直甲板可直接加装斜板，满足 F-35B 滑跃起飞的要求；而英国"伊丽莎白女王"级航母的做法则是相反的，在设计时考虑了以后加装弹射器，故此采用滑跃式斜板平台结构。这样做的好处是在加装弹射器时，舰艏甲板结构的更改量可以做到最小。

　　上述两种主要的舰艏跃升段式飞行甲板结构，各有长处，也都是滑跃起飞模式的航母的主要布局方式，未来仍将并存。目前来看，还没有第三种方式可以选择。

采用整体式舰艏结构的西班牙"阿斯图里亚斯亲王"号航母

第 5 章
电子设备篇

　　20 世纪 70 年代以后，以微电子技术为核心的信息技术迅猛发展并在社会各领域得到广泛应用，人类社会逐步由工业社会向信息社会转型。与此同时，信息化也成为军事技术发展的重要内容。美、苏等军事强国在 20 世纪 70 年代基本上实现了指挥自动化，武器装备也向信息化方向发展，航母也不例外。本章主要就航母电子设备方面的问题进行解答。

→ 概 述

传统意义上的舰载电子设备主要是指通信、导航、电子对抗、雷达探测等设备。在科技发展到今天，传统的舰载电子设备的概念已无法涵盖现代舰载电子设备的范畴，电子设备在舰艇上所使用的广度和深度都达到了前所未有的水平，已经超过传统概念的范畴，在其他方面（例如武器系统、电力系统等）都得到了广泛的运用。例如，现代航母在自卫武器的控制和操纵方面就采用了大量的电子技术，其火控系统、操控系统均已电子化。随着舰载电子设备的广泛使用，现代航母面临的电磁环境也更为复杂，对电磁兼容的前端设计及后端管理都提出了极高的要求。

在现代航母的各类舰载电子设备中，雷达和通信系统是尤为重要的两类。

美国"布什"号航母的舰员进行舰内通信

美国"罗斯福"号航母的舰岛上安装了大量雷达

正在使用舰内通信设备的美国"布什"号航母弹射器操作员

当今航母的威力主要依靠舰载机。因此，为了保障舰载机的起飞、降落，必须配备空中交通管制、进场引导、着舰引导等雷达。同时，航母担负着编队的远程预警，预警机载雷达的性能直接关系到航母编队控制区域的大小。而引导指示、末端防御就需要合理配置航母舰载雷达，使航母的探测系统远中近衔接、高中低互补。一艘航母配置的雷达数量多达数十部。按其功能可以分为预警探测、引导指示、末端防御和进场着舰等种类。

航母通信系统主要是通过卫星、网关、通信终端、数据链等装备解决航母与其他舰船、预警机、战斗机，甚至是地面指挥所等的互联互通问题。在战争中，确保指挥官与各战斗单元以及各战斗单元之间安全、快速、有效的通信，才能发挥整体作战效能，才能实现快速打击目标的目的，达到压缩杀伤链的效果。

→ 美国航母为何没有球鼻艏声呐

声呐是英文缩写 SONAR 的音译，其全称为 Sound Navigation And Ranging（声音导航与测距）。声呐是一种利用声波在水下的传播特性，通过电声转换和信息处理，完成水下探测和通信任务的电子设备。它有主动式和被动式两种类型，属于声学定位的范畴。

在水中进行观察和测量，声波具有得天独厚的条件。与声波相比，其他探测手段的作用距离都很短：光在水中的穿透能力有限，即使在最清澈的海水中，人们也只能看到十几米到几十米内的物体；电磁波在水中衰减太快，而且波长越短，损失越大，即使用大功率的低频电磁波，也只能传播几十米。然而，声波在水中传播的衰减就小得多。在水中进行测量和观察，至今还没有发现比声波更有效的手段。

水面舰艇的声呐按布设方式分为舰壳声呐和拖曳声呐。其中，舰壳声呐是将换能器基阵安装在舰艇壳体上，一般固定安装在球鼻艏内。球鼻艏基阵远离舰艇螺旋桨，受本舰干扰小，也不影响舰艇的航速和其他机动性能。此外，球鼻艏内空间大，基阵尺寸相应增大，可工作于低频、大功率环境，且维修方便。

在美国航母战斗群中，驱逐舰、护卫舰都装有球鼻艏声呐，而航母本身却没有安装。无独有偶，美国最新一级两栖攻击舰"美国"级也没有安装球鼻艏声呐。航母和两栖攻击舰作为美国海军舰艇中排水量数一数二的两种舰艇，都不安装球鼻艏声呐，显然是美国海军权衡利弊后的重要决定。

美国海军认为，航母和两栖攻击舰排水量大，舰员人数多，舰载机数量也多，海上综合噪声大，即使装上球鼻艏声呐，效果也不好。为航母和两栖攻击舰护航的核潜艇的声呐，"阿利·伯克"级驱逐舰的声呐，以及航母上携带的大量反潜机装备的各种先进声呐系统，已经足够肃清来自水下的威胁，因此没有必要再给所有大型军舰都装上昂贵的球鼻艏声呐。美国海军的思路也被大多数国家的海军效仿。

不过，苏联时代设计的"载机巡洋舰"却基本都有球鼻艏声呐，目前仍在俄罗斯海军服役的"库兹涅佐夫"号航母就安装了MGK-345型球鼻艏声呐。这是因为"库兹涅佐夫"号航母的定位与美国航母不同，它没有安装弹射器，却能起降重型战斗机。即便不依赖舰载机，该舰仍有强大的战斗力量。"库兹涅佐夫"号航母可与其他护航舰艇协同作战，也可搭载舰载机进行独立巡弋，所以自身必须拥有球鼻艏声呐。

没有安装球鼻艏声呐的美国"福特"级航母

→ 航母通信系统有何特点

航母承担着对岸、对海、对空、对潜以及航母编队内部的指挥、协同通信和战术数据传输任务。因此与一般的海上通信相比，其具有与众不同的通信特点。

（1）通信频带占用宽，通信容量大

由于担负的通信任务繁重，设备的通信系统复杂，装备的通信设备繁多，为了区分不同层次、不同作战样式所需使用的通信网络，以避免造成管理应用的混乱和相互影响，现代航母通信占用的通信频带从极低频、甚低频扩展到低频、中频、高频、甚高频、特高频、超高频、极高频，几乎覆盖了从极低频到极高频的整个通信频谱。可以说，现代航母通信系统使用的频率涵盖了所有的无线电频段，而频带占用宽就意味着更大的传输速率和更大的通信容量。无线电台除满足传统的话音通信业务外，还可满足图像、视频等多媒体通信业务。

（2）通信覆盖范围广大

由于航母编队各作战要素要在广阔的战场空间活动，需要航母通信覆盖其所涉及的全战场空间。因此，现代航母通信系统一般都能够覆盖数百至数千海里的范围。例如，美国航母战斗群通信系统在 300 海里范围内能够实现高频数据信息的稳定、可靠、实时传输与交换，在 1000 余海里的范围内能够保障指挥和协同通信的畅通，在正常情况下则能够实现卫星通信的全球保障。特别是美军的航母，无论它走到哪里，都有数颗卫星实施通信保障。

（3）通信电台多，信道数量充足

由于航母作战行动复杂，通信的对象多、数量大，而无线通信是其外部通信的主体。因此，有的航母无线电台多达近百台，无线通信系统提供了数量充足的通信信道。一般情况下，单个航母战斗群可提供的信道数量可达数万条，足够满足对海、对空、对陆，以及各军兵种联合作战的通信信道数量需求。例如，美国现役航母仅飞行甲板通信系统就能提供 500 余条通信信道，特高频电台可提供 3000 条通信信道，舰载卫星通信终端、甚高频收发信机、电台、双工数据链可提供 1 万条以上的通信信道，高频无线电发射设备可以提供近 3 万条通信信道。

（4）通信手段应用灵活

由于要满足不同的作战需求，现代航母通信系统极为庞大。因此，其极为灵活地应用了涵盖无线、有线、视频、音响通信等终端在内的多种通信手段。其中，不但包括与外部通信使用的长波通信、短波通信、超短波通信、微波卫星通信、数据链通信、声呐水声通信，还包括内部使用的舰内有线指挥通信、舰内警告通信、舰内视频监视和闭路电视通信、灯光与旗手视觉通信、简易信号通信等。例如美国航母战斗群所使用的卫星通信系统包括：国防卫星通信系统、舰队卫星通信系统、军事卫星系统、先进极高频系统等卫星终端。另外，美国航母还装备了全球卫星通信信息交换终端、舰队广播卫星通信终端、海事卫星通信终端等。

（5）工作通信链路多

航母编队为了完成指挥、控制和协同等通信任务，需要开设大量的通信链路。通常这些通信链路构成了战术通信网、信息通报网、作战指挥网、协同通信网、反潜作战网、防空作战网、后勤网、导航网、通播接收网、战术数据传输网和应急通信网等。从总体上看，一个航母战斗群的通信链路一般多达数十条。

美国"小鹰"号航母的电视控制室

美国"林肯"号航母的无线电通信中心

→ 航母如何进行内部通信

在无线电技术诞生前的很长一段时间里，军舰的通信方式都很原始。早期用海螺、钟、鼓等发出声音，以及用狼烟、五色旗、手旗和焰火、火箭等视觉信号传递消息，后来又发展了汽笛声和信号灯等手段。毫无疑问，这些原始手段严重限制着军舰的通信距离。而当军舰的动力以及作战系统进入机械化时代后，这些手段就更加难以满足军舰传递指挥命令及协同信息的需要了。

现代无线电舰艇通信技术产生于 19 世纪末 20 世纪初。1897 年夏，俄国人亚历山大·波波夫在波罗的海上的"非洲"号和"欧洲"号军舰之间首次进行了无线电通信试验。1899 年，意大利人古列尔莫·马可尼在英国的 3 艘军舰上安装了无线电通信设备，第一次实现了军舰之间的无线电通信。20 世纪 20 年代到 80 年代是现代无线电舰艇通信技术的重要发展时期。20 世纪 20 年代，短波远距离传播特性研究的深入及电离层反射的发现，使短波无线电报和电话得到迅速应用，世界各国纷纷建立了海岸和军舰用的短波电台。20 世纪 40 年代，超短波视距通信得到发展，军舰与港口开始装备超短波无线电台。20 世纪 50 年代末，随着短波通信技术的发展，军舰开始使用短波单边带通信设备。

20 世纪 60 年代初，美国首次进行了舰载卫星终端的试验。此后，卫星通信进入高速发展的时期并大量应用于军舰。与此同时，美国与苏联先后研发并建立了用于与深潜核潜艇进行通信的超低频大功率发射台，同时对蓝绿激光对潜通信等新的对潜通信方式展开了相关研究并取得了一定的进展。20 世纪 80 年代，短波通信技术的新发展又使短波通信的质量和应用提升到新的水平。紧接着，由于计算机技术、微电子技术和信息技术的快速发展，军舰通信可以说进入了一个全面信息化和网络化的新时代。

目前，航母内部通信系统包括无线和有线两种通信手段，主要担负的任务是实现舰内各部门间对讲、会议、通播及广播、告警等内部话音通信和信号传递，确保对舰载机安全起飞、返航的指挥控制通信，同时还要完成视觉信息及战术数据的传输。

航母内部通信系统包含的通信分系统包括飞行甲板通信分系统（含便携式头盔无线电电台）、飞机空中态势电子显示屏分系统、飞机状态电视监视分系统、舰内各种型号告警装置、舰内综合语音通信分系统、舰内闭路电视监视分系统。

其中，飞行甲板通信分系统主要包括甲板通信电台及附属设备等。例如美国航母装备的 AN/SRC-47 电台。飞机空中态势电子显示屏分系统主要包括数据传输发 / 收设备，电子显示屏控制与显示设备。舰内综合语音通信分系统主要包括中心交换单元、自动电话、声力电话、用户单元、扬声器单元、有线和无线接口装置、告警信号等通信设备。例如英国航母装备的 RICE-MK2 系统和法国航母装备的 SNTI-240 系统。舰内闭路电视监视分系统主要包括电视接收天线、摄像设备、控制调制设备、分路器和接收机等通信设备。

美国"里根"号航母的舰员使用声力电话

美国"企业"号航母的舰员进行内部通信

→ 航母如何实现外部通信

航母的外部通信包括各海上部队使用的近距离通信（它适合战术要求，通信距离在 400 千米或 500 千米以内）以及岸上节点与战斗群之间的远距离通信（它支持战术或战略通信，根据作战类型，距离从 740 千米到 11000 千米）。航母外部通信系统的子系统及其使用的设备有以下几类。

（1）电台通信系统

航母通信电台系统种类繁多，几乎覆盖了所用的通信频率。主要的电台通信分系统包括低频通信系统、中频通信系统、高频收 / 发信通信分系统、甚高频 / 特高频收 / 发信通信分系统。其中，高频收 / 发信通信分系统主要包括宽带发信天线、宽带有源接收天线、高频接收机、接收多路耦合器等通信设备。例如美国航母装备的 AN/URC-97 发射机和英国航母装备的 ICS3、ICS4 系统。甚高频 / 特高频通信分系统主要包括战术电台、跳频组件和通信保密机等通信设备。例如美国航母装备的 AN/URC-93(V) 特高频电台。

（2）卫星通信系统

随着空中战场向外层空间的不断推进，卫星通信作为空天一体作战的重要信息支援，成为未来信息化作战条件下夺取信息优势、打赢信息化战争的重要通信保障手段。据不完全统计，在伊拉克战争中美军共使用了 100 余颗通信卫星，80% 的通信业务是通过卫星通信实现的。卫星通信分系统是航母通信系统的重要组成部分，也是保障航母周游世界的关键通信手段。航母上的卫星通信系统主要包括舰载卫星通信终端、抛物面天线等通信设备。例如美国航母装备的 AN/SSC-3、AN/WSC-3、AN/SSR-1 终端，英国航母装备的 SCOT2 终端和法国航母装备的 Syracuse 系统，等等。

（3）数据链系统

为了最大限度地发挥航母战斗群各种武器的综合协同和一体化打击的作用，取得主动，掌握制信息权，就需要在航母、各种作战平台、舰船之间进行大量、快速和准确的战术数据传输、交换和分发，这就要靠数据链来实现。数据链是以特殊的数据通信为链接手段，以作战平台为链接对象，将航母各作战平台组合为整体的链接关系，把处于不同位置的作战单元进行紧密链接，实现信息资源共享。数据链采用无线电网络通信技术和应用协议，实现了航母、飞机、舰船战术数据系统之间的数据信息交换，从而最大限度地发挥了航母战斗群的体系作战效能。战术数据传输分系统主要包括高频 / 特高频战术数据链设备（包括网控器、调解器等）。数据链可以形成点对点数据链路和网状数据链路，使作战区域内各种指挥控制系统和作战平台的计算机系统组成战术数据传输、交换和信息处理网络，为指挥人员和战斗人员提供有关的数据和完整的战场战术态势图。例如美国海军广泛使用的 Link-16 战术数据链系统。

除了上述通信手段外，航母上还装备了高频 / 特高频舰队通播接收分系统、甚低频 / 低频对潜通播监听接收分系统、海事应急遇险通信分系统等。舰队通播接收分系统主要包括高频接收机、卫星通播接收机等通信设备。中 /

美国"尼米兹"号航母的上层建筑安装了多种电子设备

高频辅助通信分系统主要包括中小功率辅助备用通信设备。甚低频对潜通播监听接收分系统主要包括接收机、记录终端机等通信设备。海事应急遇险通信分系统主要包括按照海事规则要求的救生电台。

美国"罗斯福"号航母的卫星通信天线

→ 航母通信系统未来的发展方向

未来，航母通信系统将朝着一体化、综合化、宽带化和智能化方向发展，其最终目标是保障一体化联合作战所需的无缝、保密和互通的信息传递。

（1）系统构成一体化

一体化是未来航母通信系统的重要发展趋势，航母通信系统建设的重要原则，未来航母通信将实现战略、战役、战术信息传递系统的一体化；信息传输、交换、处理系统的一体化；通信、导航、定位、识别的一体化；语音、数据、图像的一体化。在通信系统的基础上，充分利用宽带交换技术、光纤通信技术、卫星通信技术等先进通信技术，实现与岸基通信系统的一体化，以提高信息的共享能力，也是航母通信的一个发展方向。此外，整个航母信息传递系统内的所有计算机、数据库信息源之间实现无缝隙的信息访问，也将是航母通信系统一体化发展的目标。一体化的通信系统，能够使航母战斗群在任何地方、任何时间为指战员提供准确的、完整的、经过融合的实时作战信息，以便更有效地发挥航母战斗群的整体作战效能。

（2）业务功能综合化

航母作战对信息接收的有效性和完整性提出了更高要求，而且随着航母通信功能的不断拓展，通信的内涵也不断丰富完善。为适应这种需求，航母通信业务也已从过去的单一语音通信发展到语音、数据、图像、视频等多种业务。各种业务对航母通信系统的要求大不相同。如文电数据业务对丢失和误码敏感，语音对时延要求高，而压缩电视信号则同时对信息的丢失和时延有严格的要求。计算机和通信的广泛结合以及计算机通信网的建立，加速了航母通信从原来单纯的信息传输向信息的传输、存储、加工、处理综合一体化的转变。信息传输与交换的宽带化，以及移动通信技术的不断发展，为综合业务和多媒体业务的传递提供了技术保证，现代航母通信系统中的业务综合化将会进一步发展。

（3）通信网络宽带化

宽带化不仅是现代航母通信的发展趋势，也是所有通信系统的发展方向。事实证明，现代通信网络的带宽平均每半年就翻一番，这就为航母上日益增长的高速数据传输、高速文件传送、电视电话会议、交互式图像通信、高清晰度数字电视、多媒体通信等通信业务提供了可能。随着航母上的通信网络朝着高速、宽带化网络方向发展，业务种类也越来越多，所需的带宽也越来越宽，交互性越来越强，为航母作战指挥通信提供了可靠保障。

（4）网络服务智能化

随着上述各种变革的进行，航母通信的业务范围和性质也发生了新的改变。一是从以往的单纯信息传递业务包括信息传输、信息存储、信息转换、信息处理等在内的高级通信业务转变。图像通信、数据通信、信息检索、向导业务等都已成为现代通信的主要内容。二是从个人服务方式向介于个人方式和集团方式之间的文字图像信息网、图像应答系统等综合服务方式转变。最终建立集各种通信业务于一身、多种服务方式于一体的综合服务通信网。

美国"福特"号航母的上层建筑

→ 航母对空搜索雷达有几种

航母上的搜索雷达主要有两种，一种是担负对空搜索任务的对空搜索雷达，另一种是担负对海搜索任务的对海搜索雷达。其中，航母对空搜索雷达包括二坐标雷达、三坐标雷达和相控阵雷达等，它们相互配合，共同完成对空监视任务。

二坐标对空搜索雷达主要用作远程警戒和低空补盲，其特点是雷达作用距离远，能够全空域搜索，并能可靠地提供较长时间的预警。二坐标雷达的典型代表是美国航母上普遍使用的 AN/SPS-49(V)5 雷达。该雷达采用了脉冲多普勒（PD）处理和恒虚警处理（CFAR）以及先进的反干扰（ECCM）技术，能够有效抑制杂波和抗箔片干扰。它还和综合自动检测和跟踪系统（LADT）配合工作。LADT 系统能将几个雷达输出的目标数据综合为统一的目标轨迹，供武器系统使用。

三坐标对空搜索雷达是目前航母和护станов舰艇用来对空搜索的主要雷达，其特点是体积较大，天线具有更高的增益和更低的旁瓣，能够360°机械扫描，在仰角上采用频扫，可发射多个笔形波束，准确度较高。美国航母装备的三坐标雷达为 AN/SPS-48 远程对空搜索雷达，其主要功能是提供空中目标的三坐标数据并为武器控制系统提供目标指示。该雷达至今共发展了 5 种型号，改进型雷达大幅提高了发射机功率，天线旁瓣更低，同时还加入了自适应数字处理器，使之能在恶劣环境下探测、跟踪空射反舰导弹。AN/SPS-48 雷达还可为"标准"II 导弹武器系统提供目标数据和中程制导，同时提供"海麻雀"和"拉姆"导弹的跟踪数据。

相控阵雷达即相位控制电子扫描阵列雷达，具有快速而精确转换波束的能力。一般的雷达波束扫描是靠雷达天线的转动实现的，被称为机械扫描。而相控阵雷达是用电的方式控制雷达波束的指向变动来进行扫描发现目标的。这种方式被称为电扫描。相控阵雷达虽然不能像其他雷达那样靠旋转天线来使电磁瓣转动，一个相位一个相位地进行搜索，但它有自己的"绝招"，那就是使用"移相器"来实现电磁瓣转动。在相控阵雷达的天线阵上，排列着成千上万个能发射电磁波的辐射器，每个辐射器配有 1 个"移相器"，每个"移相器"都由电子计算机控制。当雷达工作时，电子计算机就通过控制这些"移相器"，来改变每个辐射

器向空中发射电磁波
的"相位"，从而使
电磁瓣能像转动的天
线一样，一个相位一
个相位地偏转，从而
完成对空搜索使命。
例如美国"福特"级
航母装备了 AN/SPY-3
相控阵雷达，探测距
离达到 320 千米。

美国"罗斯福"号航母安装的 AN/SPS-48 三坐标远程
对空搜索雷达

对海搜索雷达有何作用

　　对海搜索雷达是搜索、监视与识别海上目标的雷达，也称对海警戒
雷达。该雷达主要用于对海警戒，并根据上级指挥所的命令，引导己方
舰艇拦截入侵敌舰，也为火炮或反舰导弹等武器指示目标。对海警戒雷
达一般兼负低空警戒任务，在舰船航行时还担负导航任务。

　　对海搜索雷达一般工作在厘米波段，受雷达视距的限制，作用距离
较近。多数对海搜索雷达重复频率较高，发射功率较低，天线尺寸较小，
水平波束很窄，有较好的角分辨力，有的对垂直波束适当赋形，以利于
低空目标的探测和海杂波抑制。

　　一般来说，航母
的部分雷达在某些功
能上会有重复，但在
战术应用上却各有所
需，并不重复。例如，
俄罗斯"库兹涅佐夫"
号航母装备了1部
MR-710"顶板"三坐
标对空/对海搜索雷

MR-320M"双支撑"雷达

达，既能执行对空搜索任务，也能执行对海搜索任务。然而"库兹涅佐夫"号航母依然安装了2部执行对海搜索任务的MR-320M"双支撑"雷达，同时还安装了能够执行对空搜索任务的"天空哨兵"相控阵雷达。究其原因，一是为了增强雷达系统的冗余度，二是为了强调对海侦察的精度。毕竟"库兹涅佐夫"号航母还携带了P-700"花岗石"反舰巡航导弹。

→ 航母为何要搭载相控阵雷达

美国"福特"级航母和英国"伊丽莎白女王"级航母都是近几年开始服役的新一代航母，虽然两种航母采用的起降方式不同，但是它们有一个共同点，就是都搭载了性能先进的相控阵雷达系统。而已服役多年的法国"戴高乐"号航母和俄罗斯"库兹涅佐夫"号航母也都装备了相控阵雷达。

一般来说，相控阵雷达是驱逐舰的标准配置，主要用于防空搜索、目标跟踪、锁定、引导导弹飞向来袭目标等作战任务。所以相控阵雷达可以说是驱逐舰的核心装备，也是当代海战胜负的关键。但是航母并没有搭载远程防空导弹用于拦截来袭目标，况且"福特"级航母还搭载了性能先进的固定翼舰载预警机，为何航母自身还要安装相控阵雷达？此外，航母都是以战斗群的形式出海作战，编队内的"阿利·伯克"级驱逐舰都搭载了相控阵雷达，航母又何必多此一举呢？

事实上，"福特"级、"伊丽莎白女王"级、"戴高乐"号、俄罗斯"库兹涅佐夫"号等航母都装备相控阵雷达是出于以下几点原因。

（1）航母是现代海空作战力量的核心，对作战区域的整个空情信息必须有强大的掌控力。航母还承担着舰载机和编队的指挥引导任务，这就要求航母必须具备强大的对空探测能力，具备远距离的空情搜索、引导编队舰艇和舰载机执行作战的能力。因此，航母普遍采用相控阵雷达以保障其空情探测能力。

（2）航母装备相控阵雷达可以提升航母编队的协同能力，航母和护航舰艇可以互相传递空情信息。必要的时候甚至，航母装备相控阵雷达可以互相引导进行防空指挥和导弹拦截，对于提高航母编队的防空实力、消除防空漏洞存在积极的意义。同时，航母上配备的相控阵雷达，不仅可以用于空情信息的探测和收集，还可以引导战机，并进行作战区域的地形测绘和地形跟随。而且由于相控阵雷达抗干扰能力较好，有助于航母战斗力的发挥。

（3）航母虽然都配备有舰载预警机，但舰载机不可能随时升空。而航母的空间较大，发电量和散热条件也足以满足大型多面相控阵雷达的需要，这使得相控阵雷达非常适宜部署在航母上。

综上所述，尽管航母上并没有装备远程防空导弹，但相控阵雷达对于航母依旧非常重要，这也使得当今世界上的大多数主流航母都采用了相控阵雷达。

美国"福特"号航母搭载的 AN/SPY-3 相控阵雷达

航母火控雷达有何特点

火控雷达包含雷达扫描系统和火力控制系统，是通过计算机辅助系统，实现对整个武器系统的综合有效利用的过程。美国"尼米兹"级航母装有 4 部 Mk 95 火控雷达，俄罗斯"库兹涅佐夫"号航母则装有 4 部 MR-360"十字剑"火控雷达（用于 SA-N-9 防空导弹）和 8 部 3P37"热闪"火控雷达（用于近程防御武器系统）。

火控雷达的作用是在航母即将发射炮弹、导弹前对准目标，以准确把握其速度和位置。火控雷达可以实时获取战场态势和目标的相关信息；计算射击参数，提供射击辅助决策；控制火力兵器射击，评估射击的效果。

火控雷达的出现，不仅使火控系统具有全天候防御能力，也大大提高了系统的防空效力和自动化作战能力。现代火控雷达通常都具有多种有效的抗干扰手段以及良好的低空探测和跟踪能力，并具有测量精度高、自动化程度高、系统反应时间短、生存能力强、可靠性高等特点。火控雷达不仅与指挥仪、光学装置以及电视、激光、红外线等光电设备配合使用，近十多年来已开始与战场目标指示雷达等结合形成综合防空体系，以提高多目标探测能力和电子对抗能力。

火控雷达对目标的基本工作状态分为搜索和跟踪两种（也可以边搜索边跟踪）。一般来说，火控雷达在搜索状态探测到目标信号后，需要几秒钟的操作，消除测距、测速等方面的误差，然后进入跟踪状态。在进入跟踪状态之前，大多数火控雷达基本上只能大致判断目标的方位角，这种信息基本上是没用的。只有对目标进行了稳定而连续的跟踪，才能进入"锁定"状态。

不过，一般的火控雷达都是主动发射电磁波，因此容易暴露自身位置，成为敌方攻击和干扰的目标。

美国"罗斯福"号航母安装的 Mk 95 火控雷达

→ 空中管制雷达对航母有何意义

航母是供舰载机起降的海上作战平台。对于舰载机而言，想要在小小的航母上起降，承担的风险要比在陆地机场高几倍。且不说海上复杂多变的天气，也不说航母甲板的尺寸有限，单说在茫茫大海上，要找到航母的位置就不容易。

虽然航母近看是一个几百米长、十几层楼高的庞然大物，但放在一望无际的大海上，从几百米乃至几千米高空看下去，恐怕也就一个烟盒大小。何况航母一直在航行，降落时位置坐标是变化的。倘若舰载机每次降落还要遍地寻找航母，无疑会影响战斗效率。

既然舰载机找航母不容易，那就让航母找舰载机好了，空中管制雷达由此应运而生。简单来说，空中管制雷达发射无线电波，对航母周围数百千米范围内的飞行器进行监测。一旦确认了己方舰载机，雷达就会保持跟踪，确认舰载机的实时位置。同时，根据空中管制雷达的信息，调度员会为舰载机制定前往航母降落的飞行路线和降落顺序。如此一来，飞行员只要根据航母调度员的指示，就可以沿着安全和快捷的路线降落。当然，在舰载机飞临航母上空时，引导其平安降落，还需要其他光学电子设备的配合。

综上所述，空中管制雷达的主要目的就是寻找己方舰载机，并为引导己方舰载机的降落提供实时信息。当然，既然能探索几百千米的飞行器，不是己方的飞行器也逃不过它的法眼。通常来说，空中管制雷达是对整个航母周边空域进行监测，不仅能引导己方舰载机，也能发现敌方来袭的飞机。

各国航母都配有空中管制雷达，但在具体引导舰载机的方式上又各不相同。不过，大部分国家的航母的配置都比较简单。其中，空中引导系统是各国普遍采用的方案。这个系统的原理就是舰载机和航母上的无线电发射机进行"问答"，其有效范围可达 500 千米。当舰载机即将飞临航母所在区域时，会发出询问的电磁脉冲，航母天线会发出应答脉冲。舰载机接收后，根据脉冲的时间差和相位差，确定航母和舰载机的距离。

俄罗斯"库兹涅佐夫"号航母安装了大量雷达，但用于舰载机引导的雷达只有 1 部"飞行警察"B 型空中管制雷达，结合"蛋糕台"空中引导系统，引导舰载机起降；法国"戴高乐"号航母安装了 2 部雷卡 1229 型雷达，负责引导舰载机降落。此外，还有助降系统、着舰激光系统和预警机可以参与对舰载机降落的引导；西班牙"阿斯图里亚斯亲王"号航母安装了 AN/SPN-35 雷达，主要对舰载机在最后一段距离进行引导，控制舰载机到达甲板上空；英国"无敌"级航母装有 MM/SPN-720(V)5 雷达。该雷达每次可以同时控制 2 架飞机。而"伊丽莎白女王"级航母由于采用"滑跃起飞、垂直降落"模式，加之准备部署的是 F-35B 垂直起降战机，因此在空管雷达方面大幅度简化，仅用了 997 型三坐标雷达来定位。

与其他国家航母相比，美国航母拥有更完善的空中管制系统。美国航母的空中管制系统除了 AN/URN-25 系统，还有 4 部雷达：2 部 AN/

SPN-46 雷达、1 部 AN/SPN-43C 雷达（未来将换为 AN/SPN-50 雷达）和 1 部 AN/SPN-41 雷达。此外，还有 E-2C 预警机进行配合。这些雷达的分工明确。美军舰载机准备归航时，首先获得 E-2C 预警机的信息，了解航母所在位置。当舰载机进入航母周围时，就由 AN/SPN-43C 雷达接手空中管制。最新版的 AN/SPN-43C 雷达能辨别飞机型号。当舰载机在 AN/SPN-43C 雷达引导下，进入航母周围 11 千米左右时，就换 AN/SPN-46 雷达上场了。AN/SPN-46 雷达能够同时控制 2 架飞机，其任务是引导舰载机从 11 千米的距离降落到航母甲板上。而 AN/SPN-41 雷达则进行辅助监控，确保万无一失。显然，美国航母的空中管制系统更加复杂，同时功能性也更强。

美国"尼米兹"号航母的 AN/SPN-43C 空中管制雷达在进行系统维护

美国"企业"号航母上的空中交通管制中心

美国"杜鲁门"号航母上的空中交通管制中心

→ 航母如何解决电磁兼容问题

航母上有通信、雷达、导航、预警、电子对抗、武器平台等诸多用频装备，各种通信手段和装备所处的电磁环境和用频冲突是航母面临的困难之一，比如不同装备之间的用频重叠问题，用频装备之间的同频互扰和邻频干扰问题等。同时，在狭小的甲板空间上，布放了那么多天线，相互之间也需要考虑电磁兼容问题，否则可能所有的装备都无法正常工作。电磁兼容问题既是重点，也是难点。如何科学合理地解决航母内电子信息系统的电磁兼容问题，保证各种用频装备的正常使用，是航母设计和使用中的一个关键问题。

解决航母电子信息系统的电磁兼容问题主要从设计和应用两个角度来考虑。设计方面，主要涉及信息系统的电磁兼容设计、检测、认证和标准。设计电子信息系统装备时，考虑到电磁兼容约束条件，一要保证所设计的系统在给定电磁环境下性能良好，二要符合有关的电磁兼容标准。

应用方面，要考虑电磁资源的配置与优化、战场建设的合理化以及电磁频谱管控等。电磁资源的配置与优化主要研究根据作战需要所应采取的战术技术措施，以便战场电磁环境有利于我己实施作战。

战场的合理建设主要涉及如何在空域、时域和频域上防止电磁冲突，影响信息系统的效能发挥，以求各种信息系统能够正常工作；同时，还涉及战场环境影响因素研究和战场环境优化方法研究。最后就是在进行天线布放、设备安装等方面进行充分论证，要合理布局，科学筹划。整个航母的甲板两侧比较小，安装天线的区域非常有限，这就使得电磁环境非常复杂。要先通过计算机模型来建模，验证可以确定放置天线的合适位置，再在航母上调整天线安装的位置，或者调整天线的结构。通过这些技术手段，解决各种天线之间的电磁兼容问题。

在电磁频谱管控方面，在航母上有专门的人员和机构从事这方面的管理工作，主要做法为：高度重视电磁频谱管理，通过建立完善的管理体制，提高对频谱战略价值认识；严格频谱使用管理，合理分配频谱资源。为从源头上解决武器装备频率使用问题，各国军队的电磁频谱管理部门都严格进行频率审批，与装备部门密切合作，共同对

美国"卡尔·文森"号航母的上层建筑
密集安装了多种电子设备

研制、生产和采购武器装备的用频严格把关。同时加强对战场电磁频谱监测与管控，排除干扰，进行频率分配与指配，保证各种用频装备的有效使用；加强电磁频谱管理建设，不断提升管理能力。加强电磁频谱管理技术支持机构、法规和手段建设，不断提升电磁频谱管理能力，是世界发达国家军队较为普遍的做法。

→ 何为"塔康"系统

"塔康"（TACAN）是"战术空中导航系统"（Tactical Air Navigation System）的简称，由于该系统的有效作用距离在近程范围内且只用于航空导航，所以又称为航空近程导航系统。该系统主要用于为舰载机提供从几十千米到几百千米距离范围内的导航，保障飞机按预定航线飞向目标，机群的空中集结，以及在复杂气象条件下引导飞机归航和进场等。

"塔康"系统是由美国于 20 世纪 50 年代中期研制成功，也是世界上第一个为飞机提供方位和距离信息的系统。几十年来，"塔康"系统发展很快。目前全世界已经有 30 多个国家大量装备"塔康"系统。它早已成为美国和北约的军事标准系统，是世界上普遍使用的十几种无线电导航系统之一。

"塔康"系统采用极坐标定位体制，只需 1 个地面"塔康"设备就可为飞机定位，特别适合以航母或机场为中心进行作战活动的战术飞机使用。"塔康"系统由机载设备和地面设备组成。机载"塔康"设备由无线电收发信机、显示控制器和天线等组成；地面"塔康"设备由无线电收发信机、天线、控制和监测装置等组成，可设在航母上，也可设在地面或者车内。系统采用询问应答脉冲方式测距，即由机载"塔康"设备随机发射询问脉冲对，经地面"塔康"设备接收后，再以脉冲对的形式发出应答脉冲。机载"塔康"设备根据发出询问脉冲至收到应答脉冲所经历的时间和无线电波的传播速度，即可推算出飞机至地面台的距离。系统借助测量基准脉冲信号和脉冲包络信号之间的相位关系来实现测角。当飞机位于"塔康"地面台的不同方位时，其机载"塔康"设备所接收到的基准脉冲信号与脉冲包络信号之间就存在着不同的相位关系，借此可以确定出飞机相对于"塔康"地面台的方位角。

"塔康"系统工作于962～1213兆赫频段，共有252个工作波道（X模式和 Y 模式各有 126 个）。测位容量无限，典型的测位精度优于 2°。测距容量为 100 架飞机，典型的测距误差为400 米。地面台覆盖范围受发射功率、接收灵敏度和视线传播规律的制约，典型的地面固定式"塔康"系统的作用距离约为 370 千米（飞机的飞行高度为 1 万米）。

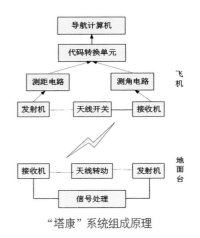

"塔康"系统组成原理

→ 惯性导航系统如何工作

惯性导航系统是利用惯性器件测量获取舰艇运动参数，实现舰艇导航的设备。在军用舰艇中，无论是航母、巡洋舰、驱逐舰等水面舰艇，还是在水下作战的常规潜艇、核潜艇，都会装备惯性导航系统。

惯性导航系统的原理是利用惯性测量装置测量舰艇运动的惯性力求得舰艇的加速度，对加速度进行二次积分及矢量合成等运算，直接显示包括海流影响在内的舰艇运动姿态参数；由输入的初始经纬度，连续自动地推算和显示舰艇的实时地理坐标，从而自动连续地在全球范围内提供航向、航速、航程、纵横摇角和位置坐标等多种导航数据。

惯性导航系统不依赖外部信息，不向外发射任何电、光和声波，能在全球、全天候、自主、连续、隐蔽地工作。由于惯性导航系统的定位误差会随时间积累，为保证精度，必须借助其他导航手段进行校正。

惯性导航系统按结构形式，分为平台式和捷联式两种。平台式惯性导航系统是将陀螺仪和加速度计安装在惯性平台台体上，结构复杂，体积大，适于航母和核潜艇装备使用。一般由惯性平台、导航计算机、控制显示装置、电源装置等组成。惯性平台（主体仪器），用于测量惯性力，是惯性导航测量装置的核心。惯性平台一般由 3 个互相垂直安装的陀螺仪控制，可模拟当地地理坐标系，提供精确的方位和水平基准；惯性平台为加速度计提供一个安装和测量基准，平台上分别按南北、东西方向装有 2 个加速度计，通过测得惯性力而求得在这两个方向上舰艇的加速度；在平台的 3 根轴上均装有角度传感器，用以提供载体的姿态信息。导航计算机，用以完成导航参数计算，并给出陀螺仪力矩的指令信号。控制显示装置，其控制装置通过陀螺对惯性平台的稳定状态进行控制，显示装置显示纬度、经度、速度、航向、航程等数据。电源装置主要为加速度计、陀螺仪、计算机、显示器等供电。

捷联式惯性导航系统是将陀螺仪和加速度计直接捆绑在运动物体上完成导航功能，以建立在计算机中的模拟数学平台代替真实的物理平台。陀螺仪和加速度计可以真实地测量出载体的运动情况，通过计算机运算输出各种导航参数。捷联式惯性导航系统取消了平台和三环支撑系统，省去了平衡系统，体积小、重量轻、成本下降、可靠性高，但与平台式惯性导航系统相比，测量精度较低。

美国"布什"号航母依靠惯性导航系统在大洋中航行

→ 小小的激光陀螺仪有多重要

　　激光陀螺仪是一种无质量的光学陀螺仪，它可以精确地测定运动物体任意时刻的方位，在现代航空、航天、航海以及国防工业领域具有重大战略意义。对于航母战斗群来说，无论是航母本身，还是其搭载的舰载机与导弹，都需要激光陀螺仪。

　　1960 年，美国正式开始研发激光陀螺仪。20 世纪 70 年代，美国首先开发了世界上第一个激光陀螺仪，很快就被用于军事领域，在战斗机和火箭上进行试验，并取得了成功。20 世纪 80 年代以后，激光陀螺仪开始在美国海军中广泛使用。苏联和法国也加入了激光陀螺仪的开发。为了保持优势，美国、英国和法国禁止出售相关技术。时至今日，也只有极少数国家可以制造激光陀螺仪。

　　目前，激光陀螺仪被广泛应用于捷联式惯性导航系统。该系统是在军事航空航海领域，将惯性测量元件直接装载于飞行器、舰艇、导弹等主体，测量行驶物体的姿态（如俯仰角、横滚角）、速度、加速度、航向等导航信息，把测量信号变换为导航参数的一种导航系统。美国"战斧"巡航导弹便采用激光陀螺仪进行自身姿态定位。

　　有人会说，现在已经有了 GPS、伽利略、格洛纳斯等卫星导航和定位系统，任何航行上的误差都可以通过卫星定位进行纠正，再去研发激光陀螺仪岂不是多此一举？其实不然，在战场上任何情况都可能发生，倘若卫星天线遭到破坏或者电磁干扰，乃至卫星都被摧毁，导航便会彻底失效。因此，对于尽可能要求设计简单可靠的军用武器装备而言，一套能够在卫星导航设备失去作用的时候保证系统依旧能够精确获得自身姿态角的设备，无疑是非常重要的。

　　原本有着极高精密结构的机械陀螺仪也能胜任此类任务，但随着机械陀螺仪越做越小，机械式结构对于材料和加工精度的要求也变得越来越高，倘若这样的装备被部署到了战机或者导弹上，将会对战机和导弹的飞行性能造成严重的负面影响。因此能够精确判定设备飞行姿态的激光陀螺仪，改变了几乎所有依赖导航的军事装备的命运。因为这种价格低廉的惯性定位辅助设备的存在，精确制导才有了真正实现的可能。

　　对于航母这种需要在海上进行长时间活动的大型军舰而言，舰载惯性定位系统的性能越出色，它对卫星导航系统的要求也就越低。虽然在现代作战体系中，依靠卫星导航系统进行精确定位已经成为武器装备的主流作战方式，但类似激光陀螺仪这种能够让武器装备在脱离体系后依旧有着一定作战能力的设备，仍然是航母、舰载机和导弹等武器装备必不可少的一项保险措施。

由于激光陀螺仪如此重要，以至于任何有能力研发并且生产这种设备的国家都将其禁止对外出口，从而确保激光陀螺仪这一重要军事设备能够得到足够的保护。虽然激光陀螺仪结构简单，但是这种简单的设备必须应用大量光学、电子、机械和材料方面的尖端技术才能确保其准确性和稳定性。一旦某个国家的激光陀螺仪被其他国家获得，无异于将自身的尖端技术水平对外暴露。即使目前激光陀螺仪已经不再价格惊人，它也依旧是一种严禁对外出售的军事用品。

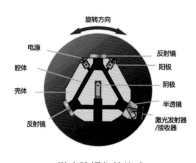

激光陀螺仪的构成

环式激光陀螺仪

→ 回声测深仪如何工作

回声探深仪是利用声波反射的信息测量水深的仪器。回声测深仪类型很多，可分为记录式和数字式两类。回声测深仪通常都由振荡器、发射换能器、接收换能器、放大器、显示和记录部分所组成。

回声测深仪是基于回声测距的原理研制的。发射换能器从海面向下发射声脉冲，声脉冲在水中向下传播，遇到密度不同的海底介质时发生反射，反射后的声脉冲在海水中向上传播，并被海面的接收换能器所接收。根据声脉冲在海水中往返的时间和它在海水中的声速，就能算出换能器至海底的直线距离，即水深。例如，在常温下，海水中声速的典型值为 1500 米 / 秒，如果测得声脉冲在水中往返的时间为 3 秒，则海水的深度为 2250 米。由于声波在海水中的传播速度随海水的温度、盐度和压力的变化而变化，所以，计算时还要做必要的修正。在特殊情况下，可通过测量水深来辨别船位。

在开辟新区或浅水航行时，回声测深仪可用于导航，以确保船舶航行。在航道及港口测量方面，它可提供准确的、可靠的水深资料。回声测深仪的发明为海洋工作者提供了一个强有力的水深测量手段，由于它可以在船只航行时快速而准确地测得水深的连续数据，所以很快便成为水深测量的主要仪器，已被广泛地应用于航道勘测、水底地形调查、海道测量、船只导航定位等方面。而在军事领域，回声测深仪也是一种非常重要的设备。例如美国"尼米兹"级、"福特"级航母均安装了 AN/UQN-X 回声测深仪，可利用声波反射原理测量舰船龙骨与海底之间的距离，测量范围为 2 ～ 11000 米。

回声测深仪的工作原理

→ 航母电子战系统有何作用

电子战就是敌对双方为削弱、破坏对方电子设备的使用效能、保障己方电子设备发挥效能而采取的各种电子措施和行动。电子战是现代战争的重要作战手段，基本内容有电子对抗侦察、电子干扰和电子防御等。目前机载电子战系统是现代电子战的主要手段，但航母也会装备电子战系统。

以美国"尼米兹"级航母为例，各舰均配备了 AN/SLQ-32(V)4 舰载电子战系统。AN/SLQ-32 电子战系统是美国海军的标准电子战设备，20世纪 70 年代中期开始批量生产，普遍装备美国海军护卫舰、驱逐舰、巡洋舰、航母等水面舰艇。两栖作战舰艇以及部分作战支援辅助舰船。目前，该系统已经有 5 种发展成熟的型号，即 AN/SLQ-32(V)1 型、AN/SLQ-32(V)2 型、AN/SLQ-32(V)3 型、AN/SLQ-32(V)4 型和 AN/SLQ-32(V)5 型。其中，航母装备的是 AN/SLQ-32(V)4 型，采用了光纤技术。

AN/SLQ-32 电子战系统主要用于雷达告警、电子干扰和信号截获，可在舰艇上担任点防御任务，防御飞航导弹或反舰导弹的攻击。因此，该系统具备截获概率高和总反应时间短的特点。该系统采用晶体视频接收测向和瞬时测频相结合的方案。它采用了介质透镜馈电多波束天线阵，用于接收的阵列共有 16 个波束，用于发射的每个阵列有 35 个阵元，共有 140 个 50 瓦功率的行波管，整个天线辐射的合成脉冲功率可达 1 兆瓦。该系统除了最低频段外，其他两个频段采用了多波束天线，由透镜馈电。

AN/SLQ-32 电子战系统具有以下性能特点：采用 UYK-19 计算机控制系统，自适应能力强；方位和频率测量均为宽开式，频率范围为 1～18吉赫。系统截获信号时间为 51 毫微秒；有效干扰辐射功率达兆瓦级，能同时对付 80 部威胁雷达。干扰频段为 I、J 频段，转发式和应答式干扰；在连续干扰雷达的同时，还能警戒和监视其他雷达；对一般雷达、捷变频雷达和随机扫描雷达有 100% 的截获概率；对每个信号均能精测频测向。

AN/SLQ-32 电子战系统

第6章
自卫武器篇

　　航母是有史以来综合作战能力最强、科学技术含量最高、制造运用成本最高、实际威慑能力最强的大型水面舰艇，这些特性使它成为作战时对方打击的首要目标。因此，巡洋舰、驱逐舰、护卫舰及潜艇等护航舰艇，会为航母提供全方位、多领域、多层次的保护。同时，航母本身也会配备很多自卫武器，作为最后一道防线。本章主要就航母自卫武器方面的问题进行解答。

→ 概 述

除了舰载机，大部分现代航母都只装有最低限度的自卫武器，包括各式防空导弹、近防系统以及电子战设备。究其原因，主要是因为航母角色的转换与雷达技术的进步。

在航母诞生之初，舰载机的反舰能力不甚明了，航母的主要任务是为战列舰实施侦察，这样一来就不必太在乎甲板设计会影响舰载机数量的问题。另外，由于当时舰载雷达尚未出现，航母会在无意间进入敌舰射程范围内，为了进行反击，航母上会安装舰炮。

二战期间，舰载雷达蓬勃发展，航母能够有效避开敌舰的突袭，加上舰载机的攻击能力已得到证明，航母本身就不需要防空火炮以外的武器，中大口径舰炮随即消失。

二战之后，飞机逐渐进入超音速时代，传统防空火炮根本无法应付，因此美国海军曾计划将航母的防空任务全交由舰载机负责。

到了 20 世纪 80 年代，由于苏联海军强化了反舰导弹打击能力，有能力自潜艇、飞机与水面舰艇等平台发射大量反舰导弹进行饱和攻击，这种战术极有可能突破由舰载战斗机与护卫舰艇组成的空中防护网，因此航母仍需配备防空导弹、近程防御武器系统（简称近防系统）以及电子战设备等武器来确保自身的安全。常规动力航母还可发射热焰弹，以抵御红外线制导的导弹。

以美国"尼米兹"级航母为例，舰上装有射程约 50 千米的"改进型海麻雀"舰对空导弹、射程 26 千米的"海麻雀"舰对空导弹、射程 9.6 千米的 RIM-116"拉姆"舰对空导弹、射程 4.5 千米的"密集阵"近防系统，还有干扰敌人雷达的电子战装置。

与美国不同，俄罗斯重视单舰作战能力，同时由于俄罗斯海军舰队防空网强度不足，所以"库兹涅佐夫"号航母的自身火力比美国、英国、法国和意大利等国的航母强上许多，包括反潜火箭、反舰导弹、防空导弹以及近防系统等。

美国航母配备的 RIM-116 "拉姆" 舰对空导弹及其发射装置

→ 舰空导弹有何特点

　　舰空导弹是从舰艇发射攻击空中目标的导弹，是航母战斗群的主要防空武器。它与舰艇上的指挥控制、探测跟踪、发射系统等构成舰艇防空导弹武器系统。

　　早在二战末期，美国海军就曾研制一种以超音速冲压发动机为动力的舰空导弹。1955 年，美国首先在 "波士顿" 号巡洋舰上装备 "小猎犬" 中程舰空导弹。1959 年，美国制成 "黄铜骑士" 远程舰空导弹，装备在 "加尔维斯顿" 号等巡洋舰上。1961 年，又制成 "鞑靼人" 中近程舰空导弹，装备在驱逐舰和巡洋舰上，与 "小猎犬" 导弹、"黄铜骑士" 导弹形成美国海军第一代舰艇编队舰空导弹系列。

　　为防御超低空飞机和掠海飞行反舰导弹的袭击，自 20 世纪 60 年代末以来，美国的 "拉姆"、英国的 "海狼"、法国的 "海响尾蛇" 等超低空、快速反应的舰空导弹武器系统，先后被研制成功。此后，美国又在 "鞑靼人" 和 "小猎犬" 导弹基础上发展出 "标准" 系列防空导弹，其中 "标准" I 型于 1969 年开始服役，"标准" II 型于 1981 年开始服役。此外，美国还在 AIM-7 "麻雀" 空空导弹的基础上发展了 RIM-7 "海麻雀" 舰空导弹（1976 年入役）和 RIM-162 "改进型海麻雀" 舰空导弹（2004 年入役）。21 世纪初，法国研制了 "阿斯特" 系列舰空导弹。

　　海战实例表明，舰空导弹是一种有效的舰艇防空武器。1982 年马岛战争中，英国护卫舰发射 "海标枪" "海猫" 舰空导弹击落阿根廷飞机多架。1991年海湾战争中，美国"海标枪"舰空导弹击落1枚伊拉克"蚕"式导弹。

舰空导弹按其射程分为远程舰空导弹、中程舰空导弹、近程舰空导弹；按射高分为高空舰空导弹、中空舰空导弹、低空舰空导弹；按作战使用分为舰艇编队防空导弹（如美国"标准"II型导弹）和单舰艇防空导弹（如英国"海狼"导弹）。舰空导弹的最大射程超过100千米，最大射高超过20千米。其动力装置多为固体火箭发动机，也有用冲压喷气发动机的。其制导方式一般采用遥控制导或寻的制导，有的采用复合制导。战斗部多采用普通装药，由近炸或触发组合式引信起爆。

在现役航母中，美国"尼米兹"级航母配备了RIM-162"改进型海麻雀"舰空导弹和RIM-116"拉姆"舰空导弹；俄罗斯"库兹涅佐夫"号航母配备了SA-N-9"护手套"舰空导弹；法国"戴高乐"号航母和意大利"加富尔"号航母都配备了"阿斯特"舰空导弹。

未来，舰空导弹的主要发展趋势是：采用垂直发射、复合制导、抗干扰技术和智能技术等，使其成为快速反应、高发射率、高速机动、高杀伤力和自动寻的精密制导与多种防空武器联合作战的系统。

美国"企业"号航母发射RIM-7"海麻雀"舰空导弹

美国"福特"号航母发射RIM-162"改进型海麻雀"舰空导弹

美国海军勤务人员正在填装"拉姆"舰空导弹

美国"拉姆"舰空导弹发射瞬间

→ 倾斜式发射系统缘何式微

在现代海上作战中，水面舰艇的防空任务已上升为主要作战任务，也是一项艰巨的任务。其防空导弹采用的发射方式成为制约导弹发射频率的重要因素。倾斜式发射系统是包括航母在内的水面舰艇最早采用的导弹发射系统，受早期技术水平的限制，考虑到导弹发射瞬间的喷射气流、舰艇结构、方便装填和维护等因素，各国无一例外都在当时的水面舰艇上采用了倾斜式发射系统，甚至一直沿用到了今天。

倾斜式发射系统的基本作战方式为：通过舰载雷达捕捉到目标后，由中央火控系统下达开火指令，发射架转向目标并发射导弹。由于发射角度能够预先调整到位，这样导弹起飞后，一是可以迅速进入巡航段，不需要承受太大的过载；二是能够快速进入跟踪雷达的波束，进而较快地获得制导指令，有利于提高制导系统的工作效率，减少导弹的拦截近界；三是导弹导引头的天线始终正对目标，有助于提高末制导系统截获目标的能力。这些优点在早期防空压力不大的情况下，能够有效撑起航母战斗群上空的"安全大伞"。

时至今日，反舰导弹可从不同平台发射，足以实施全方位、多批次的快速饱和攻击。据美国海军 2012 年估算，一艘排水量在 4000 吨以上的中大型水面舰艇在不到 30 秒的时间内，可能会遭到来自各个方向至少 6 枚反舰导弹的攻击，在这种情况下，倾斜式发射系统射速不高的弊端就暴露了出来。

（1）机械转动系统的反应速度跟不上现代海上防空的节奏。倾斜式发射系统采用的机械转动系统虽然解决了导弹发射前的瞄准问题，但增加了导弹的反应时间，特别是不同方向多个目标来袭时，"转动—瞄准—发射"的方式严重拖累了舰艇的火力效能。例如美国海军此前用于发射"标准"导弹的 Mk 13 Mod 4 单臂发射架的射速是 4 发 / 分，双臂的 Mk 26 提高到了 12 发 / 分，但是考虑到火控、回旋、装填、故障等因素，实际射速只低不高，在对抗多批次、全方位攻击，甚至单机突袭时都有点力不从心。

（2）火力连续性较差。考虑到甲板空间，倾斜式发射系统的"发射口"都较少，这就意味着"上膛"的导弹数量较少，一般每套装置最多装载 8 枚导弹，打完了之后就要重新装弹，发射间隔过大，导致火力连续性不好。

（3）射界有限，导致瞄准过程慢。对于水面舰艇来说，无论倾斜式发射架如何旋转，射界都会受到上层建筑的限制，无法实现360°全向覆盖。如果说中大型水面舰艇还能通过在舰艏和舰艉各安装 1 套系统来间接弥补，那么小型舰艇就只能通过自身的机动来调整发射角度，这种笨拙的方式在发现距离越来越小、机动速度越来越快、轨迹越来越复杂的现代反舰导弹面前就显得十分可笑。

美国 Mk 13 Mod 4 单臂发射架

美国 Mk 26 双臂发射架

英国"海标枪"舰对空导弹采用双臂发射架

→ 垂直发射系统有何优势

　　垂直发射系统（Vertical Launching System，VLS）是针对倾斜式导弹发射臂存在的反应时间长、发射速率低、载弹数量少、占用面积大等缺点而研制的一种舰用导弹发射装置，最早是用于潜艇上发射弹道导弹和远程巡航导弹。

　　最初，美国、英国、苏联等国并没有考虑研制舰载垂直发射系统。直到 20 世纪 60 年代中期以后，随着第三代战斗机和新型反舰导弹的研制，航母、巡洋舰、驱逐舰等水面舰艇面临的空中压力骤然增大，美国开始投入大量的财力研制舰载垂直发射系统。与倾斜式导弹发射臂相比，舰载垂直发射系统具有以下优点。

　　（1）反应快，发射速度快，而且能全向发射。舰载垂直发射系统的导弹都是封装好的，接到发射指令即可发射，即使遇到发射故障，也可以迅速选择其他发射单元来发射导弹，所以导弹发射速度可达每秒 1 枚。而且导弹发射升空后可向任意方向转弯飞行，具备全向攻击能力。而传统的倾斜式发射则存在导弹装填上架、发射架转向和俯仰等操作，同时架上导弹打完后还存在再装填问题，如果遇到故障导弹，还需要排除故障，因此反应时间和发射速度就慢了许多，正常情况下 5 ～ 10 秒才能发射 1 枚导弹。此外，倾斜式发射装置受到上层建筑的遮挡，以及旋回、俯仰等限制，射界有限，无法实现全向发射。

　　（2）模块化设计，通用化能力好。舰载垂直发射系统普遍采用模块化设计，没有甲板式弹库装填发射所需的复杂操作和控制部件，结构简单，明显减少了舰上所占空间，导弹又都是预先封装在发射箱（筒）内，大大减少了日常维护和保养的工作量，提高了全系统的可靠性。通用化是指舰载垂直发射系统实现了多种导弹共架发射，例如美国 Mk 41 垂直发射系统就能发射改进型"海麻雀"舰对空导弹、"标准"系列舰对空导弹、"阿斯洛克"反潜导弹、"战斧"巡航导弹、远程反舰导弹（Long Range Anti-Ship Missile，LRASM）等。

　　（3）重量轻，尺寸紧凑，制造和使用费用低。舰载垂直发射系统不需要回旋、俯仰的伺服系统，也不需要导弹上架系统，所以模块重

第 6 章

量大幅减轻，尺寸也很紧凑，对舰上的供电要求也很低。而结构上的简单化、标准化以及预先封装等技术的采用，又大幅降低了造价和全寿命使用费。

美国 Mk 41 垂直发射系统

法国"戴高乐"号航母在斜角甲板左侧设有垂直发射系统

→ 垂直发射系统如何避免哑弹

舰载导弹垂直发射系统分为热发射和冷发射两类。热发射系统是利用导弹本身的引擎产生推力将导弹射出发射管，因此系统本身并无动力，但装有排焰排气的机构。热发射系统的优点是效率较高，它能够节省发射系统的体积和重量，并降低其维护成本。但在安全性方面，热发射系统却比冷发射系统略逊一筹，因系统本身并无动力将有问题的导弹射出，当出现卡弹或其他的状况时，难以排除。

冷发射系统使用其他的机构（最常使用的是高压空气，利用气冲的方式将导弹弹射出去）将导弹弹射出去，待导弹离开发射管后，再点燃引擎。该系统的优点是安全性高，因为它能够有效地将故障导弹射离舰艇以保安全。此外，由于导弹离开发射管后才点燃引擎，因此冷发射系统不用承受点燃导弹所产生的高热火焰，使用寿命相对较长，对导弹气动外形改动也较小，有利于保证导弹的飞行性能。不过，相较于热发射系统，冷发射系统的效率较低。

在冷发射系统的实际使用过程中，导弹升空后不点火或者点火失败（俗称"哑弹"）极有可能危害发射舰艇。为此，如何避免"哑弹"造成的伤害是水面舰艇的安全性设计中必须考虑的问题。一般来说，影响"哑弹"砸回发射舰艇的因素主要是导弹出筒速度、出筒倾角和空中风速，要据此进行综合计算，才能得出"哑弹"砸回发射舰艇的概率，并在水面舰艇的设计中将这一概率尽量降到最小。

由于水面舰艇是在海洋上航行的，尤其是在对抗场景下，舰艇的航速较高，而且会出于战术需要，经常进行转弯，并且通常会受到海上风浪作用产生横摇和纵摇，因此在这样的情况下，"哑弹"砸回发射舰艇的概率就会变高。为了提高采用垂直冷发射系统的水面舰艇的安全性，海军工程人员需要进行大量的研究工作，通过仿真运算，估算水面舰艇在各种横摇条件下，"哑弹"砸回发射舰艇的概率，并根据这些结果，对水面舰艇的设计提出修改意见，最大限度地保证舰艇安全性。

意大利"加富尔"号航母设在右舷的垂直发射系统

严格来说，采用冷发射技术的舰载导弹垂直发射系统其实并不算真正的垂直发射，只能算是准垂直发射。在设计时为了保证发射舰艇的安全，往往会将发射轴向舷外倾斜一定角度，弹射发射的导弹以一定的角度离舰，即使导弹点火失败，导弹也会以较高的概率落入海中。

意大利"加富尔"号航母垂直发射系统特写

→ 反潜导弹有何优点

反潜导弹是一种导弹和鱼雷（或深水炸弹）相结合的反潜武器（或称火箭助飞鱼雷），是反舰导弹的一个分支。早在20世纪50年代，美国、苏联、法国、英国、意大利等国就已开始研制反潜导弹，至今已经发展了两代反潜导弹。目前世界各国研制的反潜导弹仅有十余种，其种类和数量都无法与反舰导弹相比，但却是威力巨大、不可或缺的中远程反潜武器。

反潜导弹可按不同的分类标准进行分类。按发射平台的不同，反潜导弹可分为舰载型、潜射型、机载型；按发射方式的不同，可分为倾斜回转发射架型和垂直发射型；按弹道特点的不同，可分为弹道式和巡航式。反潜导弹的射程主要取决于各发射平台的声呐、磁异探测仪等探测设备的性能，短则数千米，长则数百千米，其战斗部是各种安装在弹体前部或腹部内的声自导鱼雷或核深水炸弹。

反潜导弹是一种技术密集、复杂的水中兵器，尤其是第二代反潜导弹采用了许多高新技术，战术技术性能有很大提高，成为当今最有效的远程反潜武器。航母战斗群中的航母、巡洋舰、驱逐舰、护卫舰、潜艇等舰艇，以及多种型号的反潜飞机和反潜直升机，均可搭载反潜导弹，大大提高了航母战斗群的反潜能力。相比其他反潜武器，反潜导弹具有以下优点。

（1）速度快、射程远。第二代反潜导弹由于采用了新的推进方式和新的推进剂技术，使其飞行速度更快、射程更远。例如美国"海长矛"

反潜导弹采用了"大力神"助推器，其最大射程由 55 千米增加到 100 千米以上；澳大利亚"超伊卡拉"和欧洲"米拉斯"反潜导弹都以固体火箭发动机和涡轮喷气发动机相结合的方式使其速度和射程得以大幅度增加。

（2）发射平台和发射方式多样化。第二代反潜导弹不仅可从水面舰艇、潜艇上发射，还可从反潜飞机、反潜直升机上发射。在发射方式上可采用垂直发射方式，有效扩大了反潜范围。例如美国"阿斯洛克"反潜导弹、"海长矛"反潜导弹，俄罗斯 SS-N-19 反潜导弹等。

（3）标准化程度高。共架共存，方便导弹的储存、维修、补充和使用，是反潜导弹设计师所追求的重要目标。例如美国的垂直发射"阿斯洛克"和"海长矛"反潜导弹都装在弹筒内，既可由水面舰艇的垂直发射系统发射，又可由潜艇的鱼雷发射管发射。

（4）反潜成功率高。由于第二代反潜导弹可在 2 ～ 3 分钟内将其战斗部迅速投送到目标区上空，因此目标潜艇难以发现或来不及规避，很难逃脱打击。此外，第二代反潜导弹采用了性能更好的鱼雷，可在水中对目标进行自动搜索、跟踪和攻击，使反潜成功率大大提高。

（5）制导技术先进。第二代反潜导弹采用了计算机系统、惯性导航系统、遥控和复合制导等技术，例如"超伊卡拉"和"海长矛"反潜导弹都采用惯性导航技术，并用微机进行飞行控制，而"超伊卡拉"反潜导弹还可用舰艇或飞机实施遥控制导，以弥补发射舰艇探测设备作用距离近的不足，充分发挥反潜导弹射程远的优势，同时也便于组织反潜兵力之间的协同攻击。

（6）飞行弹道更趋合理。弹道式反潜导弹起飞加速快，而巡航式反潜导弹射程远，如果将两种弹道特点结合起来，其反潜性能将更好。例如"米拉斯"导弹的空中弹道可分为助飞爬升、巡航制导和战斗部入水三个阶段。在助飞爬升阶段，由固体火箭发动机助推，起飞时间短（类似于"阿斯洛克"反潜导弹）；在巡航制导阶段，由涡轮喷气发动机推进，能够修正航向，并具有掠海飞行能力（类似于"伊卡拉"反潜导弹）；在战斗部入水阶段，则由发射舰艇根据目标距离下达发动机关机指令突然减速，靠惯性将鱼雷抛出，打开降落伞使鱼雷减速入水（类似于"玛拉丰"反潜导弹）。

不同类型的反潜导弹，作战过程也有一定的区别。航母和其他水面舰艇搭载的舰载型反潜导弹，首先利用舰载声呐提供目标信息。在导弹点火升空后，由弹上制导装置控制飞行。如果战斗部是声自导鱼雷，则当导弹升空到预定点后，战斗部与弹体分离，之后从鱼雷尾部拉出减速伞，使鱼雷减速入水，接着减速伞自动脱落，鱼雷动力装置启动工作，开始自动搜索、跟踪和攻击目标；如果战斗部是核深水炸弹，则没有减速伞，战斗部与弹体分离后，核深水炸弹高速坠入水中，下沉到水中预定深度爆炸，利用核爆炸威力摧毁目标。

美国"海长矛"反潜导弹

美国"阿斯洛克"反潜导弹

→ 俄罗斯航母为何配备反舰导弹

航母战斗群进行反舰作战时，用于打击敌方水面舰艇的武器主要包括反舰导弹、精确制导炸弹、鱼雷、舰炮等。其中，反舰导弹拥有射程远、速度快、威力大等众多优点，成为打击敌方水面舰艇的主力。不过，现役航母自身配备反舰导弹的并不多，几乎只有俄罗斯"库兹涅佐夫"号航母，而美国、英国、法国、意大利、印度等国的现役航母都没有配备反舰导弹。

与美国及其他西方国家不同的是，苏联非常重视反舰导弹在航母上的应用。自20世纪60年代"莫斯科"级直升机航母投入使用以来，"基辅"级航母以及常规／核动力巡洋舰，都装备了远程反舰导弹。在冷战结束前，苏联建造了真正意义上的航母，即"库兹涅佐夫"号和"乌里扬诺夫斯克"号，它们仍然延续了反舰导弹设计，在前甲板下面配备了12单元垂直发射系统，可装填 12 枚 SS-N-19 超音速反舰导弹。苏联解体后，"库兹涅佐夫"号航母继续在俄罗斯海军服役，虽然多次进厂维修和局部升级，但仍然保留了 12 单元垂直发射系统。

　　航母的载机量是一个重要的指标，并以此来衡量航母的战斗力。如果"库兹涅佐夫"号航母拆除了 12 单元垂直发射系统，不仅能增加飞行甲板的可利用面积，还能增加舰载机数量。然而俄罗斯海军始终没有这样做。

　　为什么俄罗斯海军坚持为航母配备反舰导弹，影响其作战效率呢？这也要从苏联时代说起。苏联曾打算建立一支强大的航母舰队，然而二战改变了计划，特别是反舰导弹的问世，改变了苏联军方高层的心态。因此，苏联研制了多种反舰导弹。这些反舰导弹一度引起西方国家的恐慌和焦虑。直到冷战末期，苏联才开始设计建造真正的航母。然而，苏联军方高层仍坚持认为，航母必须配备远程反舰导弹，才能创造不对称的优势，胜过只配备舰载机的美国航母。实际上，当时苏联海军的水面舰艇落后于美国海军。为了进一步帮助苏联海军在与美国海军的对抗中获得优势，苏联建造的新航母必须装备大量的远程反舰导弹（还包括大量的远程舰对空导弹）。

　　苏联解体后，俄罗斯海军与美国海军的差距越来越大，俄罗斯已经不能像苏联那样在海面上维持强大的威慑力。为弥补不足，俄罗斯海军舰艇需要在短期内大量装备反舰导弹，以此形成不对称能力。所以，"库兹涅佐夫"号航母得以继续保留 12 枚 SS-N-19 超音速反舰导弹。还有专家认为，发射反舰导弹进行饱和攻击，远比同样规模的舰载机从航母上发动空袭容易，而且更省钱。鉴于这些原因，配备反舰导弹的航母将在俄罗斯海军一直存在下去。

运输中的 SS-N-19 反舰导弹

俄罗斯"库兹涅佐夫"号航母的 SS-N-19 反舰导弹发射装置

→ 近防系统有何优点

　　航母战斗群是远洋海战的主要力量，就其防御而言，大致可分为 3 个区域，即远程防御区、中程防御区和近程防御区。所谓远程防御区，主要由舰载预警机、战斗机及航母本身及其护航舰艇上的中程防空导弹、搜索雷达等系统构成。当预警机和搜索雷达发现入侵时，便可在第一时间做出反应，变被动为主动，让战斗机和防空导弹进行拦截。中程防御区以近程防空导弹及电子干扰系统为主，但近程防空导弹不能很有效地对低空、高速的反舰导弹进行拦截，而电子干扰系统也无法保证 100% 的干扰成功率，所以难免会有一些"漏网之鱼"突破前两道防线。这样一来，整个航母战斗群就会完全暴露在敌方可视范围内，每艘舰艇都将成为"活靶子"。此时，航母及其他护航舰艇就需要最后一道防线——近防系统。

　　近防系统的发展与航母的发展及反舰导弹的发展有着紧密的联系。早期航母的固定武器主要有 100 毫米以上口径舰炮、20 ～ 30 毫米高射炮及高射机枪。这些高射炮及高射机枪多为人工操作，其射速低、精度低、毁伤能力低，不能给航母有效的保护。此外，更多的防空任务则交给其他护航舰艇，整个航母战斗群的防空能力十分有限。之后，近程防空导弹为航母所应用，使航母的防空能力有所提高。然而，反舰导弹的速度越来越快、隐身能力越来越好、自身规避能力越来越强，使防空导弹有时也无能为力。因此，近防系统受到了一些国家的关注，他们纷纷着手研制新一代的防空武器，用小口径舰炮发射高速密集炮弹来拦截反舰导弹及战机。

　　在这种背景下，美国的"密集阵"、荷兰的"守门员"、俄罗斯的"卡什坦"、西班牙的"梅罗卡"等近防系统应运而生。虽然这些近防系统的设计并不相同，但它们拥有一些共同的优点。

　　（1）精确度高。在实战中，如果反舰导弹突破了远程防御区和中程防御区，那么航母的安危就落在近防系统上了，所以不允许它们出现大的失误。正因为近防系统担负的任务十分重要，所以各国都非常重视其精确度，要求近防系统必须在有限的时间里拦截一切入侵者。例如美国的"密集阵"系统、荷兰的"守门员"系统就集跟踪雷达、搜索雷达和火炮于一身，提高了目标指示精度；西班牙的"梅罗卡"系统、俄罗斯"卡什坦"系统将跟踪雷达放在火炮炮架上，以减少船体其他部位对近防系统的影响，进而减少误差；意大利的"海上卫士"系统在舰炮的摇架上增加了支架结构，减少了因炮管射击产生的震动误差。

（2）火力密度大。作为航母的最后一道防线，近防系统的火力密度是十分重要的。射速的提高可以使近防系统在有限的时间里多发射上百发炮弹。因此，提高射速一直是各国研究的重点。例如采用将转管炮和转膛炮组合成多联装火炮。俄罗斯的"卡什坦"系统联装了 2 座 6 管30 毫米转管炮，最大射速达到 10000 发 / 分。荷兰的"守门员"系统，其 GAU-8/A 型 7 管 30 毫米火炮射速为 4200 发 / 分。

（3）毁伤力高。反舰导弹对航母等水面舰艇的威胁不断增加，采用高新技术发展新型小口径弹药增强末端反导能力是发展趋势。为提高弹丸对目标的毁伤能力，各国进行了大量研究，开发了炮射可编程弹药、40 毫米可编程近炸引信预制破片弹、尾翼稳定脱壳穿甲弹等新型弹药，对导弹等空中目标的作战效能大大提高。如俄罗斯的"卡什坦"系统中的 6 管 30 毫米转管炮采用 30 毫米触发引信高爆榴弹，弹丸命中后虽不能穿透导弹战斗部引发爆炸，但可以利用弹丸碰撞目标的动能和弹内炸药产生的爆炸波以及爆炸的碎片来毁伤目标，使导弹偏离航线。

（4）适应性好。近防系统有良好的通用性和适应性。因为航母战斗群中的各类水面舰艇都需要近防系统的保护，对航母来说更为重要。为达到这一目标，各国都尽力使近防系统轻型化、小型化，使其结构紧凑。如美国的"密集阵"系统重量为 5.5 吨；荷兰的"守门员"系统重量为 6 吨；意大利的"海上卫士"系统重量为 4.5 吨。

（5）探测跟踪手段先进。近防系统重视多手段探测及跟踪目标的能力。如美国"密集阵"系统的后期型号增加了红外前视仪，提供可靠的 24 小时被动搜索及跟踪能力，以及多光谱探测能力，使"密集阵"系统在面对掠海飞行的目标时有更强的对抗能力，从而提高了"密集阵"系统在复杂环境下的对空作战能力。

美国"密集阵"近防系统

荷兰"守门员"近防系统

西班牙"梅罗卡"近防系统

俄罗斯"卡什坦"系统

→ 近防系统如何安装

为了充分发挥近程防御武器系统的优点，水面舰艇安装这种系统的位置颇有讲究。首先应该考虑到能够防御不同方向来袭的目标，一般在驱逐舰、护卫舰上安装2座近防系统就能达到全方位防御的要求，但在航母上的数量有明显增加。由于航母的船体庞大、机动性能较低、上层建筑复杂，所以需要3～4座近防系统才能满足全方位防御需要。

以美国航母为例，"小鹰"级、"企业"号以及"尼米兹"级航母的前两艘均只安装了3座"密集阵"系统，而"尼米兹"级航母的后续舰则安装了4座"密集阵"系统，以确保拦截各个方位来袭的导弹及战机，不留死角。

考虑水面舰艇的整体布置，在一艘舰艇上，近防系统通常安装在较高的位置，射击时可以较少受到舰艇上其他设备的影响，确保方位射界。但航母要考虑的因素就很多了。航母有宽阔的飞行甲板，为了舰载机能够安全起降，飞行甲板上安装了许多特殊设备，近防系统不能安装在起降面上以防影响飞机起落。因此，在飞行甲板的一侧，近防系统被安装在甲板下层平面上，且高度不可以超过飞行甲板，所以安装位置比较低，其方位射界相应减小。因此，在航母上需要多座近防系统来完成防御任务。

例如，美国"尼米兹"级航母采用4座"密集阵"系统，安装在舰艏的左右两侧。俄罗斯"库兹涅佐夫"号航母上的30毫米 AK-630 反导速射舰炮在左右舷台上成对安装，在艉部的左右舷台上单座安装，"卡什坦"炮弹合一系统对称地安装在前后部。

美国"尼米兹"级航母安装的"密集阵"系统

俄罗斯"卡什坦"系统侧面视图

→ 近防系统能否拦截高速反舰导弹

虽然近防系统（简称近防系统）被称为水面舰艇对空防御的最后一道防线，但是面对高速（超音速、超高音速）反舰导弹，它仍然显得力不从心，现役大多数近防系统很难拦截速度超过2马赫的反舰导弹。目前，近防系统在对付高速反舰导弹以及末端机动的反舰导弹时，面临的挑战主要有以下几个方面。

（1）系统反应时间。新一代超音速反舰导弹大都采用低空甚至超低空掠海飞行，使得水面舰艇难以在远距离发现来袭导弹。当目标速度大于3马赫后，现役大多数近防系统都没有足够的反应时间对目标实施拦截，最终会导致拦截失败。

（2）有效拦截区段发射的弹数。近防系统对反舰导弹的最佳拦截区段通常都在2～3千米以内，当反舰导弹飞行速度越来越快后，在同样的有效拦截区段内火炮能够发射的弹数将越来越少，势必会减小拦截成功概率。以俄罗斯"卡什坦"系统为例，在有效拦截区段内，当来袭导弹速度达到3马赫时，至少需要发射400发炮弹才能成功拦截，而"卡什坦"系统很难在这么短的时间和距离里发射这么多的炮弹。

（3）系统跟踪预测的精度。反舰导弹的高速机动飞行，特别是末端的不规则机动，将导致火控解算精度的大幅度降低。由于近防系统发射的炮弹与目标相遇需要飞行一段时间，所以在炮弹飞行时间内对超音速和末端机动反舰导弹运动规律的准确预测，是决定炮弹命中精度最为关键的因素。

（4）弹丸的威力。现代反舰导弹的威力不断增大，对近防系统的炮弹威力也带来了严峻挑战。如果近防系统的炮弹威力不足以迅速消灭目标，那么反舰导弹上威力巨大的战斗部仍然有可能对舰艇造成很大的伤害。此外，在近距离命中时，还可能会出现由推进燃料等造成的附加破坏效应。

（5）对多目标的处理能力。饱和攻击曾被苏联海军元帅戈尔什科夫誉为"对付航母编队最好也是唯一的办法"。如今，航母及其护航舰艇仍然可能受到多枚反舰导弹的协同攻击。对近防系统而言，对付多目标的能力实际上考验的是火炮动态跟踪、多目标预测和结算以及随动系统的火力转移能力。

美国"里根"号航母的"密集阵"系统
正在开火

美国"斯坦尼斯"号航母的"密集阵"
系统正在开火

荷兰"守门员"近防系统正在开火

→ 现代航母是否需要舰炮

　　舰炮是海军最古老的舰载武器，在 20 世纪水雷、鱼雷、舰载机和导弹武器出现之前，它一直是海军舰艇的主战武器。一战期间，水雷、鱼雷的出现并没有撼动舰炮主战武器的地位。二战期间，搭载舰载机的航母取代以大口径舰炮为主战武器的战列舰，成为新的"海上霸主"，舰炮的作用有所下降。不过，当时有不少航母也安装了中大口径舰炮，例如美国的"约克城"级、"列克星敦"级和"埃塞克斯"级，以及日本的"赤城"号、"信浓"号等。

　　20 世纪 60 年代，反舰导弹的出现，以及各类精确制导武器的大量应用，使舰炮面临有史以来最大的一次挑战。这些精确制导武器射程远、命中率高、破坏威力大、作战效能好，舰炮与其相比相形见绌。因此，一度有人提出：现代军舰可以不装舰炮，导弹可以完全取代舰炮。不过，在经过多次的实战检验之后，舰炮的不可替代性得到了重新确立。

　　1982 年英阿马岛战争期间，英国 Mk 8 型 114 毫米舰炮共发射了包括诱饵弹在内的 8000 余发炮弹，有效地打击了阿根廷的空中和地面有生力量。据英国司令部白皮书记载，由 Mk 8 型 114 毫米舰炮击落了 7 架阿根廷飞机；1991 年海湾战争期间，美国动用了 2 艘"衣阿华"级战列舰（"密苏里"号和"威斯康星"号），使用舰上的 406 毫米超大口径舰炮连续数日对伊拉克军队部署在滨海地区的军事目标进行了猛烈的轰击，共发射 100 余发炮弹，弹丸重量总计 100 余吨，摧毁了伊军岸防导弹阵地、岸炮阵地、雷达站、指挥所等多处军事目标，使伊军遭受重大损失。由此可见，虽然导弹的出现使舰炮沦为辅助性武器，但它仍将是现代水面舰艇上必不可少的武器，在对陆攻击时也能发挥一定作用。

现代舰艇的中小口径舰炮，反应快速、发射率高，与导弹武器配合，可遂行对空防御、对水面舰艇作战、拦截掠海导弹和对岸火力支援等多种任务。随着电子技术、计算机技术、激光技术、新材料的广泛应用，形成由搜索雷达、跟踪雷达、光电跟踪仪、指挥仪等火控系统和舰炮组成的舰炮武器系统。制导炮弹的发明，脱壳穿甲弹、预制破片弹、近炸引信等的出现，又使舰炮武器系统兼有精确制导、覆盖面大和持续发射等优点，成为舰艇末端防御的主要手段之一。

目前，美国"尼米兹"级、英国"伊丽莎白女王"级、俄罗斯"库兹涅佐夫"号、法国"戴高乐"号等大中型航母都安装了近防系统，其核心为20毫米或30毫米口径的小口径机炮。而意大利"加富尔"号轻型航母不仅装有近防系统，还配备了2门"奥托·梅莱拉"76毫米舰炮。这种舰炮的特点是重量轻、射速快、操作人力需求少，可以执行近距离防空、打击水面舰艇及对岸火力支援等多种任务。

美国"里根"号航母安装的25毫米Mk 38机炮

意大利"加富尔"号航母在舰艏安装了"奥托·梅莱拉"76毫米舰炮

大型航母为何装备机枪

排水量小则 1 万吨、大则 10 万吨的航母，似乎怎么也不会与小小的机枪联系到一起。特别是美国"福特"级航母这种集众多高精尖技术于一身的新型航母，好像也和惯常由步兵操作的机枪扯不上关系。然而实际情况却出乎很多人的意料，"福特"级航母配备了 4 挺 12.7 毫米 M2 重机枪。无独有偶，英国"伊丽莎白女王"级航母也配备了 6 挺 M134 加特林式旋管机枪。

事实上，大型航母配备机枪自有用途。美国航母一般是在实弹演习、小艇迫近、港口存在安全隐患期间安装重机枪。在低威胁的时候，重机枪一般收起储存入库，只有在需要的时候，才会被装到飞行甲板边缘的机枪架上。航母的干舷很高，拥有很好的视界，可以居高临下进行射击。在航母舷侧，每隔一段距离都会布置机枪架，做到了 360° 无死角。

在美国航母上，航空军械员负责鱼雷、炸弹、火箭弹、近防系统、导弹和单兵武器的储存、维护和装卸。在飞行甲板上，他们也是最懂得操作重机枪的人。他们除了负责维护武器外，还会定期参加实弹射击演练，主要课目是拦截迫近的小艇。重机枪进行实弹演习的时候，射击目标通常是一种被称为"红番茄"的充气式靶标。其体积和小艇相当，能够击中这种浮动靶标，打小艇就没有问题。

有人会问，航母上不是装有"密集阵"系统吗？没错，"密集阵"系统确实可以用来打击迫近的小艇，但未免有些大材小用，使用成本也太高。况且"密集阵"系统属于拦截反舰导弹的最后一道防线，没有人敢轻易使用。

美国"尼米兹"号航母配备的重机枪

美国"布什"号航母配备的重机枪

→ 航母上的士兵为何要配枪

在军队中，士兵们平时除了主要的训练任务之外，还有一个经常执行的任务，那就是站岗巡逻。无论烈日高照，还是大雨滂沱，士兵们都会坚守在自己的岗位上，恪尽职守。在站岗巡逻过程中，士兵们需要提高警惕，随时关注自己身边的动态，以应对可能发生的任何突发状况。如此一来，士兵们在这个过程中也会得到特殊的锻炼。那么，航母上的士兵需要站岗巡逻吗？

航母一旦出海，舰上就不会有外人出入，而且以现代航母的安全程度，站岗巡逻似乎多此一举。其实不然，世界各国海军都会给士兵们配发枪械。枪械是军人必备的随身武器，熟练操作枪械也是军人必须掌握的技能。如果连枪都没有，何谈军人素养？即便是安全环境很好的航母，也会给士兵们配发枪械。事实上，海军士兵配枪并不只是象征意义，而是有着实用价值。对于航母上的士兵来说，配枪主要有以下几种作用。

（1）防海盗。正常情况下，没有海盗敢劫持航母，甚至在他们还没有靠近的时候就已经被消灭了。然而凡事无绝对，万一有小股海盗或者是特种部队渗透到了航母下方，此时航母上的各种武器都处于攻击死角，根本打不到敌人。如果士兵没有配备枪械，也就无法有效消灭敌人。所以给士兵配备枪械是必需的，可以用来防止意外事件的发生。与航母相比，巡洋舰、驱逐舰和护卫舰遭遇海盗的概率更高，因为它们经常会执行商船护航任务。当军舰发现海盗时，通常情况下不会第一时间开炮，而是会发出警告，警告的方式通常以喊话和士兵开枪为主，如果无效才会下令开火。所以巡洋舰、驱逐舰和护卫舰上的士兵都会配发枪械。

（2）内部执法。与海盗来袭一样，航母上发生叛乱的概率也很小，但也不是完全没有可能。一旦发现航母内部有叛乱，势必要依靠枪械进行镇压。

在"企业"号航母上进行射击训练的美军士兵

（3）航母在靠港补给、整顿休息、战斗部署时都需要士兵持枪守卫。此外，在海军的外交礼仪中也必须持枪，枪械是海军外交的重要道具。

美国"企业"号航母上持枪巡逻的士兵

美国"企业"号航母通过苏伊士运河时士兵在甲板上持枪警戒

深水炸弹是否过时

深水炸弹是一种用于攻击潜艇的水中武器，又称深弹（Depth Charge）。深水炸弹通常装有定深引信，在投入水中后下沉到一定深度或接近目标时引爆以杀伤目标。深水炸弹价格低廉、使用方便、装药填充系数高，能在浅水使用，通常以齐射（投）散布覆盖方式攻击潜艇。按照装备对象的不同，深水炸弹可分为舰载深水炸弹和航空深水炸弹两大类。

深水炸弹是传统的、有效的常规反潜武器。二战时期，深水炸弹反潜一直是主要的反潜手段，其反潜战绩优于水雷、航空炸弹和舰炮。二战中损失的潜艇半数以上是由深水炸弹击毁的。战争期间，多数深水炸弹是由舰载机和护航舰艇投放，但也有航母自身配备了深水炸弹。当时，日本征用了一批大型高速客轮改装成轻型航母以弥补其航母数量的不足。这些改装的轻型航母最开始执行向太平洋岛屿运输飞机的任务，1943 年底改为执行商船护航任务。然而这些轻型航母的体形大、速度慢，且缺乏有效的反潜手段，所以没能消灭多少美国潜艇，反倒被美国潜艇击沉了 4 艘。日本承受不起这种损失，于是想方设法加强仅剩的一两艘轻型航母的自卫能力。由"阿根廷丸"号客轮改装而来的"海鹰"号航

母便配备了 8 枚深水炸弹。这些深
水炸弹被放置在舰艇深水炸弹投放
架上，准备直接用来攻击美国潜艇。

二战后，随着潜艇技术的发
展，深水炸弹的投掷方式和投射距
离已远不能满足现代反潜战的需
要，它的反潜地位逐渐被鱼雷取代。
尽管深水炸弹在整个反潜战中下降
到次要地位，但在近海反潜战中仍
有一定的经济性和有效性，对付
30 米以内的潜艇效费比极高。因
此，深水炸弹并没有被淘汰。不过，
现代航母自身已经不再配备深水炸
弹，而是由舰载机和护航舰艇投放。
目前，世界各国使用的深水炸弹包
括俄罗斯 RGB-60 深水炸弹、英国
Mk 2 深水炸弹、意大利 MS500 深
水炸弹、瑞典 SAM204 深水炸弹、
智利 AS-228 深水炸弹等。

二战时期美国使用的 Mk 9 深水炸弹

俄罗斯 RGB-60 深水炸弹的发射装置

→ 箔条干扰弹有何作用

虽然现代电视成像制导、卫星制导的导弹已经很普及，但对付舰船
和飞机的反舰导弹、空空导弹、地空导弹、舰空导弹，仍然以雷达制导
和红外制导这两种模式为主，因此战机和舰船的软反导模式还是以发射
箔条干扰弹和热焰弹为主。

箔条干扰弹是一种在弹膛内装有大量箔条以干扰雷达回波信号的信
息化弹药，其造价低廉，使用方便，易获得宽频段特性，能同时干扰不
同方向、不同频率、不同机制的多部雷达。但对脉冲多普勒雷达，干扰
效果较差。同时，易受当时气象因素的影响。

　　箔条干扰弹是现代化的战机和舰船上必备的软反导手段。航母、两栖攻击舰、驱逐舰等水面战斗舰艇都会安装干扰箔条发射器，用于发射箔条干扰弹。以俄罗斯"库兹涅佐夫"航母为例，该舰装有 2 座 PK-2 干扰箔条发射器和 10 座 PK-10 干扰箔条发射器，可发射大量的箔条干扰弹，足以在海面上完全遮蔽航母庞大的舰体。

　　箔条干扰弹通常有干扰丝、干扰片、干扰带（绳）等形式，其长度约为被干扰雷达波长的一半。干扰丝多用玻璃纤维、尼龙丝做基体，表面涂覆铝、锌、银等金属，直径在十几微米至几百微米之间，常用直径为 25 微米。干扰片、干扰带多采用延展性好、比重轻的铝箔制成，厚度一般为 8～25 微米。为便于使用和储存，一般将箔条包装成束、卷、包，组合成捆。使用时，由装在军舰、飞机或地面上的投放（发射）装置投射到空中，在气流的作用下散开形成箔条云。箔条云非常轻，能在空中飘浮很长的时间。在万米高空抛撒大量箔条干扰弹，甚至会持续飘浮干扰 24 小时以上。箔条干扰弹对绝大多数雷达信号的干扰能力极强，堪称无源干扰模式中的"杀手锏"。

　　箔条干扰弹的战术使用方式主要有以下几种：在空中大面积连续投放，形成干扰走廊或干扰屏障，以掩护己方机群的作战行动；间断投放有效反射面与真正目标相近的箔条包，形成许多雷达假目标，造成敌方雷达操作人员判读困难及数据处理系统过载；飞机、舰船在受到敌方雷达跟踪时，投放能迅速散开的箔条包或发射迅速爆炸的箔条弹，形成雷达诱饵，以摆脱敌方雷达的跟踪。

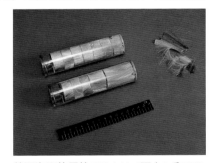

美国海军使用的 RR-144（图左）和 RR-129（图右）箔条干扰弹

→ 美国为何放弃反鱼雷防御系统

　　早在 2014 年，美国海军就已经提出放弃航母上的反鱼雷防御系统（ATTDS）。2019 年 2 月，美国国防部武器测试与评估办公室的一份报告中正式对外宣称，ATTDS 系统将在不久的未来被正式移除。为什么被安装在美国 5 艘航母上的具有革命性意义的新型反鱼雷防御系统会被移除呢？

ATTDS 系统由两个子系统组成：一是来袭鱼雷警示系统（TWS），二是对抗鱼雷威胁的反鱼雷系统（CAT）。ATTDS 系统的工作原理为：当 TWS 系统检测到威胁后，就会将收集到的目标信息传递到计算机中，计算机随即判断目标威胁度和预计弹道，然后通过 CAT 系统的 171 毫米反鱼雷发射器，射出 1 枚重约 220 磅（约 100 千克）的类似鱼雷的水下导弹，通过动能撞击或者爆炸的方式摧毁来袭的鱼雷，从而保障航母自身的安全。

然而，美国国防部武器测试与评估办公室的报告中称，ATTDS 系统存在着"不可避免"的问题。由于在 ATTDS 项目上仅仅花费了 7.6 亿美元，导致 TWS 系统无法对目标做出合理的威胁评估，进而影响到了目标鱼雷被精确摧毁的概率。另外，报告还披露 TWS 系统存在虚假目标警报或者误报的严重问题，这意味着反鱼雷防御系统会被友方舰艇发射的鱼雷所混淆。由于 ATTDS 系统是一种近程防御武器，为了达到快速反应的能力，势必需要依赖计算机的自动处理系统来应对即将到来的威胁，所以在实战时，TWS 系统存在的误报和虚假目标警报很有可能会造成严重问题。

此外，ATTDS 系统完全是通过美国和北约盟友所生产的鱼雷进行武器测试的，美国海军无法模拟外国鱼雷来袭进行武器测试。美国海军认为，目前一些新型鱼雷就能躲避 TWS 系统的侦测。这就决定了即使 ATTDS 系统具有"一定的防御能力"，但也不能成为一种成熟的饱受美国海军信赖的防御武器。

ATTDS 的 CAT 系统正在发射防御拦截鱼雷

ATTDS 系统由美国宾夕法尼亚大学的应用研究实验室研发，最早将于 2022 年投入全面服役状态，但随着美国国防部武器测试与评估办公室的报告发布，ATTDS 系统将在 2023 年之前从美国航母上彻底移除已是定局。

航母如何进行弹药补给

兵马未动，粮草先行。自古以来，强有力的后勤保障是取得战争胜利的主要因素之一，这在海战中显得尤为重要。现代战争中，"粮草"的概念已经不再局限于食宿用品，武器弹药和燃油等物资的补给是其中最重要的一环。因为航母战斗群拥有各类舰载机以及对陆、反舰、反潜和防空武器，作战能力十分强大。在海上执行作战任务时，其弹药消耗量往往也非常大，通常 3 ～ 5 天进行一次战斗补给，具体补给时间的长短要看战争剧烈程度以及消耗的情况而定。因此，航母战斗群所需弹药、备件等各种补给品需要综合补给船补给。

以美国海军为例，一般每个航母战斗群配 1 艘综合补给船，在给航母战斗群补给弹药、装备等固体货物时，主要采用两种方法。第一种方法是由直升机直接送上航母，再搬到货物升降机，或由补给飞机直接飞到航母上降落，水兵把飞机推到飞机升降机口，再推进机库完成补给。第二种方法类似液体补给，是通过航母供应补给系统把打包好的弹药一箱箱送上航母。航母供应补给系统是由舰艉的一台吊车和舰艉右侧的另一台吊车组成的，吊车可以水平和竖直转动，可将武器弹药等物资吊装运进舰内或甲板上。

美国海军弹药补给速度较高，在高强度战争条件下，1 艘 50000 吨级的综合补给船，可使单航母战斗群的作战潜力提高 50% ～ 100%。以"萨拉门托"级快速战斗支援舰为例，该级舰满载排水量 53000 吨，航速 26 节，可装载弹药 1600 吨，其装载量是 1 艘常规动力航母弹药储备的 80%。该级舰 15 个补给站中，导弹补给站有 2 个，干货补给站有 4 个，每小时弹药及干货传送量为 120 吨。垂直补给时使用搭载的 2 架 CH-46 直升机，每架 1 小时可补给弹药等固体物品 50 吨。如果补给站全部补给弹药，1

小时可补给 500 吨，效率非常高。在战区内实施伴随补给时，每 2 ～ 3 天为航母补给 1 次，每次仅需 2 ～ 3 小时，如 4 ～ 5 天补给 1 次，每次补给需要 4 ～ 6 小时，整个航母战斗群的补给时间就更长。

美国"里根"号航母的军械员在搬运导弹

美国"卡尔·文森"号航母（上）和"萨拉门托"级快速战斗支援舰（中）

第 7 章
舰载机篇

二战时期，舰载机的战略地位已经非常明显，搭载了舰载机的航母对战列舰形成碾轧之势，给海战带来革命性变化。二战后，战斗机迎来一次革命性巨变，喷气式战斗机的出现颠覆了以往的空战模式，航母也随之做出改变。发展至今，舰载机的性能越来越先进，能建造合格航母的国家也越来越少。本章主要就航母舰载机相关的问题进行解答。

→ 概 述

　　舰载机是航母的主要武器，其性能决定航母的战斗能力，航母载机量越多，实力也相对越强。航母本身也是为了让飞机起降、维修以及使其能长期作战而存在。战列舰配备的舰炮武器的最大攻击距离仅有 40 千米左右，而航母搭载的舰载机有着 1000 千米以上的作战航程，还可通过空中加油的方式延长航程，并能在攻击完成后回到航母上装载弹药，再度起飞攻击。在海战中，舰载机具有的作战持续性和任务多样性，也是它与巡航导弹最大的不同。

　　若按用途来划分，舰载机可分为战斗机、攻击机、轰炸机、反潜机、鱼雷机、预警机、电子战飞机、直升机和侦察机等，其中攻击机和战斗机为主力机型；若以布局和起降方式为依据，舰载机还可分为直升机、传统起降飞机和垂直起降飞机。在如今大规模战争不再、军费缩减、航母空间有限的背景下，舰载机的发展趋势是功能多样化，专职的水平、俯冲轰炸机并入攻击机，很多专职战斗机退役，被战斗轰炸机与战斗 / 攻击机取代，专职的舰上鱼雷机与侦察机也从航母上消失。

　　现代航母的主力舰载机是战斗机、攻击机、战斗 / 攻击机。目前，服役中的机型有美国的 F/A-18 "大黄蜂" 战斗 / 攻击机（包括 F/A-18E/F "超级大黄蜂"）和 AV-8B "海鹞 II" 攻击机，法国的 "阵风" M 型战斗机，俄罗斯的苏 -33 "海侧卫" 战斗机和米格 -29K "支点" 战斗机等。美、英等国正在列装新一代的 F-35 "闪电 II" 战斗机，该机为第五代战斗机，拥有隐身与垂直 / 短距起降的能力，其 C 型与 B 型将分别取代 "大黄蜂" 系列战斗 / 攻击机和 "海鹞" 系列攻击机。

美国 "福特" 级航母搭载的 F/A-18 "大黄蜂" 战斗 / 攻击机

美国"尼米兹"级航母搭载的 AV-8B "海鹞 II"攻击机

法国"戴高乐"号航母搭载的"阵风"M 型战斗机

→ 舰载机与陆基飞机有何不同

　　航母是一个尺寸有限的海上浮动平台，这就使在该平台上起降并存放的舰载机具有一些与陆基飞机不同的特殊设计要求和使用维护特点。

　　（1）舰载机的起降性能更为优良。受海洋气象条件和风浪的影响，航母不时摇晃，甲板飞行区域面积有限，这些都增加了舰载机起飞和降落的难度。因此，舰载机通常重心低，抗倾倒能力强，具有比陆基飞机更好的起降性能、较低的降落速度以及良好的低速操纵性。

　　（2）起降方式不同。由于航母起飞甲板长度有限，舰载机通常要借助弹射器起飞。起飞时，舰载机上的挂钩与弹射器相连，在自身发动机推力和弹射力共同作用下，只需滑跑几十米便能脱钩飞离甲板升空。降落时，舰载机借助自身的拦阻钩和航母上的拦阻索，只需滑跑很短的距离就能强行停止。因此，舰载机的机体结构更为坚固，起落架的减震性能更好，能承受得住弹射起飞加速度和降落时的冲击负荷。

　　（3）大多数舰载机都有折叠结构。这种设计的目的既是缩减舰载机在甲板停机坪上的占用面积，以便多放一些值班飞机，同时也便于舰载机在空间有限的舰内机库存放，多数舰载机的机翼可在停放时向上折叠，有的机头和垂直尾翼还可折转。另外，舰载机的机体上有系留装置，可将飞机系留在舰上，以防止舰船剧烈摇摆时飞机翻倒。陆基飞机却没有必要设计成这样的结构。

　　（4）舰载机的抗腐蚀能力比较强，以抵御海水的侵蚀。由于航母

第7章

的可移动性，在许多情况下，它可能会遭遇几乎所有的天气和环境状况。高海况、低温、强风和腐蚀性盐雾，为海上活动的人和机械制造了极其苛刻的环境。在这种环境下，以常用的镁、铍等材料来制造舰载机并不合适，必须选用综合性能良好的材料，尤其对疲劳强度和断裂韧性要求高。舰载机的结构材料和功能材料必须有良好的三防性能，即防盐雾、潮湿及霉菌的能力。与此同时，还应采用先进的表面防护技术对舰载机进行表面防护处理，并采用密封等措施来隔离环境的腐蚀作用。

此外，舰载机的研制费用和售价均高于多数同类陆基飞机，而且有的技术复杂，还要求由高等级的飞行员驾驶。

系留在"布什"号航母飞行甲板上的 F/A-18"大黄蜂"战斗 / 攻击机

法国"阵风"M 型舰载战斗机借助弹射器起飞

美国 E-2"鹰眼"舰载预警机

→ 各类舰载机的作用是什么

航母的主要武器就是几十架甚至上百架舰载机，包括战斗机、攻击机、反潜机、预警机、侦察机、空中加油机、运输机等，有的还有电子战飞机、无人机等。航母搭载了上述各种舰载机后，形成强大的综合作战能力，使航母成为舰队的核心。

　　舰载战斗机一般具有战斗和截击两种功能。其主要任务：一是进行空战，消灭和打击敌方战斗机，夺取作战区的制空权和制海权，保证己方的攻击机顺利执行攻击任务；二是与己方预警机构成航母的防空体系，当预警机发现敌方进攻的飞机和导弹时，在预警机和舰上指挥中心的指挥和引导下去截击敌方的飞机和导弹，将其击毁，以保护己方舰船不受敌方的攻击。舰载战斗机的代表机型有美国 F/A-18 "大黄蜂"战斗 / 攻击机、俄罗斯米格 -29K "支点"战斗机。

　　舰载攻击机的主要任务是对敌方海上和陆上目标实施轰炸和攻击，它是航母的主要攻击力量。其特点是：攻击火力强，攻击武器是鱼雷、导弹和炸弹；机动灵活，它比一般轰炸机的体积小、重量轻，能进行低空和超低空飞行，有的能垂直/短距起降；既能轰炸，又能空战；航程较远。舰载攻击机的代表机型有美国 AV-8B "海鹞 II"攻击机。

　　舰载反潜机的主要任务是搜索和攻击敌潜艇。它的速度要比舰艇的速度快得多，这就使它能够及时到达指定的海域，在较短的时间内，完成大海域的搜索和攻击敌方潜艇的任务。反潜机具有良好的低速、低空性能，航程远，续航时间长，容易对敌方潜艇实施低空连续跟踪和重复捕捉。舰载反潜机的代表机型有美国 S-3 "维京"反潜机。

　　舰载预警机是用于舰队的防空预警，并能指挥引导己方飞机遂行作战任务的舰载机，有固定翼预警机和预警直升机两类。其中，固定翼预警机可随航母到远洋活动，机内装有雷达、敌我识别、情报处理、指挥控制、通信、导航和电子对抗等设备，能综合分析判断目标信息，识别目标，判断威胁程度，选择攻击武器，向海上指挥系统提供情报，引导己方飞机或防空导弹攻击目标。舰载预警机的代表机型有美国 E-2 "鹰眼"预警机。

　　舰载侦察机的主要任务是获取敌方军事情报，为舰队作战提供敌情资料。电子侦察是这种飞机的主要侦察方式。机上的电子侦察设备，能接收敌方雷达和通信设备工作时所发射的无线电波，通过截取敌方无线电信息，测定敌方设备的性能和位置。电子侦察的主要对象是敌方的早期预警雷达、火控雷达和海面拦截设备等。固定翼舰载侦察机在二战时期比较常见，二战后逐渐淘汰。目前，部分国家正在发展舰载无人侦察机。

舰载空中加油机是专门用来给空中作战飞机进行加油的。它主要装载燃油，通过加油机上的加油系统将燃油输给其他空中飞行的舰载机，以提高舰载机的航程。舰载空中加油机的代表机型有美国MQ-25"黄貂鱼"无人加油机。

舰载运输机的主要任务是运送兵员、武器装备和其他军用物资。由于航母的甲板十分拥挤，所以不能像陆地跑道那样起降大型战略运输机。但是航母远离陆地，也有运输的需求。目前，只有美国拥有能在航母上起降的运输机，即C-2"灰狗"运输机。这种拥有折叠机翼的小型运输机可以降落在航母甲板上，并且可以借助甲板上的蒸汽弹射器系统实现短距离弹射起飞。

舰载电子战飞机的主要任务是使用电子对抗设备干扰敌方的雷达和无线电通信设备，使之不能正常工作，从而掩护己方飞机顺利执行作战任务。舰载电子战飞机的代表机型有美国EA-18G"咆哮者"电子战飞机。

美国F/A-18"大黄蜂"战斗 / 攻击机

美国"里根"号航母及其搭载的各类舰载机

印度从俄罗斯进口的米格 -29K "支点 D"
战斗机

美国 S-3 "维京" 反潜机

➤ 舰载直升机反潜有何优势

　　舰载直升机在海战中的有效性，在英阿马岛战争和海湾战争中已经得到充分证明。英阿马岛战争中，英军的"黄蜂"直升机发射 AS-12 反舰导弹攻击阿根廷的"圣菲"号潜艇，使其搁浅并丧失了作战能力；"山猫"直升机发射 4 枚"海上大鸥"反舰导弹，击沉阿根廷的 1 艘巡洋舰。海湾战争中，1991 年 1 月 29 日，英军的多架"山猫"直升机共发射了 26 枚"海上大鸥"反舰导弹，击沉伊拉克快艇 5 艘，击伤 12 艘。

　　舰载直升机虽然能有效杀伤水面舰艇，但更大的作用是反潜。舰载直升机反潜是立体反潜体系中一个重要的组成部分，这是因为舰载直升机与其他反潜武器比较有明显的优越性，主要有以下几个方面。

　　（1）反潜能力强。因直升机速度远高于水面舰艇和潜艇，又机动灵活，既可在短时间内搜索大面积海区，又可快速飞向潜艇游弋的海域，不失时机地对目标进行搜索、跟踪和攻击，以完成应召反潜任务。

　　（2）反潜隐蔽性好，利于突袭。现代潜艇配有性能先进的声呐系统，能探测到较远距离的水面舰艇或潜艇发出的机械噪声。舰载直升机反潜时利用声呐探头放入水中，不易被敌方潜艇发现，且不会因自身的噪声干扰探测效果，特别是使用被动探测器材时，更不易被潜艇发现。这样既能提高探测潜艇位置的准确性，又能在潜艇上空实施突然攻击。

　　（3）可使用多种探测设备，搜索效果好。舰载直升机可在搜索区使用声学和非声学多种探测设备，如吊放声呐、声呐浮标、磁异探测仪、红外探测仪等，实施对潜艇的搜索；尤其使用吊放声呐时，可将声呐放入温跃层（该层没有固有噪声干扰）以下，增大了声呐的作用距离，有效地发挥声呐性能，从而加大发现目标的概率。

（4）反潜作战效果好。由于舰载直升机能用多种攻潜武器，且又能隐蔽接近目标实施突然攻击，无论是投放反潜鱼雷，还是投放深水炸弹，其散布小，命中精度高。

（5）生存率高。现代潜艇所携带的反潜导弹、鱼雷或巡航导弹，只能打击水面舰艇和岸上目标，尚无有效的对空武器，对舰载直升机尚不能构成威胁。

（6）作战半径较大。舰载直升机可借助航母的续航力，随航母到远方海域担负反潜任务，从而有效地增加了反潜作战半径。舰载直升机同时具有搜潜和反潜能力，既可单独完成反潜任务，也可与航母战斗群中的护航舰艇协同进行反潜。

当然，舰载直升机反潜也存在局限性：舰载直升机受气象和海情的制约较大，一般5级以上海情就较难执行任务；探测设备的作用距离较近；易受来自空中的袭击等。尽管存在这些不足，但由于舰载直升机反潜的上述特点，在各海军大国的反潜武器系统中，舰载直升机仍占有重要位置，担负反潜作战的重任。

美国"尼米兹"级航母搭载的SH-60"海鹰"反潜直升机

俄罗斯"库兹涅佐夫"号航母搭载的卡-27反潜直升机

→ 预警机为何是力量倍增器

预警机是空战的力量倍增器，军事大国不能没有预警机。战斗机的机载雷达（特别是相控阵雷达）虽然足够先进，但战斗机为了保持其机动灵活和武器携带能力，不可能携带大型雷达。小型雷达的功率普遍不高，探测距离也不够远。两个大队的战斗机演习对战，如果其中一方有预警机，另一方没有，那么有预警机的一方会率先发现对手，先敌发现，进而先敌开火，这在空战中是极大的优势。

大型预警机普遍搭载大功率雷达，这种看起来像个锅盖的雷达可以360°无死角扫描。有的预警机雷达会转动，有的不能转动。先进的预警机能探测 500 ～ 600 千米以外的空中目标，提前发现来袭敌机的数量和编组。

预警机的价值不只是探测目标，还能起到在后方监视空中战况的作用。空军指挥员在预警机里观察战局，及时指挥前线飞行员作战。在空战领域，同样也可以设计埋伏圈，偷袭敌机。有了预警机，就能及时识别这些危机和陷阱。

对海军和航母来说，预警机更为重要。在大洋上航行，受到地球曲率影响，航母和驱逐舰自带的雷达不可能全方位、远距离扫描海况。尤其是海面高度和大气层高处的情况，很难第一时间掌握。如果敌人的巡航导弹贴着海面打过来，航母并不容易发现。俄罗斯的 P-1000 "火山岩"反舰导弹就是贴着海平面飞行，专门克制大型舰船。如果航母有舰载预警机值班，就能实现 360°的远距离扫描，而且扫描的范围较大，至少覆盖 300 海里。即使有导弹来袭，也能事先发现，通知舰队做好防空准备。特别是在经过危险海域时，舰载预警机往往轮流起飞侦察，不间断扫描。

美国海军 E-2 "鹰眼" 预警机在高空飞行　　　E-2 "鹰眼" 预警机内部

　　如果说舰载战斗机是航母用于进攻的长矛，而舰载预警机则是保证这支长矛能够命中对手的眼睛。舰载预警机的机载设备有雷达、导航系统、无线电通信系统、战术数据控制系统等，能为舰艇编队提供对空、对海预警，探测搜索低空、超低空和海面目标，将目标信息传送至载舰战术信息控制中心，指挥引导己方飞机和直升机或舰载武器攻击目标。

➤ 电子战飞机装有哪些设备

　　舰载电子战飞机，一般利用舰载攻击机或战斗机的机体加装电子侦察和干扰设备及反辐射导弹构成。舰载电子战飞机是航母的标配，它的重要性体现在三个方面：一是航母攻势作战的助推器，提供强大的伴随式电子干扰掩护；二是携带反辐射攻击设备，使敌方不能任性使用电磁设备；三是作为空中电子侦察平台，通过强大的电子侦察能力实施被动侦察。

　　根据需要，舰载电子战飞机会安装1种、2种或多种不同功能的电子干扰设备。按功能，机载电子战设备和武器分为以下三类。

　　（1）电子侦察设备。主要有全波段通信侦察和引导设备、全波段雷达侦察和引导设备、数据传输系统等。通过对对方电磁信号的侦收、识别、定位、分析和录取，获取有关情报，将所获的信息实时地传送给己方指挥中心和作战部队。

美国"企业"号航母搭载的 EA-6B"徘徊者"电子战飞机

美国海军 EA-18G"咆哮者"电子战飞机编队飞行

（2）电子干扰设备。主要有宽频谱、大功率有源干扰设备，一般采用外挂吊舱方式，主要对对方舰上和地面探测设备、指挥通信系统等实施电子干扰，支援或伴随掩护作战飞机突防；还装有箔条、红外诱饵等无源干扰物投放装置，主要用于自卫。

（3）反雷达装备。主要有引导接收系统、外挂反辐射导弹等，用以攻击对方的雷达装备。典型的有 EA-6B"徘徊者"电子战飞机，承担美国海空军的电子干扰任务，是美国海军 2015 年以前的主要电子战飞机。新发展的 EA-18G"咆哮者"电子战飞机，装有自适应干扰技术的第三代电子干扰系统，用来对对方雷达和通信网进行监视和电子干扰；采用软件快速聚集干扰能量方式进行引导，对敌方防空体系内的雷达实施干扰，能够有效地对抗频率捷变等新体制雷达。基于 F-35"闪电 II"战斗机的舰载电子战飞机和舰载 C4ISR 对抗飞机是远期发展型，其随队作战能力将进一步得到提高，能从战场全局压制对方指挥、控制、通信、情报、监视及侦察系统。

EA-18G"咆哮者"电子战飞机携带的电子战设备

舰载固定翼反潜机为何被取消

反潜机是航母舰载机里的重要机种，舰载固定翼反潜机和舰载反潜直升机都曾在反潜作战中大显身手。但现役航母上几乎看不到舰载固定翼反潜机了，这是为什么呢？

美国航母上曾经装备过一款固定翼反潜机，装备数量非常多，然而由于苏联解体后，美国海军的反潜压力骤然下降，再加上经费和编队组成问题，所以该机在 2009 年黯然退役，这就是美国海军的 S-3"维京"反潜机。

20 世纪 50 年代末，随着苏联"十一月"级核潜艇的诞生，从此苏联核潜艇的建造一发不可收拾，数量越来越多，型号也多种多样，其中不乏携带反舰巡航导弹和潜射弹道导弹的型号。苏联凭借核潜艇的跨越式发展，终于在与美国海军的竞争上扳回一局。由于核潜艇具备超长时间的潜航能力，拥有较强的隐蔽性和较高的航速，使其威慑力大大提升，到了20世纪60年代和70年代，苏联海军的核潜艇几乎遍布大洋，且频繁冲破北约的反潜封锁线，使美国海军颇为头疼。

当时美国航母上装备的主力反潜机是20世纪50年代研制生产的S-2"追踪者"反潜机，采用双发活塞式发动机，安装了基本的反潜探测设备。而到了20世纪60年代和70年代，S-2反潜机由于航程较短、反潜设备稍显落后等缺点，已经无法应对美国海军越来越大的反潜压力。因此，美国海军决定研制一款全新的舰载固定翼反潜机，搭配岸基的P-3C反潜巡逻机执行反潜作战任务，研制计划交给了当时的洛克希德公司。

1972年第一架S-3反潜机成功首飞，1974年正式交付给美国海军使用，截至1978年，一共生产了187架。作为美国海军第一种喷气式舰载固定翼反潜机，S-3反潜机在机翼内侧吊装了2台通用电气TF34-GE-2涡轮风扇发动机。该发动机单台推力为41.2千牛，特点是油耗低，加速性能好，能在3.5秒内由进场状态加速到95%推力，以保证复飞。凭借这2台发动机和不错的气动布局，S-3反潜机的飞行速度达到了883千米/时，最大航程高达6085千米，完全满足对核潜艇的长时间追踪和探测。

S-3A反潜机的主要探测设备包括AN/APS-116带前视雷达、AN/ASQ-81磁异探测器、SSQ-41声呐浮标系统等，而其改进型S-3B则换装了更加先进的AN/APS-137（V）雷达和AN/ARP-78声呐浮标接收机系统，不但可以携带MK 46反潜鱼雷，还可以携带"鱼叉"反舰导弹，多用途性能大大增强。此外，S-3反潜机还衍生出US-3A通用运输型、KS-3A加油机型、ES-3A电子侦察型，良好的平台设计使其成了名副其实的航母"多面手"。

客观来说，S-3反潜机的作战性能是毋庸置疑的。在执行搜索、攻击或侦察任务的时候，S-3反潜机的最大作战半径可以达到1000海里左右，而任务时间最长超过8小时，不仅能对舰队周边海域进行仔细的搜索，还能对潜艇进行长时间的跟踪、识别。不过由于冷战结束，美国海军反潜压力不断降低，最终美国海军决定仅依靠岸基反潜巡逻机和舰载的SH-60反潜直升机执行反潜任务，S-3反潜机就此被彻底取代。其他国家的航母也几乎都是依靠舰载直升机进行反潜作战，舰载固定翼反潜机就此从航母舰载机家族中消失。

S-2"追踪者"反潜机

S-3"维京"反潜机离舰起飞

S-3"维京"反潜机沿海岸线飞行

S-3"维京"反潜机降落在航母甲板上

→ 航母为何没有大型运输机

　　航母经常远离陆地，各类物资的消耗也非常大，所以对空中运输的需求也很大。但各国航母都没有配备运输能力强的大型运输机，即便是小型运输机，也只能在美国航母上看到，这是为什么呢？

　　事实上，美国并不是没有考虑过大型运输机上舰的问题。在 20 世纪 60 年代初，美国海军需要对长期部署在印度洋的航母进行补给，但是格鲁曼公司的 C-1"贸易者"舰载运输机航程太短，机舱内也不能装载航母搭载的 A-5/RA-5"民团团员"攻击 / 侦察机和 F-4"鬼怪"战斗机使用的 J-79 涡喷发动机。美国海军航母所需的物资数量很大，都要依靠补给。虽然补给舰的载货量很大，但其航速太慢，会严重拖累航母编队的速度。为解决给航母进行快速补给的问题，美国海军的目光转向具有4000 千米航程、19 吨运输能力和良好起降性能的 C-130"大力神"运输机，在当时也只有该机能满足载荷和航程要求。于是美国海军开始尝试将该机搬上"福莱斯特"级航母的甲板。

第 7 章

C-130 运输机采用上单翼、四发、尾部设置大型货舱门的布局，奠定了战后运输机的设计标准。为满足战术空运任务要求，该机沿用了二战时军用滑翔机的大型尾部货舱门，以装载车辆等大型货物。C-130 运输机的货舱门采用上下两片开启的蚌式设计，在地面打开时可以作为装卸坡道，而在空中打开时可作为空投平台，尤其适合掠地空投时使用。

虽然"福莱斯特"级航母的满载排水量远远超过二战时期的"大黄蜂"号航母，并且采用了比直通甲板效率更高、可用起降面积更大的斜角飞行甲板。但即便以陆基飞机的标准，机长 29.79 米、翼展 40.41 米、最大起飞重量 70.3 吨的 C-130 运输机也是一种不折不扣的大飞机，与当年"大黄蜂"号航母搭载的 B-25 轰炸机完全不在一个量级上，因此要在"福莱斯特"级航母长 319.1 米、宽 76.8 米的飞行甲板上进行起降，其疯狂程度比"空袭东京"有过之而无不及。

C-130 运输机在航母降落存在诸多难点。该机的正常进场速度是 213～222 千米 / 时。在航母上降落时，只能以仅高于失速速度 9～10 千米/时的速度进场；舰载战斗机的典型下降率是 4.5～6 米/秒，而 C-130 运输机的下降率设计极限是 3.3 米 / 秒，虽然在陆地机场的试飞证明这不会导致什么事故，但是飞行员对此仍有疑虑。在飞机降落过程中接近航母艉部 200～300 米范围时，会遭遇舰体诱发的"公鸡尾"形状的紊乱气流区，影响飞机保持精准的降落航线。

1963 年 7 月，美国海军选定一架 KC-130F 加油 / 运输机，根据 1958～1960 年 YC-123D 短距起降型和 NC-130B 附面层控制系统试验机的技术成果，对其实施了技术改造，使发动机尾流能够在起飞时吹过副翼、襟翼、方向舵和升降舵，从而达到改善失速可操作性和提升短距起降性能的目的。改造后的 KC-130F 加油 / 运输机在这两方面的改善十分明显，17 次陆基试验表明，其失速速度降至 197 千米 / 时，在起飞重量为 45.36 吨时，起飞滑跑距离缩短到 170 米，着陆滑跑距离缩短到 190 米，在理论上具备了登上航母甲板的可行性。

1963 年 10 月 30 日，这架经过改装的 KC-130F 加油/运输机开始在"福莱斯特"号航母上进行试验。该机在航母飞行甲板上以略高于失速速度的航速成功地进行了一次触舰复飞。在随后的 42 次试飞中，进行了 19 次触舰复飞。因为该机没有安装尾钩，出于安全考虑，并没有在航母上降落。1963 年 11 月 8 日，在总结上一次试飞的经验后，飞机以 112 千米/时的速度成功地在航母上降落。在之后的测试中以 54.89 吨的重量着舰，创造了世界纪录。

美国航母早期搭载的 C-1 "贸易者" 运输机

尽管 C-130 运输机上舰有一定可行性，但是在航母上运作这样的庞然大物实在太困难、太危险。美国海军最终选择了最大起飞重量只有 15 吨左右的 C-2 "灰狗" 运输机。

体形庞大的 C-130 "大力神" 运输机

美国航母现役 C-2 "灰狗" 运输机

美国 "福莱斯特" 级航母

第 7 章

→ "鱼鹰"凭什么取代"灰狗"

2020 年 1 月 21 日，贝尔直升机公司和波音公司联合研发的 CMV-22B 舰载运输机完成首次试飞。随后不久，该机通过美国海军的评估，正式交付美国海军，这标志着美国航母舰载运输机正式实现换代。

舰载运输机是航母的重要后勤支援方式，航母上的人员、物资、舰载机零配件甚至是邮件都需要舰载运输机负责运送。舰载运输机以"快递员"的角色一直担负着给航母"送快递"的任务，尤其是舰载运输机运送的物资和邮件，是常年部署在海上的航母官兵们最为期盼的东西，甚至在某些情况下，这也是美国海军官兵提升战斗力的重要手段。因此，舰载运输机虽然不承担战斗任务，并且默默无闻，但却具有不可替代的作用。目前，美国海军使用的是 C-2 "灰狗"运输机，正如其绰号一样，该机在长达 50 多年的服役生涯中，一直勤勤恳恳，为美国航母后勤工作立下了汗马功劳。

C-2 "灰狗"运输机是美国在 20 世纪 60 年代研发的双发后掠翼涡桨式舰载运输机，是在 E-2 "鹰眼"预警机的设计基础上衍生而来的，保留了 E-2 "鹰眼"预警机的基本设计和动力系统，其与 E-2 "鹰眼"预警机的最大不同之处是为了方便运送货物，对机身进行了扩大，机尾设有装卸坡道。

虽然 C-2 "灰狗"运输机任劳任怨地工作了半个多世纪，但它毕竟是 20 世纪 60 年代研发的机型，总体技术水平已经比较老旧，并且其一次仅能运载 9 ～ 10 吨的货物，越来越无法满足当前美国航母的需求。因此，近年来美国海军一直在探讨 C-2 "灰狗"运输机的替代机型，最终美国海军选中了 V-22 "鱼鹰"倾转旋翼机来代替老旧的 C-2 "灰狗"运输机，成为美国海军新一代舰载运输机。

早在 1999 年，贝尔直升机公司和波音公司就向美国海军陆战队交付了 14 架 V-22 "鱼鹰"倾转旋翼机用于测试，而美国海军陆战队的正式型号 MV-22 也早在 2006 年就已服役，并部署在美国海军陆战队的两栖攻击舰上。通过美国海军陆战队多年的测试和改进，MV-22 的技术水平日趋成熟。这也是美国海军选择以 MV-22 为基础来开发 CMV-22B 运输机的重要原因。

　　与 C-2"灰狗"运输机相比，CMV-22B 运输机具有较大优势，在航程相近的情况下，载重量成倍提升。CMV-22B 运输机采用垂直起飞模式，载重量为 23.4 吨，而采用短距起飞模式更是达到 25.4 吨，运载能力接近美国空军的 C-130"大力神"运输机，并且其宽大的机舱完全可以运输 F-35C"闪电 II"战斗机的整个 F-135 发动机配件，这是 C-2"灰狗"运输机所不具备的。此外，CMV-22B 运输机可以采用更加灵活的方式进行起降，完全不需要占用弹射器。

　　正是因为 CMV-22B 运输机拥有多种技术优势，美国海军最终将其定为新一代舰载运输机。而这仅仅是 V-22"鱼鹰"倾转旋翼机在美国海军航母上进行应用的第一步，SV-22 反潜机型和用于代替 E-2D 预警机的预警机型，都已在论证和开发中。

机翼折叠后的 C-2"灰狗"运输机

CMV-22B 运输机在空中飞行

美国"布什"号航母搭载的 CMV-22B 运输机

CMV-22B 运输机装运飞机发动机

第 7 章

→ 美国为何终止 X-47B 项目

2010 年，美国海军制订了"舰载无人空中侦察和打击系统（UCLASS）"计划，旨在研制一种执行空中侦察和打击任务的航母舰载无人机，保证航母战斗群能够持续获取所有维度战场空间的态势和信息，并对威胁较大的目标实施打击。

随后，美国海军与诺斯洛普·格鲁曼公司、波音公司、洛克希德·马丁公司和通用原子航空系统公司签订了 UCLASS 计划内的首份研制合同。最终，诺斯洛普·格鲁曼公司拿出的 X-47B 舰载隐身无人攻击机方案赢得了竞标。

X-47B 无人机采用了有利于隐身的飞翼式气动布局，巡航速度为 0.7 马赫，一次加油后最大航程为 3889 千米，滞空时间为 6 小时，最大载荷为 2 吨。2013 年和 2014 年，X-47B 无人机分别在航母和两栖舰艇上进行了起降测试，成为世界上第一种可在航母上起降的大型无人作战飞机，并在 2015 年作为受油机完成了空中加油测试。

UCLASS 计划雄心勃勃且研制代价不菲。然而，经历 2 年多的研制后，2017 年 2 月美国国防部公布的年度预算中，就不再为 UCLASS 计划提供经费，转为提供 8900 万美元预算支持"舰载无人空中加油系统（CBARS）"项目。美国海军决定在航母上搭载 MQ-25"黄貂鱼"无人机，将其定位为舰载无人加油机，但也明确要求它可以执行情报、侦察和监视任务。

2017 年 10 月，美国海军发布了 MQ-25"黄貂鱼"无人加油机的招标书，其目标是使 MQ-25"黄貂鱼"无人加油机能够携带大约 6.8 吨燃油为舰载战斗机加油，使舰载机联队作战半径再延伸 560 ～ 740 千米。随后，波音公司、洛克希德·马丁公司和通用原子航空系统公司参与了竞标。

从无人攻击机到无人加油机的巨大转变，折射出美国海军对大型舰载固定翼无人机应用途径的艰辛探索。美军终止 UCLASS 计划，转而研制舰载无人加油机也是出于多方面因素考虑。

首先是国防预算吃紧，美军计划在 2020 年前削减经费。X-47B 无人机还有大量技术没有验证，其发展的不确定性较大。与此同时，为应对乌克兰危机、打击恐怖组织等挑战，美国海军需要补充 F/A-18 战斗 / 攻击机的损失并大量装备 F-35 战斗机，所以转为更务实的 CBARS 项目来节约资金。

其次，未来一段时间的作战飞机是无人驾驶还是有人驾驶尚有较大争议。当前，无人机的自主化程度有限，还不能像人一样根据自己的观察、分析、判断，进行完全自主化的作战，不能适应瞬息万变的高强度作战需求，其可靠性有待验证。

X-47B 无人机进入"布什"号航母的机库

X-47B 无人机在空中飞行

X-47B 无人机在"布什"号航母上测试

舰载无人加油机有何优点

2019 年 9 月，美国海军 MQ-25 "黄貂鱼"舰载无人加油机首次试飞。该机预计在 2023 年开始在航母上进行测试，2025 年形成初始战斗力。MQ-25 项目是 X-47B 项目的接替者，未来将部署在航母上，除了担任加油机，还有可能担任舰载战斗机的无人僚机。

舰载加油机是航母舰载机联队整体战斗力构成中不可或缺的组成部分。在 2001 年阿富汗战争中，美国海军航母舰载机联队需要深入阿富汗内陆地区执行作战任务，每次战斗出航都需要陆基起飞的加油机提供 2 ～ 3 次空中加油，才能保证舰载战斗机的有效滞空时间。这种加油方式极大地限制了舰载战斗机的作战效能。

美国海军"尼米兹"级航母的舰载机主要由 F/A-18"大黄蜂"战斗 / 攻击机、E-2C"鹰眼"预警机（或 E-2D）、SH-60"海鹰"反潜直升机等构成。美国海军航母舰载机联队的作战距离只有 830 千米左右，其作战半径并不突出。未来局部战争和武装冲突中，美军未必会拥有像阿富汗和伊拉克那样的周边陆上军事基地，所以舰载加油机的作用更加凸显。

发展舰载无人加油机对美国海军具有十分重要的现实意义。舰载加油机是航母战斗力的重要组成部分，但由于航母甲板的空间有限，无法容纳大型加油机，因此美国海军现役航母往往采用战斗机挂载加油吊舱的方式进行"伙伴加油"，但这样就使得用于作战的战斗机数量减少了。目前，美国航母舰载机联队中有 20% ～ 30% 的 F/A-18 战斗 / 攻击机被用于执行为其他战机进行空中加油的任务。如果 MQ-25 无人加油机投入使用，这些 F/A-18 战斗 / 攻击机就能回归本职工作。

MQ-25 无人加油机具有诸多优势。一方面，其脱胎于"舰载无人空中侦察和打击系统（UCLASS）"项目，该项目的前期研制工作卓有成效，很多技术已经成熟，在此基础上发展舰载无人加油机，可以使研制周期大大缩短。另一方面，无人加油机气动设计相对简单，无须复杂的武器火控系统，使 MQ-25 无人加油机在成本上较 UCLASS 项目有显著下降。而且，由于无人加油机省去了很多有人战斗机的必备设施，载油量更大，续航时间更长，可以显著提升航母舰载机联队的空中加油能力。按照美国海军的要求，MQ-25 无人加油机要能够到达指定加油区域为 4 ～ 6 架战机进行空中加油。

MQ-25 无人加油机能够使舰载战斗机的作战半径扩展至超过 1300 千米，改善美国航母舰载机联队缺乏专业舰载加油机的现状，并大幅提升舰载机的作战效能、生存力和使用灵活性。

MQ-25 无人加油机从陆地起飞

MQ-25 无人加油机放出加油管

MQ-25 无人加油机为 F-35C 战斗机加油

垂直起降舰载机有何利弊

　　垂直起降舰载机是利用垂直起降技术起降的舰载机，它不需要滑跑就可以起飞和着陆，对跑道条件要求低。

　　早在 20 世纪 40 年代初，就有一些人在探索飞机垂直起降的方案。当时，英国有人提出将喷气升力发动机装在飞机上，来实现垂直起降的设想。20 世纪 40 年代末，美国也开始对各类垂直起降飞机模型进行研究，但因为当时的喷气发动机的起飞推力达不到将喷气战斗机垂直升起的要求，最终没能成功。

　　20 世纪 50 年代中期，航空技术的发展为研制垂直起降飞机提供了可靠的基础，英国率先设计了一种有实用价值的垂直起降飞机，即"鹞"式攻击机。这种飞机的发动机设有 4 个喷口，都在机身两侧而且可以转动。当喷口向下时，产生的推力可使飞机垂直上升；当喷口向后时，产生的推力可使飞机前进。飞行员调整喷口的方向和角度，便可改变飞机的飞行姿态。

由于实现了不需要滑跑就能起飞，垂直起降舰载机具有两个显著的优点：一是如果航母受损，可大大增加飞机起飞和回收的可能性；二是垂直起降舰载机的降落程序比普通飞机更简单和安全，甚至在夜间和恶劣天气条件下也是如此。

不过，垂直起降舰载机同样有着难以克服的致命缺陷。首先，动力喷口转向装置增加了飞机的额外重量。其次，由于起飞阶段需要消耗大量的燃油，因此垂直起降舰载机通常挂载能力较小，作战半径较小，制约了其综合作战能力的提升。

英国"卓越"号航母上的"海鹞"垂直起降攻击机

"海鹞"垂直起降攻击机在西班牙"阿斯图里亚斯亲王"号航母上起降

舰载机滑跃起飞有何利弊

滑跃起飞是航母舰载机的主流起飞方式之一，目前采用这种技术的国家有英国、俄罗斯、西班牙、意大利、印度和泰国等。

滑跃起飞是英国人道格拉斯·泰勒（Douglas Taylor）的发明，最早于20世纪70年代应用在"无敌"级航母上。其原理是飞机贴着甲板进行滑行加速时，经由向上抬升10°～15°的飞行甲板获得正轨迹角、俯仰角速度和一定的初始高度。滑跃甲板会使飞机的部分速度转为向上的升力，相较于垂直起飞，这种方法更节省油料。

与弹射起飞相比，滑跃起飞的优点包括：弹射起飞必须在航母上安装弹射器，这个区域不能进行其他作业。而滑跃起飞不需要，这就扩大了航母的可用空间；弹射起飞需要把舰载机牵引到弹射区由专门的人员固定到锁定器上，等人员离开后才能起飞。而滑跃起飞只要前方没有障碍就可起飞；舰载机滑跃起飞时离海面较高，不易触到大浪。而弹射起飞时高度较低，而且弹射时巨大的过载，可能使飞行员产生意识昏迷；大部分弹射式航母仍然采用蒸汽弹射器，必须耗费淡水，而淡水是海上的重要资源；如果滑跃甲板在战斗中被损坏，经过修补后，舰载机仍可起飞。而弹射器一旦损坏，舰载机就无法起飞。

　　滑跃起飞的缺点是对飞行员要求较高，舰载机的载重也比弹射起飞的舰载机少（载重中包括油料，影响其航程），还会降低舰载机的离舰速度，增加起飞所需跑道距离，舰载机起飞时需额外加速，要耗费更多燃油，导致其作战时间较短、起飞效率也比弹射起飞低。由于滑跃起飞方式一次只能让 1 架舰载机起飞，执行大规模机群的行动时颇费时间。为了弥补这个缺点，俄罗斯"库兹涅佐夫"号航母设有 2 条跑道。

美国海军 F-35 战斗机从模拟"滑跃"甲　　俄罗斯米格 -29K 战斗机"滑跃"起飞
板起飞

应用了"滑跃"甲板的英国"无敌"级航母

→ 舰载机的降落程序是什么

　　舰载机的降落技术远比起飞困难，失事率也远高于陆基飞机。如果航母的飞行甲板长 300 米，通常只有 100 米可用于舰载机降落（如果是斜角跑道则有 200 米左右，仅为陆基降落跑道长度的 1/10），加上航母本身纵摇、横摇、上下起伏的运动，舰上干扰气流（例如通过甲板表面而至尾部向下沉再往上升的"公鸡尾"气流和自右舷舰桥形成的乱流），风速限制（一般情况下，舰载机要降落必须有 25 节以上的相对风，为了让降落顺利，航母需要适时调整其航速），以及可见度等，都增加了降落的难度。美国海军规定：舰载机降落时，航母纵摇不得超过 2°，横摇不得超过 7°，舰尾下沉不得超过 1.5 米。

　　舰载机的正常降落过程为：舰载机首先以平行于航母前进的相反方向的右舷飞行，再转弯进入顺风段，并放下拦阻钩与起落架，再沿着 3.5°～ 4° 下滑线进场，以拦阻钩钩住航母上的拦阻索（若舰载机飞得太高会钩不住拦阻索，飞得太低又会撞到舰艉），以其吸收飞机动能。

　　舰载机降落过程中，通常会有以下 4 种情况：安全降落、复飞、逃逸、撞舰。这 4 种状况中，复飞占据 40%～ 50%，指的是未接触甲板而降落失败的情况，倘若油门功率、反应时间和纵向加速度许可，仍可重新进入降落程序；逃逸则指的是飞机已接触甲板，但降落失败的情形，通常是未能钩住拦阻索，这时飞行员必须让舰载机加速滑跑，倘若该机短程起降和引擎加速性能不足，很容易失败。

从直升机上看法国"戴高乐"号航母

美国 F/A-18"大黄蜂"战斗 / 攻击机在"福特"号航母上降落

→ 航母如何实施空中管制和引导

　　航母是一个移动的机场，因此，必须能够对空中的飞机进行空中管制，引导其飞行并辅助其降落在甲板上。目前，世界各国航母上的空中管制基本上都是由雷达、助降镜和人工共同来完成的。各个国家的实际情况各不相同，用于交通管制的雷达也各不一样。即使是同一国家的航母，其装备系统也并不是完全统一的。

　　以美国"小鹰"号航母为例，舰上负责空中管制引导的有 2 部 AN/SPN-46 雷达、1 部 AN/SPN- 43 雷达和 1 部 AN/SPN-44 雷达，以及 1 套"塔康"战术空中导航系统。管制主要有以下几个方面的内容。

　　（1）飞机作战引导。主要包括战斗机的全程引导和攻击机的概略引导，此外还有侦察机和加油机的引导等。概略引导只要将飞机引导到某个概略位置，再由机上观测器材去捕获目标；全程引导则要将飞机引导到接近敌机的位置，才把目标交给机载观测器材。在飞机的引导方式中，除用舰载雷达以外，还要用敌我识别器，它能进行识别应答和高度应答，还能获得飞机的方位和距离。

　　（2）空中交通管制。空中交通管制与空中管制是两种不同概念，前者是对空中航道的管制。空中交通管制的范围一般是：距离从 230 ～ 93000 米，高度从 0 ～ 9140 米，这个任务可由航母上的中程对空 / 对海警戒雷达、着舰雷达和舰载直升机来完成。管制时由无线电发出告警，以确保舰载机起飞和着舰的安全。

美国"斯坦尼斯"号航母上的空中交通管制中心

　　（3）飞机归航引导。飞机完成作战、巡逻等任务以后就要归航，为此必须让飞行员知道航母的位置，这项任务可由"塔康"战术空中导航系统来完成。这是一种信标系统，它的询问器装在飞机上，应答器装在航母上，能向飞机提供方位信息和距离信息。当作战飞机从作战空域返回航母时，由于空域相对狭小，舰载机集中较多，为了形成安全有序的空中飞行，首先要接受来自 E-2 "鹰眼"预警机的指示。作战飞机从 E-2 "鹰眼"预警机得到的情报主要是它距离所属航母的位置和周边空中交通的总体状况。当作战飞机进一步接近航母，抵达离航母 50 海里以内距离时，由舰上的航母空中管制中心控制，这时将用到 AN/SPN-46、AN/SPN-43 雷达的指引。

　　（4）起飞着舰引导。由于起飞只需由交通管制系统保证在 5 海里范围内没有其他飞机飞行即可，所以主要是着舰引导。着舰引导应有着舰雷达和舰面设备两部分支持，舰面设备有灯光设备和电视摄像机等。飞机入场最开始由 AN/SPN-43 二坐标雷达负责引导，等到抵达离着舰点 1000 米左右处，再由 AN/SPN-46 精确进场控制雷达进行最后的进场控制。与此同时，飞行员要目视参照菲涅耳光学助降装置对飞机姿态进行修正。在飞机进入最后的进场阶段后，位于甲板上的着舰信号官通过语音通话或其他无线电通信等手段对飞行员发出航迹修正指令。

美国航母上的勤务人员

美国"布什"号航母搭载的 F/A-18 "大黄蜂"战斗 / 攻击机离舰起飞

美国"福特"号航母上的 T-45 "苍鹰"教练机准备弹射起飞

舰载机在航母上如何停放

　　舰载机在航母上的停放区域主要有两处，一是航母最上层的飞行甲板上，二是舰体内部的机库中。为了减小舰载机的占用空间，提高航母甲板利用率，大多数舰载机的机翼是可以折叠的，美国的 E-2C "鹰眼" 预警机不仅能够折叠机翼，其背部的圆形雷达天线也能向下移动，以便降低高度安全移入机库内存放。

　　一般情况下，现代大型航母平时可以将一半左右的舰载机停放在飞行甲板的停机区，随时准备起飞。以美国 "尼米兹" 级航母为例，在舰岛前方可停放 26 架舰载机，舰岛左前方可停放 12 架舰载机，斜角甲板左舷后突出部分可停放 6～7 架舰载机。弹射起飞时和拦阻回收时舰载机停放的区域不一样，但是停放舰载机的数量都是 45 架左右，占舰载机飞行联队飞机总量的 40%～50%。这个停放数量决定了航母一次起飞和回收舰载机数量的上限，同时也决定了一个攻击波次最多能够出动的舰载机的数量。为了在空间有限的飞行甲板上安排出能够供 20 架舰载机使用并分布合理的停放场地，法国 "戴高乐" 号航母不得不将 2 部弹射器分别布置在舰艏和斜角甲板靠左舷处，牺牲了航母同时起飞和降落舰载机的某些性能。

　　大型航母约有一半的舰载机停放在机库里，其中包括需要维修处理或暂时不需要执行任务的舰载机。而小型航母由于其飞行甲板狭窄，几乎大部分舰载机都需要停放在机库里。舰载机在机库内的停放布列，通常是同一机种相对集中停放，有利于统一管理和集中维护。为保证在空间有限的机库内尽可能地停放更多的舰载机，舰载机的机翼会折叠，停机方向是机体纵向与舰体中线平行。舰载机是多排多列的紧凑或交错的停放布列和系留，但相邻舰载机之间要有一定间距，供人员通行和进行航空保障作业。舰载机与机库四壁及防火分隔门之间也要留有适当的安全距离。在舷侧升降机对应的机库大门的区域，或空出，或舰载机的停放与舰体中线成一定角度，以便于调运、进出舷侧升降机。

　　与舰载机在飞行甲板的停放一样，在机库同样需要系留设施来保证舰载机即便在最恶劣的海况下也能被牢牢固定在机库甲板上，使用的也是埋入式系留孔和系留索具。为保证对不同型号舰载机的适应性，机库甲板上的埋入式系留孔也是矩阵布局，系留索具的长度也能做大幅度调节和微调收紧。

美国"企业"号航母的勤务人员在固定飞行甲板上停放的舰载机

停放在俄罗斯"库兹涅佐夫"号航母飞行甲板上的苏-33舰载战斗机

美国"布什"号航母飞行甲板上停放的舰载机

→ 舰载机如何在飞行甲板上移动

　　航母的舰载机在进行飞行训练和执行作战任务时，总是要完成一个从停机处到起飞阵位的移动过程：从机库到升降机，从升降机到飞行甲板，再从飞行甲板到起飞阵位。而在舰载机降落后，以上过程又会反向操作一遍。舰载机都有机轮，因此就飞机本身来说，舰载机的移动在本质上与陆基飞机没有区别，但如果对航母及舰载机的发展历史及特点进行深入了解，就会发现舰载机的移动具有独特的发展过程和特点，从舰载机移动方式的发展过程也可以看出技术的不断发展对航母运行的影响。

　　在舰载机和航母的发展早期，水上飞机是当时舰载机的主力机种。这种飞机采用浮筒设计，为简便起见，通常是不安装机轮的，而是在甲板上专门为其准备了一个停放用的小车，在需要水上飞机出发执行任务时，通常是用吊车将其从小车上吊起，然后放入水中起飞，可以说此时是用吊车和小车完成舰载机的甲板上移动。随着航母的发展，航母安装了弹射器，为了便于让多架飞机利用一台弹射器起飞，就出现了专供飞机移动的轨道装置。这些轨道布置在弹射器和吊车的周围，飞机利用轨道和小车完成离开吊车和弹射器或完成反向移动过程。

　　当出现了平甲板的航母后，用小车完成舰载机的舰上移动就显得笨拙了，因此航母上的飞机依靠自身机轮在外力作用下完成在航母上的移动就成为舰载机移动的主要形式。一般来说，螺旋桨舰载机完全可以依靠自身动力在甲板上滑行，二战中航母飞行甲板上飞机的移动主要是靠人力完成的，因为在狭窄的甲板上进行全面的起飞作业，大刀一样旋转的螺旋桨会严重威胁周围人员的安全，从而导致作业效率普遍较低。通常一架起飞重量在 3 吨左右的螺旋桨战斗机需要 10 多个人推动，还有 1 人用特制的操纵杆夹挂在尾轮上以掌握移动方向。

美国"小鹰"级航母上的牵引车

美国"企业"号航母使用牵引车移动舰载机

在进行降落回收作业时，二战中的舰载机与陆地机场上飞机的移动相比也有很大的不同，在直通甲板上降落就是"一锤子买卖"，螺旋桨舰载机在降落时通常都是减少发动机油门，甚至是关掉发动机以防止着火，因此制动拦阻后，大都是用人力将其推出降落区。当然，由于是一架一架进行回收，甲板上不像起飞作业那样拥挤，降落时也有飞行员自己将飞机滑离拦阻机的。当时美国最大航母"埃塞克斯"级舰上水兵多达4000人的主要原因是飞机需要用人力移动，而这种航母满载排水量其实不足4万吨，这与现在4000人编制的"尼米兹"级航母相比要差6万吨。

在飞机发展的早期，陆上机场很自然地就使用汽车牵引飞机移动，航母是飞机的海上机场，因此甲板上也很快出现了牵引车。按道理，牵引车在航母上也应担当舰载机移动的大任，但情况却出人意料。对于二战前和二战中的航母来说，利用牵引车完成飞机在甲板上的移动并不太合适。二战航母飞行甲板由于设计和结构上的原因，采用的是外伸宽度不大的直通甲板结构，最大宽度只是比舰体宽度稍大，例如"埃塞克斯"级航母水线宽28米，而甲板最宽29.2米，如果摆满飞机，空间就显得相当拥挤，再配置占地方的牵引车就显得更加拥挤。另外还有战术上的需要，当时讲究大机群的饱和攻击，一台牵引车长度在2米以上，高度也在1米以上，一辆牵引车通过一根连杆牵引飞机，再加上飞机的长度，整个牵引长度接近20米，占用甲板面积很大，而当时舰载机的机翼高度空间小，螺旋桨和尾翼还接近地面，可以说一架飞机占用的甲板面积就是这架飞机的外廓尺寸，对牵引车来说几乎不存在空间上的共同利用。相比之下，10多个人可以一口气把1架飞机从机库推上升降机，紧接着推上甲板并一直到起飞地点，效率高还不占地方，而且这些人还可执行加油挂弹任务。因此，当时航母上的牵引车只是一种辅助的飞机移动手段，而同时期的陆地机场已经大量使用飞机牵引车、人力推动飞机。

二战后，喷气发动机的应用使飞机的重量急剧增加，例如战后出现的第一种喷气式舰载机的起飞重量就增加到螺旋桨飞机的1倍多，喷气发动机的强大喷流也大幅减少了在甲板上使用自身动力移动的可能性，再加上斜角甲板的出现极大地改善了甲板上的作业流程，因此航母上用人力推动飞机的场景已不存在。喷气式飞机和螺旋桨飞机不同的地方是机翼下空间和机身高度都比较大，对于牵引车而言，尺寸较大的喷气式飞机的甲板占用空间实际上并不大，再加战后航母上使用的牵引车在车体高度上考虑到航母环境的限制，基本上都不超过飞机机首部位下面的离地空间，能在甲板上运行时顺利通过机头和翼下空间，因此就相对缩小了以前牵引车与舰载机争空间的问题。战后研制的牵引车还可以同时完成弹药运输任务，有的还被设计成能装载数吨汽油的多功能牵引加油车，占地方的缺点更是被减弱了不少。牵引车被大量使用的另一个原因是战后航母的飞行甲板采用了斜角设计，面积也越来越大。

二战后，随着航母运行经验的丰富及舰载机技术的发展，舰载机甲板上的移动经历了一个几乎全部依靠外力向大部分依靠自身动力完成移动的过程，特别是在起飞作业及降落回收时。由于喷气发动机同样存在起动"暖车"现象，在紧急时刻还必须蹲在挡焰板后面等着进入弹射器阵位。当舰载机几乎全部采用涡扇发动机后，几乎都是依靠自身动力在甲板上移动。和早期喷气发动机相比，现代涡扇发动机小功率转动时喷流的速度和温度都要小得多，美国现役航母停放在甲板上的舰载机几乎都可以依靠自身动力完成从停机点向弹射器的移动，只有停在舰岛左面停机区的舰载机需要牵引车移动，可在一定程度上防止喷流对舰岛造成损害。

美国"斯坦尼斯"号航母上的牵引车

美国"艾森豪威尔"号航母上的 F-35C
战斗机依靠自身动力前往弹射位置

从美国未来航母发展计划可以看出，未来舰载机将要依靠自身动力完成更多的甲板上移动，这其中包括进入挂弹加油区及从飞行甲板上进入升降机。从美国海军的航母运行经验来看，让飞机移动所需要的小油门推力所产生的喷流只要控制在一定程度，甲板上的人员在采用了一定防护手段后，也可以忍受喷流的吹拂和烘烤。

第 7 章

值得一提的是，不管舰载机是靠牵引还是靠自身在甲板上移动，都有一个精确移动的问题。二战时的螺旋桨飞机有时需要一个人手执夹持在尾轮上的方向杆来掌握移动方向，这个办法也延续到了战后，喷气式飞机采用前三点起落架，掌握方向杆的引导员视界不受影响，可以准确地将飞机牵引到弹射阵位上。不过在战时，很有可能会省略方向杆夹挂步骤，引导员直接站在舰载机前方用手势引导其滑行。

航母如何在机库中移动

二战中，交战各国的航母都曾在机库中设置过卷扬机，当需要把一架在机库尽头的飞机牵引到出口时，只需要一个人拽着牵引索挂到飞机上，另外一个人用尾轮操纵杆控制移动方向，就可以很方便地把飞机移动到所需位置，但这种方法由于升降机处在机库两头靠中间一些的位置而用处不大，因此有些航母甚至拆除了这种装置。

如今，欧美国家的航母，其舰载机在机库中的移动主要依靠牵引车。而在俄罗斯"库兹涅佐夫"号航母上，舰载机在机库内的移动调运除了牵引车外，还有纵贯整个机库长度的轨道式电动牵引装置。该舰在机库中沿纵向设置了3条牵引轨道，而舰载机有时是沿着机库纵向摆放的，这样就可以利用地板上的牵引轨道来拉动飞机。该舰还在机库甲板正对2个机库门的部位上各设置了1个转向盘，利用这个转向盘，体积庞大的苏-33"海侧卫"战斗机就可以非常方便地把机身由纵向变为横向，提高了舰载机上下升降机的速度。

俄罗斯"库兹涅佐夫"号航母在机库中　俄罗斯"库兹涅佐夫"号航母机库中的
设置了牵引轨道　　　　　　　　　　直升机

→ 舰载机如何进行检修维护

　　在现代航母的机库内，围绕舰载机和航空保障的舱室多达数十个，以就近原则设置在机库左右侧壁的外侧，与机库相通。机库后部的停机区兼作舰载机的修理区，在天花板上配有用来吊运舰载机的大型部件和大型备件的起吊装置。机库内对舰载机的检修维护作业，通常都是多架同时展开的，所以与此相关的油水气电等的供给点，在大中型航母的机库左右侧壁的外沿纵向也设置有若干组，分布在机库各停机区对应的位置，为舰载机供应航空用直流和中频电源、液压源、压缩空气、氮气、航空液压油、润滑油液等。

　　在机库内展开的舰载机检修维护作业，是对舰载机的定期检修维护，从工作量角度而言算是"中修"，但也可能是故障后的"大修"。定期检修维护既涉及机械方面的机体结构、发动机、螺旋桨、管线线缆等，又涉及航电系统的机载雷达、航空仪表、飞行记录、通信导航等电子设备，还包括舰载机的弹射救生设备、武器系统的航炮、翼下武器挂架等。而这些舰载机拆卸后更细化精密的检修维护工作，一般都会在维修区周边的专门定检舱室中借助专业设备来完成。

法国"阵风"M 型战斗机在机库中维修

美国"布什"号航母的勤务人员在机库中修理 F/A-18 战斗 / 攻击机

　　这些对舰载机子系统部件的专门定检舱室中，曝光率最高、视觉上最为直观的可能就是航空发动机的试车间。固定翼舰载机的发动机在维修后需要进行试车来检验运行的工况，在美国航母上是将机库甲板的舰艉区域设为发动机的试车间。该区域的后端是敞开的，与外界相通，试车的发动机装在试车台上，艉部突出朝向大海的一侧进行点火试车。而

第 7 章

在俄罗斯的航母上，据说发动机的试车方式更为直接，是将更换完发动机后的舰载机以更为强固的系留设施固定在飞行甲板的指定停机位置上进行试车，这样除了可以检验维修后的发动机的运行工况外，还可检验发动机装回舰载机后的正确性。

→ 舰载机带弹着舰有何风险

1999年，在为期近3个月的科索沃战争中，北约进行了数轮大规模空袭作战，美国空军B-2"幽灵"轰炸机在战争中大显身手。不过，有一架B-2轰炸机在执行任务时旋转挂架出现故障，导致最后3枚炸弹无法投放，只能带回空军基地。结果，整个基地都如临大敌，生怕B-2轰炸机降落时出现问题。不过，最后并没有发生事故。

为什么轰炸机带弹返航会让基地如此紧张？究其原因，主要是战机带弹着陆会大大降低安全性。喷气式飞机着陆的时候，为避免失速和调整自身姿态需要，需要保持相当的速度，这个速度叫作入场速度。一般来说，这个速度是飞机失速速度的130%。对于大部分民航客机来说大概是200千米/时，而大部分战斗机一般是300千米/时。但是飞机的失速速度是升力等于重力的速度，如果携带的武器增加了飞机重量，那么飞机就必须提高速度以增加升力，对应的失速速度和入场速度都要提升。重达十几吨的战斗机以这个速度接触地面，冲击力之大不言而喻。战斗机携带的武器越多，着陆时的冲击力就越大，这对于飞机整体结构和起落架承受能力是非常大的考验。

此外，武器挂架的承受能力也是不得不考虑的问题。着陆时的巨大冲击力，对于武器挂架的承受能力也是非常大的考验。在挂载重型武器时，一旦武器挂架的连接部件无法承受住冲击，武器脱落后撞击触地的后果非常严重。

对于航母舰载机来说，带弹着舰的困难更大。一般来说，要求舰载机必须满足在0高度、280千米/时速度下，依旧可以做出1.5G过载的机动能力进行调整，所以带弹着舰限制舰载机的机动能力，导致着舰风险加大。当年，F/A-18E/F"超级大黄蜂"战斗/攻击机之所以在竞争中打败ASF-14"超级雄猫"战斗机，一个重要原因就是它能够携带4吨负荷返回航母。而后者因为自身重量太大，无法达到这一要求。

有鉴于此，早期战机对于带弹着陆、着舰有较高限制，再加上早期无制导弹药比较便宜，为了提高安全系数，抛弃弹药以求平安着陆、着舰的现象比较常见。后来，制导弹药越来越贵，一枚导弹价值数十万美元，甚至超过 100 万美元，即便是财大气粗的美军也不敢随意抛弃。美军海湾战争报告就说："没用上的弹药就得丢弃，这些浪费很让纳税人心痛！"为此，美国将带弹着陆、带弹着舰作为战机的设计指标。时至今日，世界各国军队几乎都已经解决了带弹着陆和着舰的问题。

现代战机在研制的时候都对飞机主要受力的组件进行了强化、加固处理，尤其是复合材料以及碳纤维材料的广泛应用，使得战机整体结构强度和起落架强度允许承受更大的着陆、着舰冲击力，从而提高了带弹着陆、着舰的安全上限。但在特殊环境下，为保障万无一失，对于重型炸弹或降落条件比较苛刻的环境仍要求抛弃炸弹再降落。

准备带弹着舰的 F/A-18 "大黄蜂" 战斗 /
攻击机

即将着舰的 F-35 战斗机

第8章
运 行 篇

　　航母上的人员主要分为两个部分：军事负载配置的人员和航母平台配置的人员。所谓的军事负载配置的人员，也就是直接参与作战的人员，主要包括指挥人员（各类指挥官和参谋指挥人员）、航空人员、地勤支援人员、航母防御武器作战人员。航母平台配置的人员则主要包括指挥控制人员（对航母自身实施指挥控制的人员）、航海人员、通信人员、机电人员、补给和医务人员等。各类人员各司其职，航母这个庞然大物才能正常运行。本章主要就航母人员编制和日常事务方面的问题进行解答。

→ 概 述

二战前，航母基本是水面舰艇和滑翔式飞机的简单组合体，没有更多的辅助结构和功能需求，因此其人员组成基本上就是水面舰艇各部门的工作人员加上少量飞行相关人员，仅有数百人。二战中，美国、英国、日本等国建造了大量的航母，但此时的航母都是急于投入战场的，在技术和设计思想上没有根本的改变，只是在功能划分上更为具体细致一些，因而二战中的航母虽然排水量各有不同，但其官兵数量基本在 1000 人左右，很少超过 2000 人。

二战后，日本不能再研制航母，英国也因国力衰弱而难以大规模发展航母，苏联则因为战略思想的转变而使航母迟迟未能露面，只有美国倾力发展航母，故而二战后的航母发展史也就是美国的航母发展史。美国的航母基本代表了世界航母技术与战术应用的前沿。

从 20 世纪 50 年代起，美国制造的航母的满载排水量就已经达到80000 吨，加上战后对航母作战使用经验教训的梳理，各种平台设施的再调整，各部门任务上的再区分，其航母的人员组成基本具备了现代航母的编制特点，人员数量也接近现代航母。例如 20 世纪 50 年代服役的"福莱斯特"级航母，其舰员已达 2900 人，加上航空人员 2279 人，总数已超过 5000 人。目前，美国海军现役的"尼米兹"级航母的舰员编制人数为 3200 人，航空联队编制人数为 2480 人。

法国"戴高乐"号航母是世界上除美国航母外唯一的核动力航母，其编制人数为 1950 人，包括舰员 1350 人，航空联队 600 人。此外，该舰还具备接收 800 人临时在舰上生活 30 天的能力。俄罗斯"库兹涅佐夫"号航母有 1960 名舰员、626 名飞行人员和 40 名旗舰军官，总计 2626 人。

其他国家的小型航母的编制人数相对较少，如意大利"加里波第"号航母有 780 人（舰员 550 人，航空联队 230 人），"加富尔"号航母有 654 人（舰员 451 人，航空联队 203 人），印度"维拉特"号航母有 1350 人，巴西"圣保罗"号航母有 1338 人，泰国"查克里·纳吕贝特"号航母有 455 人（舰员 309 人，航空联队 146 人）。

在航母的众多舰员中，勤务人员占据了相当大的比例。航母上配备有多种型号的舰载机、武器系统及其他配套设施，对应的相关后勤保养维修等任务就需要人工来完成。由于工作量庞大，所以舰上勤务人员的数量很多。如果这么多勤务人员采用统一的军服着装，显然不利于在繁忙又危险的甲板上高效作业。因此，一般拥有航母的国家都采用不同颜色的工作服来区分勤务人员的职务，这样对安全管理十分有利，也方便组织飞机起降和日常工作时的人员调度，进而提高工作效率。以美国航母为例，在飞行甲板上作业的勤务人员多达千余人，为了在舰载机起降过程中便于组织，他们主要以所穿的工作服和所戴的头盔颜色作为区别标志，工作服和救生背心上还要标上各自的职衔和编号。

　　勤务人员在某种程度上直接掌握着舰载机升空与降落、战斗力生成以及安全保障的"生杀大权"，所以需要先期培训。拥有航母的国家通常会先在陆地上建立相应的模拟设施，这些模拟设施不仅要具备完善的飞行甲板、起降装置、拦阻网等设计，而且还必须包括模拟起降、紧急情况处理等高度计算机化的训练仪器，以便各路人员进行仿真练习。即便在航母服役后，为确保专业技能不致生疏，舰上人员的培训也要随时进行。根据美国海军的测算，在航母服役的30年中，需要上百亿美元训练经费。从这种意义上讲，航母的建造费用其实只占其运行总成本的一小部分。直到舰上装备陆续到位，人员培训全面铺开之时，其"吞金巨兽"的真面目才会彻底显现出来。

美国海军航母勤务人员一览表

人员	头盔颜色	工作服颜色	符号（胸/背）
飞机移动和轮挡员	蓝色	蓝色	人员编号
飞机移动和起飞操纵员	黄色	黄色	职衔、人员编号
拦阻装置操作员	绿色	绿色	A
航空燃料员	紫色	紫色	F
货物装卸员	白色	绿色	SUPPLY/POSTAL
飞机弹射官	绿色	黄色	职衔
弹射器操纵员	绿色	绿色	C
弹射器安全观察员	绿色	红色	职衔
飞机失事救护员	红色	红色	失事/救护

续表

人员	头盔颜色	工作服颜色	符号（胸 / 背）
升降机操作员	白色	蓝色	E
爆炸物处理员	红色	红色	黑色（EOD）
支援设备故障排除员	绿色	绿色	GSE
直升机降落信号兵	红色	绿色	H
直升机飞行器材检查员	红色	褐色	H
解钩兵	绿色	绿色	A
飞机降落指挥官	无	白色	LOS
外场机械军士长	绿色	褐色	中队符号和 Maint-COP
维修军士长	绿色	绿色	中队符号和 Maint-COP
质量检查军士长	褐色	绿色	中队符号和 QA
飞机检修军士长	绿色	绿色	黑白交替图案和中队符号
液氧员	白色	白色	LOX
维修人员	绿色	绿色	黑色条带和中队符号
医务人员	白色	白色	红十字
传令员	白色	蓝色	T
军械员	红色	红色	黑色条带和中队符号
摄影师	绿色	绿色	P
飞行器材检查员	褐色	褐色	中队符号
安全员	白色	白色	SAFETY
垂直补给协调员	白色	绿色	SUPPLY COORDINATOR
牵引车司机	蓝色	蓝色	牵引车
转移军官	白色	白色	TRANSFER OFFICER

→ 航母的舰长有何任职要求

　　舰长是航母的最高长官，全面负责本舰的安全、福利和任务的圆满执行等。在实际工作中，舰长通常是把职责分派给副舰长、部门长和总

第8章

值班军官，由他们落实到舰员。副舰长是舰长的代理人和左右手，其主要职责是：主持航母的日常工作，负责保持舰上秩序和指挥所的纪律，必要时代理舰长行使指挥航母的职责。作战时，航母舰长归航母战斗群司令指挥。

美国航母舰长和副舰长的军阶为上校军衔，这两种职务在人选上要求很高，选拔条件和手续也很严格。美国国会早在1925年和1926年就先后两次通过法令规定，航母舰长和副舰长必须由当过海军飞行员或海军空勤军官的指挥官担任。根据国会的法令，美国海军又对选拔航母舰长、副舰长做了如下具体规定：只有在舰上驾机起降过800～1200次，有4000～6000小时飞行记录，并担任过飞行中队长或航空联队长职务的优秀指挥军官，才有资格担任舰长或副舰长。美国海军对核动力航母舰长的挑选条件更为严格，核动力航母舰长在任职前，首先要担任飞行中队副中队长及以上职务30～36个月，并进行16个月的核技术学习，再到核动力航母上担任2～3年负责作战和行政事务的军官职务。

舰长一般从副舰长中挑选，而副舰长一般从航母的部门长或其他大型载机舰长官中提升。美国海军每年提出5～10名航母舰长的候选人，这些候选人首先必须参加操作规则、飞行、海军技术、航母和舰载武器性能等科目的考试，考试成绩合格后，还需经过1～3年的专业培训和实习，才能在缺额的情况下，按严格程序被任命为舰长。美国航母舰长均授予海军上校军衔，优秀的航母舰长将被提拔为航母编队指挥员，授予海军少将军衔。

美国"罗斯福"号航母舰长布雷特·克罗泽（2020年1月）

美国"福特"号航母首任舰长约翰·梅尔（右侧居中）与舰员共进晚餐

与美国不同，英国海军挑选航母舰长的规则是从现役的驱逐舰舰长中，按"三选一"的比例经培训后产生。在 2 年的培训期里，如果发现候选人不胜任或本人不愿继续培训，便会淘汰 1 人，从剩下的 2 人中继续选拔。这种制度也可以防止有人发生意外事故或患重病而出现断档的情况。英国航母舰长在任期结束后一般都会被任命为舰队司令部高级军官甚至海军副参谋长。

航空联队长一职有何特别

航空联队长是美国海军对舰载机联队指挥官的称谓。航空联队长可以说是航母上第二重要的职务，他具体负责舰载机及人员的管理组织并指挥作战。大型航母上的舰载机多达数十架，且往往有七八个机种，只有通过最佳的调度，才能最大限度地发挥航母的巨大威力，否则必将贻误战机。

需要注意的是，航空联队长和航空部门长是两个不同的概念，航空部门长是设置在航母上的一个部门指挥官，受航母舰长指挥；而航空联队长是受航母编队指挥员直接指挥的，管辖数个航空中队的航空作战指挥官。航空联队长与航母舰长的关系较为特殊，当航空联队驻扎在岸上时，航空联队与航母是两个不同的兵种，互不牵制；当参加训练或执行任务随舰活动时，航空联队长在行政上却又接受航母舰长的领导。然而在作战关系上，航空联队长却直接受航母战斗群司令的指挥，和航母舰长是一种平行的关系。

美国海军每艘航母上通常搭载 1 个舰载机联队，每个联队通常由 8～10 个飞行中队组成，有 9～10 个不同机种，能够分别执行反舰、反潜、防空、对陆攻击等作战任务。航空联队长为海军上校军衔，负责联队的作战、情报、通令、战备、训练等工作，战时负责制订空袭作战计划、组织各飞行中队的战斗行动，并对各飞行中队的战斗行动进行战术协调与控制。航空联队长一般从中队长中提拔，年龄 35～40 岁。航空联队长需要充分了解各种战机性能，且必须受过复合型训练，包括航空兵的作战使用、战术行动和计划制订、情报获取和分析等。在美国海军的实践中，这一职位的候选人大多拥有 2～3 个不同机种的飞行证书。航空

第 8 章

237

联队长接受的晋升训练是在飞行战术学校学习两周。

与美国海军不同，法国海军的航母编队既是作战编组，也是行政编组，"戴高乐"号航母上的航空联队长兼任航母副舰长，在岸上则是航空大队长。

美国海军现役舰载机联队的标志

→ 如何培训舰载机飞行员

航母可以不装导弹，可以不装火炮，但是绝对不能没有舰载机。舰载机是其战斗力的核心，而要想发挥出舰载机的最佳性能，很大程度上要看舰载机飞行员。在拥有航母的国家中，舰载机飞行员始终是航母培训体系中的重中之重。

由于航母上空间狭窄，舰载机的起飞和降落都有特殊要求，而且舰载机的任务也更为多样化，所以舰载机飞行员的培养和训练要远比陆基飞行员复杂得多。加之海上飞行中，海天常常混为一体的特殊环境以及雾、盐、雨等恶劣条件，这些都要求舰载机飞行员除了技战术能力高超外，还得拥有极强的心理素质。无论是美国的"院校多层次联合培养"，还是俄罗斯的"院校—训练中心"培养模式，都遵循这样的思路。

美国海军航母的舰载机飞行员主要来自位于佛罗里达州的海军航空学院和海军航空兵军官候补生学校。学员首先要接受海军航空兵的知识教育和地面训练，包括基本军事科目、航空基础理论、海上求生与自救等。预训结束后，学员将被派往海军训练航空联队（训练中队）接受初级飞行训练、基础飞行训练和高级飞行训练，全部课程通过者才有可能成为一名航母舰载机飞行员。

正在进行模拟训练的美国海军舰载机飞行员

俄罗斯的培养模式与美国略有不同。苏联解体后，俄罗斯海军仅剩下一所埃斯克海军飞行学校，目前暂时租用乌克兰境内的尼特卡海军飞行训练中心作为舰载机飞行员的训练基地。尼特卡海军飞行训练中心主要培养飞行员在航母甲板上的起降技术，拥有包括模拟航母甲板、滑降航迹定位器、无线电信标以及光学助降系统等在内的全套航母训练系统。

与俄罗斯类似，作为舰载机起降训练的陆上支援场所，法国的朗迪维肖基地占地约 5767 亩，跑道长 2700 米，现有"阵风"M 型战斗机 10 架、"超军旗"攻击机 50 架和"隼"式教练机 10 架。在这里受训的飞行员有 21% 的时间用于白昼模拟着舰练习，6% 的时间用于夜间模拟着舰练习，另外 73% 的时间投入到其他训练科目中。

舰载机飞行员的技术训练，重点是训练上舰技术能力，包括飞机迎角控制能力、着舰航线确定能力、动力控制能力、下滑轨迹的控制能力、着舰挂钩能力、在滑跃起飞中滑跑轨迹的控制能力等。心理训练的重点是培养舰载机飞行员的心理素质和快速反应能力。在飞行员驾机着舰的过程中，着舰航线下方的航母在海面上其实也只是"一叶扁舟"，即便

第 8 章

是"老手"也会有舰载机的尾钩未能挂上拦阻索需要再拉起复飞的"失误"情况，特别是在夜暗、海上雷雨风浪等复杂气象条件下。所以舰载机飞行员的培训不仅是掌握着舰技术，还要在培训中提高心理素质。在拦阻着舰的过程中，舰载机飞行员还需具备快速的反应能力，包括对禁止着舰信息的反应能力、对着舰指挥官指挥引导的反应能力等。

在着舰过程中，舰载机是被强力拦阻减速停下的，这就使得飞行员承受了比陆基飞行员大得多的过载。在弹射起飞的过程中也是，舰载机飞行员还要承受弹射器的加速度冲击载荷。因此，在培训中就要对舰载机飞行员进行专门的训练，强化身体素质。根据美国海军以往的统计数据来看，因为舰载机起降过程中的冲击载荷，部分舰载机飞行员会患有眼部、颈椎、腰背等方面的职业病。不过通过装备上相应的改进设计，优化了人机工效后，这样的问题得到了缓解。另外，舰载机飞行员在心理与身体双重压力的战备及训练任务后，更需要一段时间的轮休休假，而因为航母上起降作业的高难度，飞行员在休假结束、上舰前还需要在岸上基地进行恢复性训练。

美国"尼米兹"级航母上的舰载机飞行员

美国海军 F/A-18"大黄蜂"战斗 / 攻击机的飞行员

→ 舰载机起飞时为何不能碰操纵杆

美国海军舰载战斗机弹射起飞时，飞行员会双手紧紧握住座舱门框上的把手，在整个弹射过程中，他的双手绝不会触碰操纵杆。这是为什么呢？

自 F/A-18"大黄蜂"战斗 / 攻击机服役起，美国海军舰载机的弹射起飞就完全实现了自动控制，从飞机鼻轮连接至弹射器到机轮离开航母飞行甲板，飞行员都不需要参与飞机的控制。这期间的飞行控制全部由机载自动起飞控制系统完成，飞行员不需要进行手动干预，如果飞行员的手碰到操纵杆反而有可能导致起飞失败。

这是因为舰载机在弹射过程中，20 ～ 30 吨重的舰载机要在不到 70 米长的飞行甲板上从静止加速到 350 千米 / 时的起飞速度，飞行员在此过程中承受的过载高达 4G，除了离舰瞬间的短暂黑视外，飞行员的躯体也会因为较高的加速度而产生相对位移。尽管有安全带的束缚，但是飞行员的手臂和头部还是会因为加速度产生前倾，如果飞行员的右手不扶住舱门上的把手，就可能因为右臂的前移而误触操纵杆，然后控制系统会解除自动弹射起飞状态。

一旦舰载机突然解除自动弹射起飞状态，极有可能出现重大事故。因为舰载机的油门和气动操作面都会发生变化，如果是弹射过程中猛然推杆，气动面作动会使舰载机减速，然后在离舰的瞬间有一个低头动作，破坏离舰动作，留给飞行员的改出空间几乎为零，最终的结果可能就是舰载机因为离舰速度不够而失速坠海。因此，不管是 F/A-18 "大黄蜂"战斗 / 攻击机还是 F-35C "闪电 II" 舰载战斗机，在弹射过程中飞行员都是双手紧紧抓住舱盖把手，在飞机离舰之后才从自动起飞控制系统中接管飞机的操控。

除了弹射起飞是自动控制外，美国海军舰载战斗机的着舰操作也是自动的，飞行员在整个起降过程中一般不用手动干预，除非出现助降系统失灵或恶劣天气等异常情况，飞行员才需要手动控制。就起降过程的自动化程度来看，美国航母仍然处于领先地位。

英国海军 F-35 战斗机的飞行员

美国海军 F/A-18 "大黄蜂"战斗 / 攻击机准备起飞

→ 着舰指挥官如何工作

对舰载机的降落作业来说，仅有助降设备是不够的，航母上有专职的着舰指挥官（Landing Signal Officer，LSO）指挥舰载机着舰。除负责观察舰载机着舰姿态是否准确、提醒舰载机飞行员可能的风险以外，LSO还需要对舰载机飞行员的着舰动作进行评分，并在日后训练中进行讲评，以此促进舰载机飞行员着舰水平的提升。

美国、俄罗斯、英国、法国等拥有航母的国家中，LSO从成熟的舰载战斗机飞行员中产生。他不仅飞行技术要让其他舰载机飞行员钦佩和信服，还必须具备优秀的指挥组织能力，同时对飞机的状态和性能、飞行员的技术特点和性格秉性必须十分了解，才能在第一时间指挥舰载机安全着舰。因此，培养一名合格成熟的LSO非常不容易。

早期的LSO双手各持1枚短桨片似的指挥牌引导飞机着舰，故被称为"短桨手"。20世纪50年代后，航母加装了斜角飞行甲板，同时配备了光学助降装置。最初，光学助降装置能够在没有LSO的情况下，为飞行员提供滑翔斜率的信息。然而，着舰事故率不断上升，最后由LSO和光学助降装置共同组成的着舰系统开始发展起来。

如今，LSO身穿白背心，左手拿无线电通话机，右手握着被称为"冰斧"的装置引导飞机着舰。"冰斧"是菲涅耳光学助降装置的复飞指示灯和交叉灯的开关装置，按食指按钮，复飞指示灯便不停闪耀；按大拇指按钮，交叉灯闪亮。

在美国的航母上，舰载机着舰过程中，并不只是LSO一个人在引导飞机，而是由各负其责的多名人员组成的着舰安全小组在做着舰引导工作。不过，LSO起着核心作用。当舰载机着舰时，着舰安全小组成员在位于着舰区后部左舷的平台上各就各位。具体成员包括：拦阻钩观察员，由军士担任，负责观察拦阻钩、起落架和襟翼的工作情况；电话传令员，由军士担任，负责与舰内的电话员联络；拦阻钩记录员，由见习着舰指挥官担任，负责记录着舰成绩；助理LSO，负责用着舰记录照相系统引导舰载机对准跑道中心线；控制LSO，负责引导舰载机着舰的具体工作；组长，由资历较深的LSO担任，负责监察整个小组的工作情况。

工作中的美国"尼米兹"级航母着舰指挥官

美国"尼米兹"级航母上的着舰安全小组

航母军械员的工作有多危险

航母的飞行甲板号称"世界上最危险的4.5英亩",在上面工作的勤务人员需要特别小心,尽量保持与飞机进气口的安全距离,同时还要小心飞机的螺旋桨,更要当心尾喷口,那里不仅有炽热的高速气流,还有巨大的噪声,会对听力造成永久性伤害。而在各类勤务人员中,工作性质最危险的当属军械员。

航母甲板上身穿红色制服的就是军械员,他们要负责武器弹药的接收、检查、搬运、存储和装卸,要负责各种航空炸弹、导弹、鱼雷的引信的安装和拆卸,并对其进行测试和日常维护。军械员还经常要把各种导弹和炸弹从弹药库中搬运到甲板上,再安装到飞机上,虽然这个过程可以借助机械设备,但仍然要消耗大量体力。

虽然当今发达的军事科技大大提升了各类武器弹药的安全性,但也无法完全避免意外事故的发生。军械员随时随地都在和武器弹药打交道,其危险性不言而喻。各国航母在训练期间都会出现大大小小的事故,战争时期更不必说。1967年7月,美国海军"福莱斯特"号航母就曾发生一起严重事故。

1967年7月28日,"福莱斯特"号航母补充了一批1000磅(约454千克)的老式航空炸弹。但是这批炸弹已经生产了10年之久了,而且长期暴露在关岛和菲律宾的高温潮湿环境中。更糟糕的是,这些炸弹的老式炸药稳定性很差,对震动和过热非常敏感。"福莱斯特"号航母上的军械员拒绝接收这些随时都可能爆炸的航空炸弹,建议应该把它们扔到大海中。然而考虑到第二天还有轰炸任务，目前也没有其他炸弹可用，舰长只好勉强同意接收，但允许军械员把数十枚炸弹堆放在露天的飞行甲板上，而不是存放在弹药库中。如果按照标准操作程序，航空炸弹应该存放在航母内部的弹药库中。

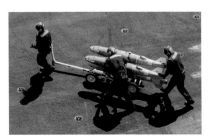

美国"福特"号航母的军械员正在搬运炸弹

美国"布什"号航母的军械员利用小推车运送炸弹

7月29日上午，"福莱斯特"号航母的飞行甲板上一片忙碌，各种飞机都装满了弹药和燃油，随时准备弹射起飞。10点50分左右，由于电子故障，一架F4"鬼怪"战斗机上突然发射了1枚阻尼火箭弹。火箭弹在甲板上飞行了30米，击中1架A-4"天鹰"攻击机的400加仑（1500升）外挂油箱。火箭弹的防爆安全机制发挥了作用，撞击并没有引起火箭弹爆炸。但是从油箱泄漏的高度易燃的航空燃油被还在燃烧的火箭弹推进剂点燃，立刻引发了大火。再加上当时16米/秒的风速，"福莱斯特"号航母的甲板陷入一片火海。

撞击造成A-4"天鹰"攻击机挂在机翼下的炸弹脱落，掉到甲板上。在大火燃烧1分36秒后，前一天堆放在甲板上的1000磅过期航空炸弹接二连三发生了爆炸，数名军械员被当场炸死，一些人来不及躲避直接跳进了大海。其他发生殉爆的还有个别500磅（约227千克）炸弹和750磅（约340千克）炸弹，一共有10枚炸弹在大火中爆炸。

然而灾难还没有结束，随着甲板被炸开几个大口子。大约40000加仑（15万升）正在燃烧的航空燃油流到下层机库，爆炸和大火又造成住舱内数十名正在睡觉的士兵死亡。

直到7月30日中午12点，大火才被控制住。此时"福莱斯特"号航母上的73架舰载机中，有21架被烧毁，还有40架受到不同程度的破坏。

这次事故是美国海军自二战以来最严重的一次，事故造成 134 人死亡，161 人受伤。"福莱斯特"号航母的维修费用高达 7200 万美元，还不包括舰载机的损失。

美国"布什"号航母的军械员在将炸药桶搬往存储区

美国"企业"号航母正在进行消防演练

勤务人员如何有效传达信息

航母在海面行驶过程中，甲板上起降飞机的引擎噪声巨大，可达 135 ～ 140 分贝，再加上海风的呼啸声，使飞行员和各勤务人员相互之间交流起来十分困难。在这种情况下，直观、明确和可靠性高的手势信号成为最佳的交流方式。

1922 年，美国海军历史上的第一艘航母"兰利"号服役。舰上一位名叫肯尼思·惠廷（Kenneth Whiting）的军官用照相机将每次飞机降落的过程拍摄下来，以评估飞机降落技术。在飞机不起飞的时候，他就在飞行甲板尾部角落观察飞机降落。而肯尼思·惠廷的姿势，飞行员在触底降落时仍然能够看清。于是，飞行员发现肯尼思·惠廷的身体语言很有帮助，并建议有经验的飞行员学习这些姿势，这就是舰载机起降中各种手势动作的雏形。

二战期间，舰载机起降时已经广泛使用各种手势动作，并且随着航母和舰载机的演进，逐渐形成了如今的一整套手势动作。一度在网络上爆红的"走你"手势，其实就是航母勤务人员常用的一种手势。

在拥有航母的国家中，美国是手势信号发展最成熟的国家。美国航母勤务人员已经拥有一套较为成熟的手势信号规范，这套手势信号已为西方不少国家的海军所借鉴和沿用。美国航母勤务人员使用的手势数量较多，其中向飞行员做出的一些手势信号，形式上非常复杂，有时就像舞蹈一样难以顺利掌握。

　　在美国航母上的勤务人员中，飞机弹射官的任务艰巨、责任重大。他要负责监督完成舰载机起飞前的所有准备工作，之后和机组人员互致军人的祝福，还要在舰载机起飞前再次检察舰载机和弹射轨道，再次确认舰载机已被准确引导在了弹射轨道中轴线上，蒸汽弹射器的压力符合舰载机起飞重量，襟翼被调整到了必需的角度，弹射轨道上没有障碍，蒸汽导流槽升起。然后，飞机弹射官开始采取一种简短的、独特的姿势

下达起飞命令：侧屈腿，食指和中指指向舰载机起飞方向，其余手指握拳，脸背对起飞方向。飞机弹射官的这个手势是美国航母上最典型的特定手势，弹射器操纵员在接到这一手语指令后，会按下发射按钮，将舰载机弹射起飞。

美国航母勤务人员舞蹈一般的手势动作

美国航母的飞机弹射官正在进行安全检查

美国航母的飞机弹射官下达起飞命令

→ 航母为何保留原始的占卜板

　　众所周知，航母集各种先进技术于一身，是名副其实的大国重器。然而，航母有时候仍然需要依靠低技术的工具来帮助它们完成工作，占卜板（Ouija board）就是其中之一。

占卜板的正式名称为航母飞行控制调度板，起源于二战。当时美国海军为了更直观地向指挥官展示舰载机的起降、维修、损管状态，提出了微观航母理念，也就是将航母和舰载机进行等比例缩小，同时加入各种小零件用于标注舰载机和航母的实时状态。这样就能在指挥室内实现对航母状态的实时掌控和资源调动。

相比之下，现代的占卜板由于技术和理念理解的进步，不仅能向指挥官提供更多的数据，还能表现航母所处的更多状态。美国航母的占卜板长约 1.8 米，宽约 0.8 米，相当于一张大咖啡桌的大小，分为上下两层。占卜板的上层模拟航母甲板，绘有各个功能区的位置，例

美国“艾森豪威尔”号航母上的占卜板

如起降跑道、停机位、升降机位置等。下层模拟航母的机库，这也是舰载机调度的重要一环。负责飞行调度的舰员根据实际情况，将代表不同型号舰载机的模型放在对应的位置，以便更直观地进行指挥调度。此外，舰员用各种不同的图钉、螺母、垫圈等放在舰载机模型上，模拟这些舰载机的不同状态。

美国海军“企业”号航母的调度员曾在对外开放的活动中表示，他们用绿色的大头针钉在飞机上，表示其做好了起飞准备，而使用橙色大头针则代表这架舰载机需要折叠机翼或者旋翼进行停放。不过，美国海军对占卜板的标记方式并没有统一的规定，不同航母都有自己的习惯。

占卜板的成本低廉，操作也很简单，即使是普通人，略微了解规则后，也能凭借占卜板大致猜测出航母甲板上各舰载机的状态。占卜板这种一目了然的特点，正是它历经数十年岁月仍未被淘汰的主要原因。

美国海军一直希望利用现代科技提高占卜板的效率。早在 2011 年，美国海军就公布了正在研发的航母飞行调度软件。随后，美国海军将这套系统与现代技术相结合，把电脑软件和实体占卜板二合一，有效提高了调度的效率。目前，美国海军的航母飞行调度软件还在继续改进，有可能结合语音识别、体感监测、数据传输等技术，这样既能保留实体占卜板的简易可靠，也能发挥现代技术的优势。

第 8 章

美国"布什"号航母上的占卜板

美国"福特"号航母仍在使用占卜板

→ 航母水兵为何用枪打鸟

一艘航母上有数千名官兵，每个人都有自己的职务，例如军械员、飞机弹射官、拦阻装置操作员、牵引车司机等。但是有一类士兵并不需要操作航母内的任何设备和武器，他们一直在观察附近天空上飞行的鸟类，然后用随身携带的霰弹枪进行驱离。有人会问，这些用枪打鸟的士兵不用工作吗？航母上为什么会有如此游手好闲的人？

事实上，用枪打鸟正是这些士兵的本职工作，其目的就是解决"鸟撞"问题。根据国际航空协会统计，1912 年以来，鸟撞至少导致 63 架民用航空器失事；军用飞行器速度快，鸟撞危害更为严重，1950 年以来文献记载的严重事故超过 350 起，至少 165 人遇难。

小小的鸟类为什么会对庞大的飞机构成威胁？其根源在于飞机运行中的高速，而不是鸟类本身的质量。根据动量定理，一只 0.45 千克的鸟与时速 800 千米的飞机相撞，会产生 153 千克的冲击力；一只 7 千克的大鸟撞在时速 960 千米的飞机上，冲击力将达到 144 吨。高速运动使鸟类的破坏力达到惊人的程度。如果鸟类撞坏飞机挡风玻璃，就直接影响飞行员操纵飞机，甚至影响飞行员生命安全。如果鸟类撞坏发动机，会造成发动机空中停车，甚至会引起发动机空中失火，直至引燃整个飞机。而鸟类的生物特性，决定了它们以距离而非速度作为"是否飞走"的判断基准，但飞机的高速度让它们还来不及反应，就变成了"凶手"和牺牲者。因此，飞机与鸟相撞，是世界性难题，对民航飞机和军用飞机的飞行安全都构成威胁。

鸟类的活动范围很广，低至海拔十几米，高的甚至超过珠穆朗玛峰，但更多时候飞机撞鸟都是在起飞或降落阶段发生的，因为低空聚集的鸟儿更多，特别是当鸟儿集体觅食时，黑压压的鸟群就像一颗颗炮弹对飞机造成严重威胁。据统计，飞机降落时发生鸟撞的次数占 42%，起飞时占 37%，其他则是在飞行时发生的。

航母的巡航速度为 18 节左右，螺旋桨产生的涡流会对附近的鱼类造成影响，使大量鱼类受伤或昏厥。这些鱼类浮到海面上，会引来大量的海鸟觅食。舰载机在高速飞行的时候，一旦与这些海鸟相撞，就会造成无法预料的后果。因此，航母上必须有人专门负责驱赶海鸟。

航母之所以不像陆基机场一样安装声波装置来驱赶鸟类，主要是因为声波装置会对航母上的各种精密仪器造成影响，而且会大量占用航母上的空间。在海鸟扎堆又无法安装驱鸟设备的情况下，驱鸟的重任只能由舰员负责了。其实美国一直在寻求科学的驱鸟方法，只是对比之后发现人工驱鸟仍是最有效的方案。负责驱鸟的士兵需要持枪在甲板上持续巡逻，鸟群过来时发射特殊弹药进行驱赶。这项工作并不像表面看起来那么轻松，驱鸟士兵需要精准的射击技术，才能避免误伤。

落在英国"卓越"号航母飞行甲板上的海鸟

航母舰员为何要男女搭配

2021 年 8 月，美国海军"林肯"号航母进行了舰长交接仪式，艾米·鲍恩施密特上校正式接替沃尔特·斯劳特上校，成为美国海军历史上首位航母女舰长。她的新职务，也填补了美军女兵又一任职空白。这一事件引起了世界各国媒体和民众的广泛关注。

　　女性在美国海军服役的记录最早可追溯到 100 多年前，但直到 20 多年前女性才获准在美军作战舰艇上服役。根据美国海军的历史记录，1908 年，美国海军首次招募了一批女性护士入伍；美国海军首次大规模征召女性服役则是在一战期间，以填补人力上的空缺。二战后，美国通过一项法案允许女性在非战争期间进入美国军队服役，但法案命令禁止女性在海军作战舰艇上服役。1990 年，达琳·伊斯克拉被任命为美国海军一艘打捞船的舰长，成为美国海军史上首名指挥舰艇的女性。但直到 1994 年 3 月，美国海军才正式发布命令，允许女性在各类作战舰艇上服役。1998 年，一位名叫莫林·法伦的军官成为美国海军首位女性作战舰艇指挥官。

美国航母的女性舰员与男性舰员一起做瑜伽

正在烹饪食物的美国航母女性舰员

　　自 1994 年以来，在美国航母上服役的女性越来越多。目前，美国航母上的女兵数量在 10% 左右。在很多人的观念里，航母上的各项工作由男性舰员来做更好，因为男性的力量、速度、耐力等身体素质普遍优于女性，遭遇紧急情况时的应变能力也更好。然而美国航母上的女性舰员如此之多，必然是因为她们拥有男性所不具备的某些优势。

　　俗话说："男女搭配，干活不累"，这句话放在军事领域其实也有一定道理。航母一旦出海执行任务，短则几个月，长则超过一年，长时间枯燥乏味的海上生活会给舰员带来巨大的精神压力。此前就有媒体报道称美国航母舰员存在着大量抑郁症状，这不仅严重伤害了美军士兵的健康，也影响了航母作战力的正常发挥。女性舰员的加入，能在一定程度上缓解这种问题。在女性面前，男性有着天生的竞争和表现欲望。女性舰员的赞赏，会将男性舰员的压力转变为动力。这就像在沙丁鱼群中放入一条鲇鱼一样，会很好地激发沙丁鱼群的积极性。航母上举行的各项娱乐活动，也会因为女性舰员的加入变得更有趣。

更重要的是，女性舰员凭借自己细心的优势，也可以胜任很多男性舰员无法胜任的工作，或者同样的工作女性舰员可以做得比男性舰员更好。很多男性舰员没有发现的情况，会被这些细心的女性舰员发现。现代军队越来越依靠科技，并不只是依靠体力和反应能力。即便是航母上搭载的重机枪，也不会有很大的后坐力，女性舰员也能轻松操作。舰载机保养这种细致活，更是非常适合女性舰员。所以女性舰员的存在，不仅不会给航母拖后腿，反而会提高航母工作的完成度。

美国海军将女性舰员的优势发挥得淋漓尽致，例如在通信岗位上，飞行员会更容易接受女性的声音，所以这个岗位上会出现很多女性舰员。还有医疗岗位，更是少不了女性舰员，她们不仅能够安抚伤员的心理，还能够给予他们细致入微的照顾。有了这些女性舰员，会让航母上的男性舰员更有安全感。

法国海军的航母上同样存在女性舰员。事实上，法国在 20 世纪 20 年代初期就废除了禁止女性加入军队的规定。法国的女性和男性一样，都可以参加所有兵种的征兵。最为突出的是海军，打破了女性不能出海的规定，现在法国海军有将近一半的士兵是女性，甚至潜艇上也有女兵出现。

第8章

→ 航母战斗群如何进行海上油料补给

航母战斗群在海上执行作战任务时，除弹药量消耗巨大外，油料消耗量也非常大，因此，航母战斗群海上油料补给已成为延伸航母战斗群的作战半径、提升作战能力的一种重要的手段和方式。在众多后勤装备保障中，油料保障作为航母战斗群的重要保障工作之一，一直备受关注。经过多年的建设和发展，美国、英国、法国和俄罗斯等国的航母油料保障体制已较为完善。

航母战斗群油料保障与一般水面舰艇编队保障基本相同，主要依托地区三军油料统一供应机构满足舰艇的日常用油。航母与其他水面舰艇的油料供应，除种类和数量有所差别外，在体制、方法和方式上基本相同。

美国航母战斗群的油料供应由国防后勤局下属的国防燃油补给中心负责，通常在航母的母港附近多建有大型油库。美国海军大西洋舰队航母母港诺福克海军站对面不远处的克兰尼岛就建有美国东海岸最大的油库，大西洋舰队的航母既可直接靠泊于诺福克海军站对面的克兰尼岛油库进行直接加油，也可通过诺福克海军站的输油管道加油。西海岸的另一个航母母港圣迭戈附近也配有大型油库。当航母需要进行海上油料补给时，军事海运司令部的综合补给船、运油船从国防燃油补给中心接收油料后进行前送。

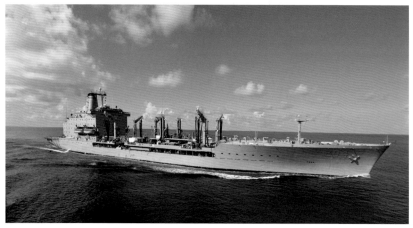

美国海军"亨利·J·凯撒"级补给油船

英国海军的油料保障统一由国防装备与保障部下属的国防油料供应局负责。虽然英国海军设有舰队支援司令部，但在海军油料的供应上，舰队支援司令部只是一个协调机构，并非油料保障实体。英国海军基地内部或基地附近大都设有国防油料供应局所属的油库。英国航母战斗群的海上油料保障，由皇家舰队辅助船队负责输送，皇家舰队辅助船队的油料则从国防油料供应局所属的油库获取。

法国海军早在 20 世纪 70 年代就在国防部设立了三军油料总局，三军油料总局直属的地区级机构有地区三军联合油料局，负责在一定区域内实施三军油料保障，法国海军水面舰艇的油料保障均由地区三军联合油料局所属油库供应。

目前，美国和欧洲国家的航母战斗群在海上执行任务时，油料保障通常由伴随保障的综合补给船或承担二梯队保障的油船来负责。这些综合补给船或油船均装备有性能先进、补给效率高的油料补给装备，可以在较短时间内为航母及其他舰艇提供充足的油料保障。在纵向、横向和垂直补给等方式中，航母及其编队的油料补给主要采用横向补给方式，横向补给装置相应地成为美国和欧洲国家海军发展的重点。

以美国海军为例，其在 20 世纪 60 年代中期研制了油料快速横向补给装备，即 FAST 系统。该系统具有补给速度快、安全可靠、自动化程度高、适用海况高等优点，每小时可以补给 400 ～ 700 吨油料，被广泛应用在快速战斗支援舰上。20 世纪 70 年代中期，美国海军又研制出液压式张力高架索、轻型盘卷软管和半自动加油探头，大大提高了航母战斗群海上油料补给效率，缩短了补给时间。

航母战斗群对油料需求巨大，品种类型多，主要分为航空燃油、舰用燃油两大类。美国海军现役的核动力航母只携带航空燃油，装载量9000 吨。舰载机每架次平均油耗为 8 ～ 12 吨，以 1 架次/日出动强度计算，一个航空联队每天耗油 700 ～ 800 吨，航空燃油自给力为 10 ～ 12 天。美国及北约海军规定，作战舰艇燃油量储量不得低于满载油量的 50%，进入作战区域前燃油储量不得低于 90%。实际上，在航渡和待机阶段，航母战斗群的各舰燃料不得低于满载油量的 70% ～ 80%。因此，在航渡阶段航母战斗群每 4 ～ 5 天需要补给一次。以作战储量须高于 50% 计，每 5 ～ 6 天必须进行一次航空燃油补给。如以 70% 计，则每 3 ～ 4 天需进行一次海上补给。在战区内进行的海上补给更为频繁，根据海湾战争的数据统计，航母战斗群在对地攻击为主的作战行动中，舰载机每架次平均飞行 3 ～ 3.2 小时，需实施送、迎 2 次空中加油，每架次油耗比标准高出 50% 以上。因此，美国海军核动力航母在无补给条件下只能持续 12 天的作战行动。

在实际海上作战中，航母战斗群通常需要快速战斗支援舰携带航空燃油，一般一支航母战斗群配备 1 艘快速战斗支援舰。以"萨克拉门托"级快速战斗支援舰为例，该级舰满载排水量 53000 吨，航速 26 节，可装载燃油 21000 吨，其装载量是常规动力航母舰用和航空燃油储备的 1.33 倍，可使单航母战斗群的作战潜力提高 50% ～ 100%。

在航母战斗群进行燃料补给时，补给舰先与航母平行航行，在补给舰的另一侧还有 1 艘舰船与补给舰平行航行，主要是为了平衡水流压力，防止两舰相撞。然后，补给舰向航母发射钢索（前边有挂钩，发射时像发射捕鲸枪），挂到航母以后由航母水兵拉到专用支架上。收紧钢索，用绞车把输油管道送到航母上，航母水兵把油管连到航母受油口中锁定。发出信号，补给舰开始泵油。泵油完成，水兵打开油管连接口，补给舰收回油管。放松钢索，水兵放开钢索连接，补给舰通过绞车回收钢索。至此，航母战斗群油料补给完毕。

美国"企业"号航母接受油料补给

美国"里根"号航母接受油料补给

航母战斗群如何实施生活保障

一支大型航母战斗群的人员有数千人之多，给生活保障带来了很大的压力。航母战斗群在海上巡航期间，每艘航母平均 3 ~ 4 天就需要伴随保障船补给生活用品一次。其中，综合补给船为各舰艇补充淡水和食品，每次传送干货 300 千克，每小时可补给 120 吨。CH-46 直升机主要负责为驱逐舰、巡洋舰、护卫舰等吊运新鲜蔬菜、水果，以及各舰艇之间人员的往来运输。C-2 运输机主要负责从岸上向航母运送邮件和紧急生活用品等。

航母战斗群的饮食保障通常由各艘舰上的供应部门负责。以美国"小鹰"号航母为例，舰上炊事人员总编制为 70 人，其中三等兵到一级军士长 69 人，三级准尉 1 人。炊事人员一律实行两班工作制，即工作一天休息一天，每天工作 14 小时。海上供应为一日四餐制，驻港供应为一日三餐制。早餐时间为 6:00 ~ 7:30，中餐时间为 11:00 ~ 13:00，晚餐时间为 16:30 ~ 18:00。舰上的菜谱每 21 天重复 1 个周期，中餐和晚餐有两种主菜系列可供舰员选择，其中包括 1 个淀粉类食品、2 个蔬菜、3 个色拉和 2 个甜点。

如果驻港较长（1 年以上），舰员一般都居住在陆地，其生活设施（包括饮食保障供应）均由岸基保障服务单位负责。如果驻港时间不长（2 ~ 4 个月），舰员的生活保障根据驻扎港口的条件由舰长做出决定，可仍在舰上吃住，可与岸基有供应能力的单位搭伙，也可将伙食费发给个人，由个人自行解决。

每艘航母一般配备 10 ~ 15 台大型洗衣机，供舰员洗衣用。航母战斗群还具备一定的医疗救护能力，每艘舰船上均配备了医务室，可对伤病员进行一些常规诊断治疗和简单的手术，重伤病员则由直升机送到医疗船或陆上野战医院治疗。美国海军拥有两艘"仁慈"级医疗船，船上的医疗设施先进而齐全，设有接收分类区、手术区、观察室、病房、放射科、化验室、药房、医务保障等区域，并有血库、牙医室、理疗中心等。舰上总共有病床 1000 张。船上配备医务人员 1207 名，其中高级医官 9 名；此外还有船务人员 68 名。平时，船上只留少数人员值勤，一旦接到命令，

5 天内就可完成医疗设备的配置和检修，并装载所需物资和 15 天的给养，同时配齐各级医护人员。

美国"企业"号航母的勤务人员正在搬运食材

美国"企业"号航母的舰员在飞行甲板上烤肉

美国"企业"号航母上的军医

美国"布什"号航母的舰员在理发

→ 如何进行舰艇维修保养

　　航母战斗群的维修保养主要分为小修和大修两类。每次小修需要几个月时间，耗资从几百万美元到几千万美元不等。小修主要针对航母某个小的部位，不涉及高技术领域，可停泊在港口直接进行。例如，对受到海水盐分腐蚀的表层重新涂漆，更换损坏的阀门、锅炉和电缆等。大修（维修和改装）则是一个庞大的工程，所需时间依具体情况而定，少则一年半载，多则好几年，耗资从几千万美元到数亿美元甚至几十亿美元不等。大修一般涉及航母重要部位或者核心技术，如动力系统、电子战、武器发射和通信等领域。由于所涉及的重要部位较多，维修难度较大，花费的时间也较长，所在军港和所载舰员难以实施，所以必须去专门的海军造船厂进行。

以美国海军为例，其舰艇维修思想体现了全寿命、全系统的现代舰艇维修观念。这种观念贯穿了舰艇服役前到舰艇退出现役的全过程。维修管理工作，各级机关、舰艇上的各部门及艇员都有明确分工。美国海军每一艘军舰的服役寿命、服役期间进行的定期维修升级以及日常的维护保养，都是在军舰下水之前就制定好的。美国海军在长期的发展过程中，逐步形成了一套较为完善的三级维修保障体系，即舰员级、中继级、基地级。

（1）舰员级维修

舰员级维修是由舰艇领导组织全体舰员完成的，为保障舰艇设备运行而进行的日常保养性质的修复性和预防性维修工作，舰员级维修在舰上进行，按照"舰船维修与器树管理系统"（3M）中计划维修系统规定的内容、方法和步骤进行，在各舰艇种类、舰艇级别之间差别较大，维修设施和设备的配置也不尽相同。美国海军 3M 系统的实施不仅有一系列规范化的程序，而且管理的手段先进、方法科学。

美国"尼米兹"号航母的舰员正在清洁上层建筑的玻璃窗

（2）中继级维修

中继级维修是由指定的海上或岸基维修机构，为舰船提供直接维修保障的所有维修。中继级机构分为岸基和海上中继级维修机构两部分。岸基中继级维修手段主要指美国海军各舰队下属的 10 个岸基中继级维修机构、2 个"三叉戟"潜艇修理机构中的设施、设备。承担中、小型舰船或单项装备的大修任务。海上中继级维修手段主要指修理（供应）舰、浮船坞、航母上飞机中继级维修部等，是跟随作战舰艇在海上进行机动部署的维修手段，任务是负责部署区内舰船的器材供应和维修保障。

（3）基地级维修

基地级维修是由指定的大修机构，完成超出舰员级和中继级维修能力的更高的工业维修。在基地级维修方面，美国海军采用的是以海军拥有的国有船厂为主，结合36个持有"主要舰船修理协议"和116个持有"船艇修理协议"的私营船厂的维修体制。原始建造船厂一般不直接介入海军舰船的维修业务，但要为重要武器系统和装备提供技术保障。3家支持基地级维修的单位是：缅因州朴次茅斯的朴次茅斯海军造船厂、弗吉尼亚州诺福克的诺福克海军船厂、华盛顿州布雷默顿的普吉特湾海军造船厂。

美军对基地级维修能力进行宏观管理的第一条措施就是要求军方维持基地级维修核心能力。所谓核心能力包括维护、修理由助理国防部长在咨询参联会主席后确定下来的满足国防紧急事务所必需的武器系统和设备的能力。根据美国法典第十部第2464条，美军必须维持军队的核心后勤能力，反映在基地级维修工作上就是必须保持基地级维修核心能力。

引入竞争是美军维修领域一个重要的战略目标，美军甚至将该目标作为一条原则写进了装备维修管理指令，在国防部指令4151.18中，第5条就明确规定："作为经济而高效地完成军事装备维修的一种手段，应当在国防部基地级维修机构和私营企业之间以及基地级维修机构之间展开'竞争'，并通过竞争使劳动力发展成高度灵活的资源"。美国国防工业的主体是私营企业，国家不是军工企业的所有者。国防部一般不直接干预其经营，主要通过间接的方式进行引导和支持。

美国国防部设立了每年一次的军队维修保养最高奖——凤凰奖（Phoenix Award），以奖励每年在现场级（包括舰员级和中继级）装备维修保养中先进的团体和部门。此外，还设立了"罗伯特·梅森"奖（Robert Mason Award）奖励在基地级维修工作中表现杰出的部门。

美国"卡尔·文森"号航母的舰员正在检查仪表

美国国防部颁发凤凰奖

停满军舰的美国诺福克海军基地

美国"斯坦尼斯"号航母在船坞中进行保养

→ 航母战斗群如何实施后勤保障

航母战斗群的活动范围极其广泛，可在全球大部分海域执行相关任务，而这种长时间、大范围的海上活动，对后勤保障的要求很高。一支航母战斗群通常由数艘乃至数十艘舰艇组成，其燃油、弹药和弹射器等物资消耗量巨大，通常 3～5 天进行一次补给。在战时，航母战斗群的补给时间会进一步缩短，具体时间取决于战争的剧烈程度以及消耗情况。

以美国海军为例，其海上补给已有近百年的历史，目前已建立了比较完善的海上补给管理机构，主要有海上供应系统司令部、军事海运司令部和海上补给部。海上供应系统司令部组建于 1808 年，主要任务是负责物资供应和补给，是物资供应和海上补给的管理机构之一。军事海运司令部组建于 1949 年，原名为军事运输局，拥有一支强大的海上支援船队，主要负责战略海运任务，为战略行动提供海上运输。海上补给部主要负责海上补给的协调工作，隶属美国海军作战部，为海军作战部提供海上补给兵力调动。美国海军海上补给自成体系，上下管理体制协调，使作战与后勤保障衔接非常紧密，有利于快速反应和快速补给。

美国海军海上补给采用阶梯式的补给模式。海上补给由海上供应系统司令部、军事海运司令部共同负责。通常的做法是航母战斗群出海之前，通过海上供应系统司令部下达补给任务，军事海运司令部的舰船首先在港内装满油，在航母战斗群出发前为航母战斗群和其他舰船补给。部分舰船由海军补给中心负责舰船码头补给。航母战斗群出海后，由海上供应系统司令部派出补给舰船伴随海上编队，采用伴随保障样式进行海上补给。当伴随保障的补给舰船上携带的物资基本补给完后，由海上系统供应司令部和军事海运司令部共同派出支援穿梭船队为伴随的补给舰船实施再补给。海上支援船队所需要的物资由军事海运司令部派出运输支援船队或海外基地进行补充。通常在海上编队中专门设置一名海上补给专业军官，负责海上补给的组织工作，使海上补给工作更加系统、科学、安全，形成一个完整的海上保障体系。

在对航母战斗群进行海上保障时，主要有海上伴随保障、应召保障、支援保障三种方式。其中，海上伴随保障又称为一梯队保障，主要依靠建制的快速战斗支援舰、综合补给舰、油料淡水供应船、舰载直升机、舰载运输机进行，是美国海军海上后勤保障系统的关键环节，在向作战海域开进途中，视航母战斗群的消耗需要随时进行海上补给。

为了弥补伴随保障舰船的不足，美国海军一般还派出数艘综合后勤支援舰船对航母战斗群进行二线穿梭应召补给，即二梯队保障。这类船只通常由各单项物资运输补给船、修理船、打捞救护船、拖船、医疗船各单项补给船组成，能在战区海域附近对伴随作战编队的综合补给船实施再补给，对战损和故障舰船实施抢救与修理，对伤员实施收治医疗。

支援保障又称为前进基地物资补充。这类补给舰通常由货船和其他商用船组成，主要任务是往来于美国本土和前进基地之间，为前进基地提供物资补充，使前进基地始终保持足够的物资支援能力。

海上供应系统司令部标志

军事海运司令部标志

美国"福特"号航母与补给舰并列航行

正在进行补给的英国"伊丽莎白女王"号航母

第 9 章
作 战 篇

　　航母战斗群以大型航母为核心，集海军航空兵、水面舰艇和潜艇为一体，是空中、水面和水下作战力量高度联合的海空一体化机动作战部队，具有灵活机动、综合作战能力强、威慑效果好等特点，可以在远离军事基地的广阔海洋上实施全天候、大范围、高强度的连续作战。本章主要就航母战斗群作战相关的问题进行解答。

→ 概 述

航母战斗群可以执行多种多样的作战任务，如实施封锁、保护海上运输航道、支援两栖登陆作战、协同陆基飞机维持制空权、进行大规模海空正面对战等。概括起来，航母战斗群主要有三类基本作战任务。

（1）军事威慑

在危机发生后的第一时间里，具有快速机动部署能力的航母战斗群便能立即做出反应，通过广阔的大洋空间，快速便捷地部署到危机地区前沿。凭借强大的对空、对海和对岸综合作战能力，航母战斗群能有效发挥显示军事存在、炫耀军事实力的作用，向敌方施压，迫使敌方让步，遏制危机的进一步发展，制止战争的爆发和控制战争升级，争取尽早以有利于己方的方式解决危机。即便航母战斗群没能达到军事威慑目的，也可转入实际军事打击，用武力解决问题。以美国为例，美国海军的航母战斗群一直通过前沿部署和日常执勤，在世界各地巡弋，堪称美国实施军事威慑的主要工具。

（2）海空打击

作为一种进攻性力量，航母战斗群的首要任务就是实施海上进攻作战，消灭敌方来自空中、水面和水下的威胁，歼灭敌方海空有生力量，夺取海上综合控制权（制空权、制海权和制电磁权）。在保护己方海上兵力行动的安全、维护海上交通运输的畅通方面，航母战斗群遂行的海空打击任务具有重要意义。

英阿马岛战争期间，英国航母战斗群在夺取战场制海权、制空权，实施封锁和支援登陆作战中均发挥了重要作用。英国航母战斗群的核心是"竞技神"号和"无敌"号2艘航母，共载有20架"海鹞"战机，战争期间共出动2376架次，击落阿根廷飞机24架，击沉击伤阿根廷舰船9艘。

（3）对陆打击

在航母战斗群里，航母自身搭载了能实施对陆攻击的舰载机，而巡洋舰、驱逐舰、护卫舰和潜艇等护航舰艇也配备了能够对陆攻击的巡航导弹，能对敌方陆上重要目标实施"由海向陆"的远程精确打击。在局部战争中敌方实力相对弱小的情况下，对陆攻击是航母战斗群的常用打击方式。具体来说，对陆攻击主要有三种样式：第一种是"外科手术"式袭击，这是美国在处理小规模、低强度的地区冲突和突发事件中，经常采用的作战样式；第二种是对陆上目标实施大规模的空中打击；第三种是支援陆上作战和两栖作战。

在 1986 年的利比亚战争中，美国海军派遣"珊瑚海"号、"萨拉托加"号、"美国"号 3 艘航母，34 艘其他舰艇，240 余架飞机，组成了庞大的航母战斗群。在军事威慑不奏效的情况下，美国海军出动了舰载机对利比亚岸上目标实施军事打击，在 15 小时内彻底摧毁了利比亚防空导弹阵地和多处重要政治、经济、军事设施，造成 150 余人伤亡。

虽然航母战斗群的综合作战能力极强，但并非无懈可击。首先，航母战斗群的阵容庞大，电磁、红外、声场、热场等诸项物理特征明显，容易遭到敌方导弹、鱼雷和潜艇的攻击；其次，航母战斗群的作战能力会随着环境因素的变化而变化，如航母战斗群在地形复杂、岛礁众多的近岸海域活动时，机动能力下降，不利于反潜作战；再次，航母战斗群燃油、弹药和弹射器等物资消耗量大，在进行海上补给时防御能力明显降低，这就为敌方对其实施打击创造了条件。此外，卫星定位、水雷封锁、远程突袭和电子对抗等，也都是对付航母战斗群的有效方法。

夜幕下的美国"企业"号航母

法国"戴高乐"号航母战斗群

英国"伊丽莎白女王"号航母及其舰载直升机群

→ 航母战斗群如何编配舰艇

　　航母在大洋巡弋时，时刻面临来自空中、水面和水下的威胁，尽管航母自身也拥有部分防御武器，但其整体防御能力十分薄弱，在缺少其他舰艇的保护配合的情况下，自身安全受到重大威胁，纵使再强大的进攻作战能力也难以发挥。所以，航母出海执行战斗任务时需要包括水面舰艇和水下潜艇在内的其他舰艇提供有力的保护。此外，为支持航母长期海上作战，战斗群还需编配有大型的综合补给舰，以提供后勤与装备的支援保障。所以，航母只能以战斗群的形式在海上活动。

　　所谓航母战斗群（CVBG），是指以航母为核心，包括各类型防空、反潜水面舰艇、攻击型核潜艇、综合补给舰，可执行反舰、反潜、防空、对陆攻击及各种综合性作战任务，系统集成、攻防一体的大型舰艇编队。

美国"里根"号航母战斗群

　　航母与其他舰艇之间并非完全的保护与被保护关系。现代航母战斗群中的编配舰艇，一般都有较强的综合作战能力，虽然各自在战斗群中有一定的任务分工，如侧重防空、侧重反潜等，但在任务需要时，也可与航母协同执行特定的作战任务。

由于作战任务和海军实力的差异，各国航母战斗群的编配形式存在较大区别。即使是同一个国家的不同航母战斗群，在编配形式上也不会完全相同。二战时期，美国和日本的航母特混舰队颇为典型。日本偷袭珍珠港时，以6艘航母为核心，排成两列纵队，四周配有2艘战列舰、2艘重型巡洋舰，编队外围配有9艘驱逐舰，前方有1艘轻型巡洋舰和2艘潜艇进行引导。而中途岛海战中，美国海军16特混舰队编有2艘航母、6艘巡洋舰、9艘驱逐舰；17特混舰队编有1艘航母、2艘巡洋舰、5艘驱逐舰。

时至今日，随着军事科技的发展和作战理念的变化，航母战斗群的编配形式也有了较大的变化。以美国海军"尼米兹"级航母战斗群为例，通常编配有1艘"尼米兹"级航母（舰队旗舰，由1个海军少将以先进的作战系统

俄罗斯"库兹涅佐夫"号航母（图左）和"现代"级驱逐舰（图右）

与通信设备指挥）、2艘"提康德罗加"级导弹巡洋舰（作为航母战斗群的护卫中枢，提供防空、反舰与反潜等多种作战能力；舰上另有"战斧"巡航导弹，具有远程打击地面目标的能力）、2～3艘"阿利·伯克"级导弹驱逐舰（协助舰队中的巡洋舰扩展防卫圈的范围，同时用于防空、反潜与反舰作战）、1艘"佩里"级反潜护卫舰（已于2015年从美国海军退役）、2艘"洛杉矶"级攻击型核潜艇（用于支持舰队对水面或水下目标的警戒与作战）和1艘补给舰。"佩里"级护卫舰退役后，美国海军"尼米兹"级航母战斗群的编配形式变为1艘"尼米兹"级航母、1艘"提康德罗加"级巡洋舰和3艘"阿利·伯克"级驱逐舰，同时根据需要编配攻击型核潜艇、两栖攻击舰及补给舰。

以"戴高乐"号航母为核心的法国海军特混舰队

英国"伊丽莎白女王"号航母和"机敏"级潜艇

→ 饱和攻击能否摧毁航母

"饱和攻击"这一概念源自苏联现代海军之父谢尔盖·戈尔什科夫海军元帅。冷战时期，苏联为了摧毁美国的航母战斗群，设计了一种持续性高强度的打击模式，用大量的反舰导弹、轰炸机对一个航母战斗群进行持续的进攻，在短时间内从空中、水面和水下不同方向，不同层次向同一个目标瞬间发射超出其防御拦截能力的导弹。当打击的密度和强度突破了舰队防御的极限后，这支舰队就开始出现各种不同的损伤了，继续这样的打击，舰队就会被彻底摧毁。为此，苏联不仅部署了大量的舰载反舰导弹，也专门设计了很多武器来执行饱和攻击的任务，例如图-22轰炸机最初的主要任务就是高速突破航母的防御圈，发射反舰导弹。

既然饱和攻击对航母战斗群具有毁灭性的打击能力，为什么现代战争中从未实施过这种战术？事实上，虽然饱和攻击这种战术行之有效，但是实施起来并不容易。

"饱和攻击"在军事计算上是有公式

退役的图-22轰炸机

的，即 $N=M/P$。N 代表摧毁目标所需要的导弹数量，M 代表对目标达到预定的毁伤程度所需要的导弹数量，P 代表单枚导弹的命中概率。这个公式比较简单，只要达到了 N 就是饱和攻击。然而在现代作战环境下，这个公式就得展开了。M 并不是单一的 M，P 也并不是单一的 P，M 要考虑舰船本身的损失管制能力和抗打击能力，P 也要考虑对方电子对抗、近程防御、空间导弹容量等一系列的问题。于是这个公式就变成了

$$f_k = \begin{cases} (1-P_s) + P_s \sum_{j=X_0}^{X_1} P(j)\ P(j,\ 0) & (k=0), \\ P_s \sum_{j=\max(X_0,\ k)}^{X_1} P(j)\ P(j,\ k) & (1 \leqslant k \quad X_1). \end{cases}$$

　　如果再考虑己方导弹的性能和突防能力，以及导弹载具的发射因素，公式还会进一步扩展为：

$$f_k \begin{cases} (1-P_s)+P_s(1-P_{gd})^n(1-P_{gd_2})^{n-N} & (k=0); \\ P_s\displaystyle\sum_{j=\max\{0,\ k-n+N\}}^{\min\{k,\ n-N\}} C_N^j P_{gd}^j (1-P_{gd})^{N-j} C_{n-N}^{k-j} P_{gd_2}^{k-j}(1-P_{gd_2})^{n-N-k+j} & (1\leqslant k \quad N) \end{cases}$$

　　显然，饱和攻击所需要的导弹太多了，以至于军队很难发射出这么多的导弹。此外，即便能给导弹一个大的目标范围，但也很难具体地控制每一枚导弹的飞行路径，于是苏联当年提出了"领弹"的概念，对一组导弹中的一枚导弹进行精确控制，其他导弹以这枚导弹为"头羊"，跟随这枚导弹飞向目标区域。然而这种导弹领航的方式需要导弹自身发出很强的无线电信号，会提前暴露导弹的位置，丧失打击的突然性。己方的导弹可以接收到的无线电信号，在对方的侦听系统中也可以接收到。这样一来，"头羊"的方式就成了苏联 P700、P800 导弹最致命的问题。

P800 反舰导弹（北约代号为 SS-N-26）

　　如果没有"头羊"，导弹就又恢复乱射的模式，虽然可以通过技术手段解决一部分问题，但问题的解决是以导弹的空间密度降低为代价的。即便不考虑空间密度的问题，在各个方向发射大量导弹也涉及军事调度的问题。目前很难在不同的导弹发射部队和装置上进行统一的调度，这就导致导弹极难通过量变达到质变的可行性。所以目前对航母进行打击，各国还是在不断地发展能够高速突防的导弹品种，而不是一味地叠加现有导弹的数量以达到毁灭航母的目的。

　　尽管饱和攻击在现阶段难以实现，但部分国家还是针对饱和攻击制订了应对方案。对于航母来说，反舰导弹的威胁主要有巡航导弹和弹道导弹两种。而应对导弹威胁的首要关键就是远距离发现。以美国海军航母为例，弹道导弹飞得高，依靠舰队自己的"宙斯盾"雷达和太空的天基预警系统可以提前发现。而巡航导弹飞得低，舰队雷达受到地球曲率限制往往只有 50 千米左右的发现距离。这个距离对于亚音速导弹而言只需要 3 分钟即可飞过，3 马赫的超音速导弹则只需要 30 秒。在这期间用防空导弹拦截往往只有一两次交战机会，不成功便成仁，这也是传统舰队防空体系面对饱和攻击时感到难以招架的原因。

针对饱和攻击，美国海军提出的对抗思路是依靠预警机的超大探测范围来配合舰载防空导弹。从具体实施项目而言，就是用"标准"VI 舰空导弹、E-2D"先进鹰眼"预警机或未来的 F-35 战斗机和 NIFC-CA 海军综合火控—防空系统。

在 E-2D 预警机和 F-35 战斗机的探测能力支援下，"标准"VI 导弹可以不受地球曲率的限制，完全发挥其 240 千米的超远拦截能力。对抗亚音速反舰导弹的时间比以往大幅增加到了 14 分钟，这么多的时间可以从容地进行多次一对一的对抗拦截，从而节约导弹数量。而对抗 3 马赫的超音速目标则也有 4 分钟的反应时间，至少可以进行 2 次拦截。

美国海军"标准"VI 导弹的装备数量约为 600 枚，而最终采购数量将达到 1800 枚。配合升级至基线 9 版本的"宙斯盾"战舰，美国海军将在未来数年内将舰队防空半径扩展至 240 千米级别。

以现阶段的技术水平想要对抗饱和攻击，美国海军的破解思路无疑是比较可行的方案。用防空导弹进行拦截是各国都比较成熟的技术方式。以此技术为基础，加强联合交战能力，整合战区内所有作战单位的探测、综合、决策、交战和评估能力，以一个整体的形式进行对抗。探测能力和相匹配的射程是基本条件，同时探测、指挥和控制系统等信息化能力必须有足够的通信和处理能力以支撑大批量和多波次的探测—决策—交战—评估循环。

除了依靠舰队本身携带的导弹进行抗饱和攻击之外，舰载航空兵的空空导弹也具备一定的反导攻

美国海军驱逐舰发射的"标准"VI 舰空导弹

击能力，但也仅限于对巡航导弹的防御。现代空空导弹面对弹道导弹基本无能为力，速度差距太大，而且作战高度不足。战斗机普遍在 10000 米以下空域活动，这个距离对于 5 马赫以上近乎垂直俯冲的弹道导弹而言最多不过 5 秒即可穿透，战斗机根本来不及反应。

美国"福特"号航母进行全舰冲击试验

航母对陆攻击有何优势

　　二战以前，航母处于早期发展阶段，在战争中发挥的作用并不大。到了二战时期，航母被广泛运用，尤其是在太平洋战争战场上起了决定性作用。从日本航母偷袭珍珠港，到双方舰队自始至终没有见面的珊瑚海海战，再到运用航母编队进行海上决战的中途岛海战，航母逐步取代战列舰成为现代远洋舰队的主干。不过，航母战斗群在二战中主要承担对海作战任务，即以歼灭敌方海上作战兵力为主，很少承担对陆上目标实施打击的任务。

　　二战后，人类没有再发生大规模世界性战争，但局部战争和军事冲突时有发生。这一时期，拥有大量航母战斗群并经常将其投入实战的只有美国，而航母战斗群的主要作战任务也有很大变化。美国航母战斗群进行对岸进攻作战的行动越来越多，而单纯用于在海上夺取制空权、制海权进行舰队决战的情况则很少发生。

据统计，自1964年以来，美国在世界各地以武力进行干预的突发事件达200多起，其中运用海军兵力的就占了2/3以上，而其中大部分行动都有航母战斗群的参与。1993年，美国前总统克林顿曾表示："当'危机'这个词在华盛顿出现的时候，无疑每个人要说的第一句话就是最近的航母在什么地方？"这句话被当作"经典"不断地被引用，充分说明了航母战斗群在美国人心目中的重要地位、作用及对其依赖程度。

在20世纪50年代到60年代的局部战争中，美国航母战斗群均进行了对陆攻击行动。而在20世纪80年代的空袭利比亚作战以及90年代初的海湾战争中，美国航母战斗群对陆攻击行动的规模和次数大大超过了对海攻击行动。苏联解体后，美国海军的战略发生了很大的变化，从过去的"在海上进行蓝水作战"变为"由海上进行近海的绿水作战"，即"由海到岸"的海军对岸作战。在21世纪初的阿富汗战争和伊拉克战争中，美国航母战斗群的对陆攻击行动次数更多，效果更加明显。

海湾战争中从美国"小鹰"级航母起飞的F-14战斗机

法国"戴高乐"号航母放飞舰载机打击恐怖组织据点

毫无疑问，航母战斗群已成为美国对付地区性冲突，实施威慑、海空封锁和"外科手术式打击"等作战行动的重要兵力。当今信息化条件下，航母战斗群是美国海军对陆攻击作战的主要力量。这是因为空军受到地理和政治等方面因素的制约，航空基地不一定能够适应在全球各地实施对岸作战的需要。而航母战斗群具有强大的空中突击能力，在对陆攻击过程中，能够在海上自由行动和任意选择攻击位置。航母为空中兵力提供了一个机动能力强、突击威力大、作战灵活性好的海上平台，可以迅速在最需要的海域集结攻击力量，对岸进行威力强大的空中突袭和支援作战。因此，今后一段时期内，美国海军航母战斗群仍会是对陆上目标实施打击的先锋和中坚力量。

→ 航母对陆攻击有何短板

尽管航母战斗群在对陆攻击作战中有着无与伦比的优势，但它并非没有短板。具体来说，主要有以下几点。

（1）航母战斗群实施对陆攻击时广泛使用远距离精确打击武器，而远距离精确打击武器对卫星侦察情报依赖程度较大。美国海军"战斧"巡航导弹及机载精确制导武器高度依赖卫星侦察技术。若没有卫星侦察技术为依托，仅凭航母自身的预警和探测系统将降低其打击目标的精度以及远距离对岸攻击的精确性。所以，一旦侦察卫星遭到人为或自然的摧毁和破坏，或是转发器信号遭受人为的电子攻击，航母战斗群的对陆攻击作战效果将大打折扣。

美国海军"战斧"巡航导弹

（2）航母舰载机的作战行动受恶劣气象和黑夜制约。虽然航母抗风浪能力强，但舰载机的使用却受到严格的气象条件限制。由于恶劣气象条件和黑夜对舰载机的作战行动有严重影响，所以美国海军对舰载机的安全起降条件有着严格规定：6 级浪以下，航母纵倾小于 2°～3°，横摇小于 4°～6°，艏艉甲板的升沉小于 4～6 米；在 6 级以上高海况时，飞机不能放飞，特别是不能回收飞机；在 8 级风、6～7 级浪的情况下，大部分的飞行员将难以起飞。另外，虽然美国航母战斗群的舰载机大多数是全天候作战飞机，并拥有较强的夜战能力，但是航母起降飞机的能力在夜间会明显降低。航母在白天每分钟可起飞 4 架飞机、降落 2 架飞机，而夜间则降至每分钟起飞 2 架、降落 1 架，如出动的兵力较多，则起降持续时间还将大大延长。此外，还有约 1/3 的舰载机飞行员因训练水平的因素难以进行夜间起降，这也降低了舰载机的夜间出动能力。

夜幕下的美国"尼米兹"号航母

（3）航母战斗群的作战能力在近岸海域难以发挥。这些海域的海区多数比较狭窄，航母战斗群进入后，前伸的外层警戒兵力，如 E-2 预警机、S-3 反潜机及 F/A-18 战斗 / 攻击机等作战飞机，受到敌方航空兵、地空导弹的威胁将增大，难以前伸至最佳距离以满足作战需求。若敌方沿海主要为山区，E-2 预警机的雷达还将受到地形影响，难以有效地探测、跟踪超低空飞行的来袭目标，使航母战斗群对空预警纵深缩小；另外，"战斧"巡航导弹也易受地形、地物和天气的影响。同时，近岸海区水深较浅、暗礁较多，水声器材工作环境变差，不利于航母战斗群的海上机动。

（4）航母战斗群缺少对付水雷的有效措施，即便是实力强横的美国航母战斗群也是如此。美国航母战斗群对陆攻击的阵位大多距离岸边100 ～ 300 海里，濒海国家可在这一带海域布设大量的攻势水雷，而且前航母战斗群在兵力和装备构成上，仍无专用的反水雷兵力、兵器。仅依靠潜艇的综合声呐系统，搜索、探测漂雷和距离水面较近的锚雷。发现水雷后，也只能采用机动手段，实施规避。

在陆地上空飞行的 E-2 预警机

何为五环重心

所谓"五环重心"，是美国海军航母战斗群用于选择对陆攻击目标的一种基本理论依据。航母战斗群实施对陆攻击时，首先面临的问题就是选择攻击目标。选择攻击目标直接关系到战役目的乃至战略企图的实现，同时还是控制战争强度、规模和进程的有效手段。因此，在选择目标的时候必须十分谨慎与细心。

1988 年，美国空军司令部主管计划与作战的副参谋长助理约翰·沃登上校，出版了一本小册子——《空中战役（制订计划准备战斗）》。之后，约翰·沃登又在美国《空军杂志》上发表了一篇名为《把敌人作为一个系统来打击》的文章。由此形成了对美军和西方军队颇具影响的"五环重心"理论。按照这一理论，约翰·沃登主持了 1991 年海湾战争中"沙漠风暴"进攻性空中战役计划的制订。科索沃战争结束后，美国空军最高指挥当局充分肯定了约翰·沃登的"五环重心"理论，并在其 2000 年 1 月 22 日颁发的《空中作战纲要》中，正式将"五环重心"理论定为空袭目标选择的基本理论依据。

所谓"五环重心"理论，就是用 5 个同心环分别代表 5 类不同的目标及其相互关系。

（1）指挥控制环。这一环内的目标是敌方的领导人及其与外界联系的指挥控制通信系统。抓住或者消灭敌方的领导人可使敌方丧失斗志；

第 9 章

摧毁或者破坏敌方的指挥控制系统，可使敌方丧失战斗力。如果不可能做到这两点，则可通过摧毁外围环节来迫使敌方领导人屈服。

（2）生产设施环。生产设施是国家正常运转所必需的，尤其是工业化国家，对电力和石油产品的依赖极强。倘若一个国家的基本生产设施被摧毁，不仅该国民众的生活会变得十分困难，该国军队的现代化武器装备也将失去作用。

（3）基础设施环。这一环主要包括敌方的运输系统，如铁路、公路、桥梁、机场、港口等。约翰·沃登认为，敌方如果不能够进行有效的运输，则国家的运转速度会马上降低，防御能力也将明显削弱。

（4）民众环。通过对民众造成伤亡，造成敌人斗志崩溃，进而赢得战争的胜利。但是，由于攻击民众常常遭到国际舆论的强烈谴责，因此要尽可能避免此类行为。

（5）野战部队环。约翰·沃登认为，尽管军队是实现战争目的的主要工具，它的主要功能是保卫己方或者威胁敌方的各个环。但这并不是说不需要考虑如何打败敌人的军队，因为在很多情况下，只有重创敌人的野战部队，才能使内环也就是指挥控制环丧失坚硬"外壳"的保护。

显然，"五环重心"理论的主要观点可以归纳为以下几点：一是以破坏敌方指挥控制环，迫使敌方领导层屈服，以达成己

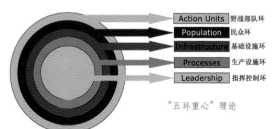

"五环重心"理论

方战争目的为目标，而不以消灭其军事力量为目的；二是在难以打击指挥控制环的目标时，要围绕打击指挥控制环的目标的需要，打击与该环密切相关的其他4个环内的目标；三是对其他环的目标的打击，应以该目标对指挥控制环的影响程度来排序。野战部队虽处于"五环重心"理论的最外一环，但野战部队抗击力的强弱对领导层的决心影响极大，因此，有时野战部队也被优先考虑，作为重点攻击的目标。

在对陆攻击行动之前，美国海军航母战斗群会根据"五环重心"理论对空袭目标进行精心选择。美国海军会邀请目标技术专家，专门分析通过各种渠道获取的目标情报和资料，对预定打击的重要目标进行反复

精选、分类，并依据作战任务和意图制订火力计划；在空袭过程中，还不断根据战局的发展，扩大目标打击范围和打击目标的种类。领导机构与指挥控制系统是国家的中枢，是组织有效抗击的前提，包括被空袭国家及军事有关部门的指挥机构，关键的指挥、控制、通信和情报系统，甚至包括国家和军队重要领导人的住所或办公设施，它们都是美国海军空袭的重点目标，美国海军把这些与领导机构和指挥控制系统相关的目标放在空袭作战的核心位置。其他 4 类攻击目标主要是军事生产设施、支援设施、交通运输系统、战场地面目标。其中，军事生产设施和支援设施包括军工生产、电力和能源生产系统及其储备设施。对这些目标攻击的主要目的是瘫痪敌方的战争潜力，破坏其持续作战能力。因此，这些目标也是美国海军战略攻击和空中遮断的重要目标。交通运输系统是一个国家的重要基础设施，在"五环重心"理论中属于"基础设施环"，是美国海军战略攻击和空中遮断的重要目标。

1991 年海湾战争中美国海军 F-14 战斗机在伊拉克境内作战

2003 年伊拉克巴格达的重要目标遭到美国航母战斗群的空袭

→ 对陆攻击如何获得情报支持

在进行对陆攻击作战时，航母战斗群离不开舰载预警机、无人机和卫星等兵力提供的情报支持。随着联合作战的不断深入，空军和陆军均可通过C4ISR系统协同航母战斗群实施攻击，当侦察卫星和侦察机等侦察设备发现敌方目标后，会迅速将情报信息传送给航母指挥控制中心，由其指挥舰载武器实施攻击。

在情报、侦察和监视领域，卫星具有覆盖范围广（能实现全球覆盖）、运行时间长以及在平时可以进入敌方领土上空等优点，已成为实施网络中心战的前提。在伊拉克战争中，美国海军动用了6颗军用成像卫星，每颗卫星一天两次通过伊拉克上空。先进的卫星系统、侦察机、地面站和地面侦察人员组成了一个天、空、地（海）一体化的情报、侦察和监视系统。该系统可为部队提供作战空间的情况，包括作战部署、兵力兵器和作战意图等方面的情况以及毁伤效果评估；同时也为"战斧"巡航导弹和联合直接攻击弹药等精确打击武器提供目标信息，为"爱国者"导弹提供预警信息和目标信息。

由于卫星通信具有广域覆盖和全球覆盖、独特的广播和多播能力、快速灵活组网、支持不对称带宽要求和可以按需分配带宽等优势，因此建设战场信息网络必须依靠卫星通信。在伊拉克战争中，美国海军不仅利用了已在轨的军用通信卫星系统，而且在战争期间发射了1颗国防通信卫星和1颗军事通信卫星，并利用了大量的商业卫星，从而大大提高了信息传输能力。

得益于卫星的强大能力，美军在伊拉克战争中的作战效率远超海湾战争时期。在海湾战争中，美国海军一般需要两天时间才能完成对目标的侦察评估和打击准备，而在伊拉克战争中则缩短到几分钟。另外，伊拉克战争时卫星通信的带宽也比海湾战争时大了10倍。在海湾战争中信息只能传到指挥所，伊拉克战争时则可以传到每个士兵。

除了卫星，舰载预警机、侦察机和无人机的作用也不容忽视。预警机的电子侦察设备和机载雷达可在复杂电磁环境中工作，能抗击敌方电子干扰。航母战斗群的战术旗舰指挥中心与预警机之间有数据链进行信息交换，共同完成预警及任务分配等任务；侦察机的主要任务是通过拍摄战区卫星图片和截取敌方通信信号，以确定敌方目标的准确位置，为航母战斗群对陆攻击提供保障；无人机续航时间长，体积小，飞行高度相对较高，不易被敌方发现与攻击，可对战场进行有效的长时间、实时侦察与监控，以获取绝对的信息优势。此外，还可以用作目标指示平台，以及用于战场毁伤评估。

美国先进极高频军用通信卫星　　　　美国"尼米兹"级航母的情报中心

如何选择对陆攻击阵位

　　所谓阵位，是指舰艇攻击目标时所占领的位置。舰艇通过观察和战术机动抢占有利攻击阵位，是战胜敌人的重要条件。帆船时代，占领了上风的位置就有了主动权。以舰炮为主要武器的蒸汽舰时代，抢占有利的攻击阵位是水面舰艇战术机动的主要内容。鱼雷武器出现后，潜艇和水面舰艇使用鱼雷的攻击阵位，要求敌方舷角能保证鱼雷有较大的命中概率，距离在鱼雷有效射程以内，己方舷角则根据鱼雷发射器的安装情况确定。潜艇和水面舰艇使用火箭助推深水炸弹攻潜时，根据火箭射程和水面舰艇与潜艇的航速比确定。在组织舰艇群协同攻击时，还要求划分各突击群的攻击阵位。

　　随着科学技术的发展，舰艇普遍装有自动化计算装置和自动跟踪瞄准系统，鱼雷、导弹都具有较远的射程和自动导向目标的能力，使用武器的要求是在远距离上先发制人，阵位诸要素的作用发生了变化，攻击距离成为核心要素，目标的方位或舷角已无大的影响。航母战斗群进行对陆攻击作战时，通常需要在与被突击目标区域保持一定距离的作战海区选择某一阵位，即航母战斗群对陆攻击阵位。

航母战斗群在选择对陆攻击阵位时，需要重点考虑两方面的因素：一是进攻因素，要求被攻击目标位于航母战斗群突击兵力的作战半径之内；二是防御因素，要求在这一距离上航母战斗群受敌方威胁较小。因此，在确定航母战斗群实施对陆攻击作战的攻击范围时，除重点考虑其突击武器装备本身的性能外，还需同时考虑航母战斗群自身的安全因素。

以美国航母战斗群为例，美国航母由母港或锚地出发后，与战斗群其余兵力会合编队完毕并航渡到综合作战海区，在实施对陆攻击作战前驶抵前沿的对陆攻击阵位。对陆攻击阵位随着作战对象以及海区的不同而有所变化，一般选择在距海岸 185 ～ 275 千米的阵位上，以便在对岸基目标实施攻击时使航母在攻击点调整、舰载机飞行航线选择方面具有更大的灵活性。这样在提高了对陆攻击行动突然性和成功率的同时，又能够增加航母阵位的瞬间不确定性，以保证航母战斗群自身的安全。当敌方不具备对海作战能力时，美国航母战斗群的攻击阵位离陆地的距离会更近，往往只有数十千米，这样不仅增加了舰载机的携弹量，而且使其能够进一步深入腹地和扩大供给地域。

正因为如此精心确定航母战斗群实施对陆攻击作战时的打击阵位，所以，自二战以来美国海军航母战斗群几乎参与了美国介入或发动的所有主要军事冲突或局部战争，但至今尚未出现美国海军航母被敌方岸基飞机击毁或击伤的战例。

1991 年的海湾战争期间，美国海军有 6 艘航母参加了对伊作战，其作战阵位分别设在地中海、红海、北阿拉伯海、阿曼湾和波斯湾，对伊科战场形成环形之势，阵位距伊科战场近处为 200 千米，远在 1000

美国"尼米兹"号航母前往波斯湾

千米，全部在航母攻击机的作战半径之内。

俄罗斯"库兹涅佐夫"号航母在地中海航行

→ 如何实施先封后打

航母战斗群实施对陆攻击作战时，往往会采取"先封后打"的策略。所谓"先封后打"，是指航母战斗群为达成一定的战略或战役目的而采取的两种相互关联的作战行动，即在对敌方区域实施封锁的基础上对敌方重点目标实施轰炸。

"先封后打"作战的第一步是封锁，航母战斗群遂行封锁任务时，一般都是具有战略意图的战役行动。1982年英阿马岛战争中，英军组成了外、中、内三层封锁圈，采用空中火力与海上火力相结合、远程火力与近程火力相结合、火力与障碍相结合等多种封锁方式，通过对马岛彻底围困，为部队后续攻占马岛创造了良好态势。

"先封后打"作战的第二步是对陆攻击。航母战斗群历来担负着战略或战役性轰炸任务。在伊拉克战争发动前期，美国海军通过将近9个月的部署，完成了对伊拉克的封锁，不久之后便发动了伊拉克战争。

在实施海空封锁时，敌方必然会从空中、水面、水下实施反封锁。

这要求实施海空封锁的一方，在对敌实施封锁的同时，必须加强自身防护，将"封"与"打"有机结合起来，确保作战目的的达成。具体来说，要做到三点，即加强预警、火力截击和先敌攻打。

美国"艾森豪威尔"号航母通过直布罗陀海峡

（1）加强预警。先敌发现是确保封锁部队自身安全的先决条件。必须以各种高新侦察预警装备器材，组成远、中、近程与高、中、低空相结合的立体预警侦察感知网，实现尽早发现来袭目标，确保及时采取对策。

（2）火力截击。信息化战争条件下，敌方火力打击距离远、打击精确高的特点，要求必须建立多层立体防护网，以实现远距离发现目标，中远距离截击目标，近距离火力摧毁目标。英军马岛封锁中，建立了外层控制 70 千米、第二层控制 40 千米、第三层控制 10 千米、第四层控制 3 千米的多层防护体系，作战中取得了击沉击伤阿根廷舰船 9 艘，击落阿根廷飞机 14 架的战绩。

（3）先敌攻打。先敌攻打是达成作战目的不可或缺的有效手段，这样可以充分发挥强大的电磁攻击力，对敌实现信息先瘫、全瘫、快瘫；充分发挥空中兵器的打击威力，对敌实施高强度、高密度的攻击；充分发挥远程兵器的威力，对敌实施非接触、点穴式打击。

叙利亚北部城市科巴尼遭到美国航母战
斗群的空袭

1991 年海湾战争中在伊拉克境内作战的
美国海军 F-14 战斗机

巡航导弹对陆攻击有何优点

　　尽管航母战斗群的舰载机在对陆攻击作战中有着不可替代的作用，但它也不是万能的。在对严密设防区域的目标实施精确攻击时，舰载机会受到敌方防空火力的严重威胁。这种时候，就需要用到一种从敌方防御圈外发射的纵深打击的精确制导武器——巡航导弹。在航母战斗群对岸上严密设防的高价值固定目标实施首次突击时，巡航导弹往往是首选武器。

　　巡航导弹是指依靠喷气发动机的推力和弹翼的气动升力、主要以巡航状态在稠密大气层内飞行的导弹。巡航状态即导弹在火箭助推器加速后，主发动机的推力与阻力平衡，弹翼的升力与重力平衡，以近于恒速、等高度飞行的状态。在这种状态下，单位航程的耗油量最小。其飞行弹道通常由起飞爬升段、巡航（水平飞行）段和俯冲段组成。航母战斗群的水面舰艇或潜艇发射的巡航导弹，由助推器推动导弹起飞，随后助推器脱落，主发动机（巡航发动机）启动，以巡航速度进行水平飞行。当接近目标区域时，由制导系统导引导弹，俯冲攻击目标。

　　巡航导弹主要由弹体、制导系统、动力装置和战斗部组成。弹体包括壳体和弹翼等，通常用铝合金或复合材料制成。弹翼有固定式和折叠式，为便于贮存和发射，折叠式弹翼在导弹发射前呈折叠状态，发射后，主翼和尾翼相继展开。制导系统常采用惯性、遥控、主动寻的制导或复合制导。

第
9
章

　　与其他对陆攻击武器相比，巡航导弹具有以下优点。

　　（1）巡航导弹体积小，重量轻，便于各种平台携载。攻击型核潜艇可垂直携载 12 ～ 24 枚，并可抵近敌方沿海发射，从而打击纵深 1300 ～ 2500 千米的重要目标。水面舰艇通常可携载 8 ～ 32 枚，采用 Mk 41 垂直发射装置后，携载数量更多，由于它能在水面机动发射，所以不易被探测。

　　（2）巡航导弹的射程远，飞行高度低，攻击突然性大。例如，美国"战斧"巡航导弹射程最远达 2500 千米，最短为 450 千米，均在敌方火力网外发射，因此发射平台很难被对方发现。导弹在海面飞行高度 7 ～ 15 米，平坦陆地为 50 米以下，山区和丘陵地带为 100 米以下，基本是随地形的起伏而不断改变飞行高度，而这一高度又都在对方雷达盲区之内，所以也很难被对方发现，极易造成攻击的突然性。另外，巡航导弹采取有效隐身措施后，其雷达反射面积仅为 0.02 ～ 0.1 平方米，相当于一只小海鸥的反射面积。新一代巡航导弹在雷达荧光屏上更是只有针尖大小的一个目标光点，很难被探测到。

　　（3）巡航导弹的命中精度高，摧毁能力强。射程 2500 ～ 3000 千米的巡航导弹，命中误差不大于 60 米，精度好的可达 10 ～ 30 米，基本具有打击点状硬目标的能力。携带常规弹头的巡航导弹可摧毁坚固的地面目标，也能用子母弹杀伤和摧毁面状目标。携带 20 万 TNT 当量核弹头的巡航导弹由于命中精度高，一般比弹道导弹的作战效能高 3 ～ 4 倍。

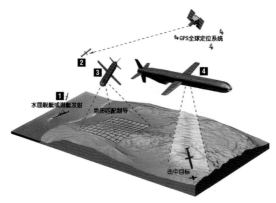

美国"战斧"巡航导弹攻击示意图

美国航母战斗群中的巡洋舰发射"战斧"巡航导弹

舰载机如何进行空袭作战

航母战斗群的舰载机是对陆攻击作战的主要力量,在夺取战区制空权和制电磁权行动中扮演着重要的角色。以美国航母战斗群为例,其舰载机空袭作战的程序分为计划准备、战斗出航、进入目标区并攻击目标、返航退出几个步骤。

(1)计划准备

在联合作战司令部下达空袭任务后,航母战斗群舰载机联队的领队要根据作战指挥官下达的空袭作战计划,制订相应目标打击的具体战术计划,并向空袭作战指挥官作简要报告,说明为完成指定任务所需的武器、平台及战术应用等具体事项。如果需要建制外兵力支援,则向空袭作战指挥官申请,由空袭作战指挥官呈报舰队司令,或者审批后向空军或海军陆战队申请支援。

战斗出航前,舰载机机组必须制订详细周密的飞行计划,包括:在航图上注明飞行航线、航速、时刻和敌方地面防空阵地的配置;制定领航航线卡片，研究和熟悉目标及周围的照片资料等。同时，为了加强与有关单位协调，空袭作战指挥官通常于实施对岸空袭作战的前一天，向防空指挥官通报舰载机飞行计划，如原计划有变更，应于飞机出动前数小时再通报变更后的详细计划。

飞行人员执行空袭任务之前，要接受空中情报官下达的任务简令，内容包括执行任务的海区、目标的性质和坐标，作战的具体规定，执行任务的机型和数量，起飞降落的时间，空中加油机的位置等。然后由此次任务的飞行领队做具体的布置，包括飞机编号、编队队形、攻击参数以及降落时间顺序等。同时也要交代目标照片和识别暗号等。气象官在此时介绍航母所在地、航线上以及目标区的气象情况，目标区上空的风向、风速和能见度。最后，飞行人员在上机前10分钟接受一次最新的电传飞行资料，包括起飞时间、航母位置、紧急进场方位、距离、高度、即时气象情况等。

战斗出航前的一段时间内，要依靠侦察卫星、E-2预警机、EA-18G电子战飞机进行航天航空侦察，选择确定打击目标、查清目标的防御能力以及防空火力部署、雷达通信设施位置、技术参数。集中突击前15分钟还要依靠EA-18G电子战飞机和无人驾驶飞行器做一次补充侦察，核实战前侦察情报的实效性。目标数据的变化要及时报告攻击波指挥员，以便确定最终攻击方案，更新精确制导武器中的目标数据，随后舰载机升空。航母战斗群司令于轰炸前8～10秒，向附近的己方或盟军空军基地发出飞行通告，要求开放机场，以备紧急降落。

EA-18G电子战飞机准备弹射起飞

（2）战斗出航

根据作战需要，美国航母战斗群的舰载机有两种出动方式：一种是分批作业方式，这种作业方式适合于集中突击，如为夺取制空权的攻势防空作战、对海对岸攻击、两栖作战火力支援等；另一种是连续作业方式，这种方式主要用于执行防空、对海对岸警戒、反潜、监控、侦察等防御性作战行动。

航母战斗群舰载机实施对陆攻击时，通常采用分批作业方式，一般分为大批、小批、大批小批相结合三种方式。大批时，每批次 35 架左右，每批间隔 4 ～ 5 小时，每艘航母每天可出动 3 批次，约 105 架次；小批时，每批次 15 ～ 17 架，每次飞行时间为 10 ～ 120 分钟，每艘航母每天可出动 6 ～ 7 批次，最多为 11 批次，计 90 ～ 119 架次；大批小批结合时，每艘航母每天可出动 5 个批次，其中 2 个大批，3 个小批，或者 6 个批次，其中 1 个大批，5 个小批，计 110 ～ 120 架次。

舰载机起飞时，首先起飞一架直升机在航母尾部飞行，担负救援任务，航母在白天通常使用 4 部弹射器，平均 20 ～ 30 秒起飞一架飞机，担负空袭作战任务的各型飞机，按次序依次起飞。舰载机从航母起飞后，先直线飞行一段距离，然后集合、加油、进入航线。通常白天直线飞行距离为 2 ～ 5 海里，夜间为 6 ～ 7 海里。直线飞行时，舰载机与航母校正敌友识别仪，若舰载机的敌友识别仪工作不正常，则不得前往集合和执行任务。

攻击机和战斗机编成小队或分队活动时，通常在返航离开陆地后进行空中加油；多机种编队执行任务时，通常在以航母为中心、半径 10 ～ 15 海里空域集合、加油和编队。航母上空高度的分配为：最高一层 4500 米，为执行该次任务的飞机全体集合和编队的高度，以下每隔 600 米一层，为中队、分队集合的高度。加油机通常提前在航母上空指定的高度上以 10° ～ 15° 的坡度盘旋，等待执行任务。各分队飞机在分队集合高度集合后加油，再上升到全体集合高度指定的位置。

升空后的飞机根据空袭作战任务编成若干编队，通常编为突击、佯动、压制防空兵器、电子对抗、引导指挥、侦察和掩护 7 个战斗编队。其中，装备有战术空中侦察吊舱系统（Tactical Air Reconnaissance Pod System, TARPS）的 E-2C、EA-6B 或 F/A-18 组成侦察编队，携带有空空导弹的 F/A-18 和携带有反辐射导弹的 F/A-18 组成突破和压制敌方防空体系编队，携带有巡航导弹和各型炸弹的 F/A-18 组成突击编队。

合成大机群从第一架起飞至完成编队的时间一般需要 25 ～ 35 分钟。合成机群离开集合编队区域进入航线时，脱离航母塔台的指挥，并由领队向航母申请批准转入攻击网。经批准后，机群内其他飞机随领队一同加入攻击网，而后由领队以攻击网向提前到达战区的E-2C报到，由E-2C向领队指示"入陆检查点"的航向和距离。至此，E-2预警机将取代攻击波指挥员对整个作战行动进行指挥控制。

为了防止敌机混入己方机群，在打击目标区外海设置雷达有效识别咨询区，并配置咨询控制舰（一般由巡洋舰担任），对进入该区的所有飞机进行识别。执行空袭作战任务的飞机进入咨询区时，向咨询控制舰告知本机呼号、任务代号、距控制舰的方位、距离，领队报告所属所有飞机情况，提供飞机编号与机号，离开咨询区时作离开报告。

空袭作战飞机在敌方防空能力较弱的情况下，通常在海上沿直线飞行，直接飞往"入陆检查点"，"入陆检查点"通常选择沿海不设防的明显目标。多机群分批对同一目标进行突袭时，各机群选择不同的"入陆检查点"，使对方不易摸清规律。其飞行高度主要取决于对方对空雷达性能及气象条件等因素，通常在3000～4500米。

空中护航任务主要由F/A-18担任，护航机与攻击机的比例由敌方防空能力及护航兵力决定，一般为1∶1，最高为2∶1，最低为1∶2。护航方式分为直接护航和间接护航两种，一般以间接护航为主，当被护航飞机遂行重要任务或敌战斗机对被护航部队全航线上都有较大威胁时，则进行直接护航。

F/A-18"大黄蜂"战斗/攻击机飞往目标区域

（3）进入目标区并攻击目标

航母舰载机距目标25～30千米时，由航行队形改为战斗队形，并降至500～1000米低空飞行，各路飞机分成若干梯队，每个梯队又分成若干编队，每个编队通常为2～4架飞机。为了取得攻击的突然性，减少被打击的机会，攻击编队多采取小编队、多批次进入目标区，并选择容易获得突击效果、敌方防御火力薄弱及便于隐蔽接近目标的方向进入。

攻击开始后，E-2C作为空中指挥所，掌握全局，控制各攻击兵力投入战斗的时机，保证各编队的战术行动紧密衔接。航空编队在突击前 15 分钟先进行补充侦察；突击前 12 分钟使用电子战兵力，电子战飞机侦察敌方各种电子设施的战术配置要素和技术参数，干扰敌方防空探测、指挥控制和通信手段；突击前 8 分钟开始压制敌方防空火力，由电子战飞机或其他带有电子战吊舱的飞机在距突击区 70 ~ 120 千米的

6000 ~ 10000 米空域，以主、被动干扰方式对敌方综合防空系统进行压制，并突入敌方防区以导弹摧毁主要雷达设施；突击前 7 ~ 8 分钟使用携带远程武器的兵力，再由携带近程武器的兵力实施攻击；开始攻击后 2 ~ 5 分钟进行突击效果侦察。

伊拉克北部城市摩苏尔遭到美国航母战斗群的空袭

舰载机战术编队的使用时机和任务

战术编队	编成	投入空袭的时机	主要任务
指挥与引导	E-2C	战斗开始前 1 ~ 1.5 小时	警戒，作为空中指挥所进行指挥、协调
侦察	E-2C、RF-8G	最后突击前 15 分钟左右	进一步判明敌情动态
佯动	F/A-18、EA-6B	最后突击前 5 ~ 15 分钟	吸引敌方防空火力
电子对抗	EA-6B	最后突击前 8 ~ 12 分钟	干扰压制敌电磁探测、指挥控制设备
压制防空火力	F/A-18	最后突击前 0 ~ 6 分钟	投射反辐射导弹等
掩护	F/A-18	与突击编队同时出动	为突击编队提供空中掩护
突击	F/A-18	与掩护编队同时出动	攻击并摧毁预定目标

（4）返航退出

航母舰载机完成打击任务后，选择安全、经济的退出方向和航线高

速退出。退出时一般不在受敌方防空兵力威胁的上空爬高，而是力争尽快飞临海面上空，得到海上兵力的支援与掩护。各僚机退出目标后，迅速依次向长机靠拢进行编队，保持分队（3～4架）或小队（双机）队形，以疏开队形飞行。护航战斗机在主要机群上空以交叉飞行的方法进行掩护。

当远离海岸5海里后，编队由疏开队形变为密集队形，对准雷达有效识别咨询区控制舰的导航台飞行，并向其报告本机距该舰的距离和方位。雷达有效识别咨询区控制舰以敌我识别器鉴别无误后，批准其由攻击频率转入航母通信频率，编队长机即转入该网与航母联络，并对准航母导航台返航，按航母的指令在其附近集合待命、进场降落。

F/A-18 "大黄蜂" 战斗 / 攻击机降落

航母与潜艇孰强孰弱

从二战开始，航母和潜艇就在茫茫大洋中展开了生死对决。此后数十年，两个老对手在激烈的对抗中不断发展，均已成为现代海军的核心装备。目前，航母仍是海军实力的象征和维护海上霸权的头号利器，而潜艇在海军中的地位也不容小觑，堪称衡量海军力量的"第二指标"。

现代潜艇不仅保持着传统的隐形能力（新材料技术的发展使潜艇的隐形技术得以不断完善），搭载武器的威力和攻击距离也比过去有很大进步。潜艇可携带射程为几百千米的反舰导弹，在距离航母几百千米外的地方发动攻击。航母却难以在这个距离上发动对潜艇的攻击，因为根本无法发现潜艇。即便航母可以使用舰载反潜机大量投放声呐浮标，对敌方潜艇进行地毯式搜索，但在没有任何迹象或者潜艇没有任何攻击行动前，这种不计成本的做法是行不通的。根据北约解密档案，北约对俄罗斯潜艇的跟踪只有11%的发现概率和不到1%的攻击成功率。因此，对潜艇的发现、定位、攻击、消灭实属不易。

此外，潜艇的航速及续航力也大为提高。以俄罗斯"奥斯卡"级巡航导弹核潜艇为例，其水面航速为 16 节，水下航速可达 32 节，续航力为 30 万海里。它可以占据敌方航母航线的前方阵地，在导弹的最大射程内用多枚导弹攻击航母。一般来说，击毁一艘大型航母需要 2～7 枚导弹，齐射数为 4～15 枚，而"奥斯卡"级巡航导弹核潜艇足足装备了 24 枚导弹，可进行二次攻击。

　　然而，潜艇也并非没有弱点。潜艇在水下状态对几百千米外的感知能力十分有限，这就意味着即使潜艇有能力攻击几百千米外的目标，在发现目标、确认目标、制导等方面还有很多难题，仍在潜艇部队

俄罗斯"奥斯卡"级巡航导弹核潜艇

中占多数的常规动力潜艇的作战能力也远不能与核潜艇相比。更何况航母能有效地组织多层防御体系来拦截导弹等空中攻击武器，并有最好的反潜武器——核潜艇护身。核潜艇可以堵在敌方核潜艇基地附近，一对一进行追踪。敌我双方的潜艇都在同一物理介质内作战，拥有在同一工作深度的声呐，这就决定了潜艇比其他反潜兵器能更好地遂行反潜任务。

　　美国国防部曾经提出一份预测报告，认为潜艇与航母的交换率为 3：1～5：1。因此，在对航母实施攻击时，使用不少于 3 个潜艇战术群（7～8 艘潜艇）方可达成预期作战效果——损失 2 个潜艇战术群（5艘潜艇）后，剩下的 1 个战术群（2～3 艘潜艇）才能趁机突破航母的直接警戒而占位攻击，并将航母至少击成重伤。

　　总的来说，在现代海军装备发展中，航母和潜艇的卓越战斗性能和作战表现基本确立了它们作为现代海军核心装备的地位。双方各有优势，也各有短板，没有一方能取得压倒性的优势。

美国"洛杉矶"级核潜艇、"尼米兹"级航母和"阿利·伯克"级驱逐舰

→ 何为网络中心战

　　美国海军拥有世界上数量最多、作战能力最强的航母战斗群，也拥有十分丰富的反潜作战经验。自从潜艇作战能力产生革命性突破后，传统的反潜方式受到了很强的冲击，从而迫使美国海军寻找新的反潜途径。随着反潜战理论研究的深入，美国海军认识到将"网络中心战"的概念运用到反潜作战具有十分重要的意义。

　　"网络中心战"是将最新的IT技术整合到各作战环节当中，利用功能强大的计算机通信网络，将分布在广阔区域内的各种分散的侦察探测系统、通信联络系统、指挥控制系统和武器系统连接在一起，并形成一个网络，实现战场态势和武器共享，各级作战人员利用该网络体系了解战场态势、交流作战信息、指挥与实施作战行动，从而产生比单独的舰艇、飞机、潜艇等作战平台更强大的作战能量。更为重要的是，接入网络的作战节点，一旦受到打击失去作用，网络中心能够很快调集其他作战节点进行补充或增援。

受"网络中心战"的指导和影响,美国海军的反潜作战理论得以深入发展,由此开创了"网络反潜"的新概念,并逐步成为 21 世纪反潜作战的新模式。所谓"网络反潜",是将所有反潜平台通过信息网络连接在一起,进行数据融合后提供相关的战术图像和指令,以达成信息共享,在总体作战行动中遂行快速、协调一致的反潜行动。

与传统反潜方式相比,网络反潜强调基于信息技术构建反潜网络,以"效果的综合"代替"平台的综合"。以往,美军由多个反潜平台依靠自身力量实施反潜,各平台间只能进行简单的协同,其总体效果是参与反潜作战的所有单个平台效果的叠加。网络反潜则不同,具有传统反潜所不具备的明显优势。

美国海军战术数位资讯链路终端机

(1)网络反潜拥有全景式的战场态势感知能力。战区级作战系统对探测、识别和定位数据进行相关性分析和数据融合处理后,可生成战场战术图像。指挥官据此获得对战场态势的感知能力,并对己方反潜力量的打击能力、作战风险等做出评估,以快速确定攻潜对策。

(2)网络反潜拥有高效稳定的搜潜、跟潜能力。搜索敌方潜艇并进行稳定跟踪是反潜战中最为耗时耗力的环节。为增强对潜搜索能力,除提高声呐、磁异探测仪等搜索装备的探测能力以外,还需要增强探测器的综合处理能力和扩大数据来源,以便对单纯的探测数据进行关联性分析和数据融合。信息网络把同一战斗群的所有声呐操作平台连接在一起,并同信息分析中心联网,使高效的数据分析成为可能。

(3)网络反潜拥有合理的火力密度和精确的火力打击能力。网络反潜对战场态势的全景式感知,为提高反潜火力的有效性和精确性创造了条件。通过数据分析,可以确定合理的火力密度,充分发挥反潜火力的打击能力,组织最佳的火力配置摧毁敌方潜艇。这种作战方式,克服了作战盲目性,提高了作战效能,总体作战效果将呈指数级增长。

在网络反潜条件下,若敌方潜艇被飞机、岸基雷达等任意一种反潜兵力发现，潜艇的位置、航向、速度、深度等要素信息就会被实时地传输给所有反潜作战单位，这样潜艇附近的反潜兵力即使没有发现潜艇，也可以根据潜艇要素信息对潜艇实施攻击，从而使反潜作战行动利用计算机网络实现信息共享、相互配合。

反潜作战如何配置兵力

在二战和冷战时期，美国、英国和日本的航母战斗群编成并不固定。冷战结束之后，由于各国的海上使命与任务发生了巨大的变化，因此航母战斗群的编成也进行了重大的调整，其中以美国航母战斗群的调整与改进最为典型。

美国航母战斗群经过了多次重大调整，目前的编成为：1艘航母、1艘导弹巡洋舰、2～3艘导弹驱逐舰、1艘攻击型核潜艇和1艘供应舰。除供应舰外，其余所有舰艇均可参与反潜作战。航母战斗群的反潜兵力配置是融入其整体防卫圈中的，分别由飞机、直升机、导弹、鱼雷等组成，防御半径从500多千米到1000多千米不等。

美国海军航母战斗群为使敌方潜艇对航母的威胁降至最低，通常以航母为核心构成直接警戒、近程警戒和远程警戒3道对潜警戒线，其监视区域的纵深可达200～300海里，使敌方潜艇欲对航母进行攻击时，必须突破由反潜飞机、反潜潜艇、反潜直升机和水面舰艇构成的纵深梯次防御。用于对潜警戒的兵力主要有直接支援航母战斗群反潜作战的岸基P-3C反潜巡逻机、SH-60F和MH-60R直升机、拖曳式阵列声呐舰及核潜艇。

美国"尼米兹"号航母搭载的SH-60F反潜直升机

（1）直接警戒。直接警戒一般由驱逐舰和护卫舰等水面舰艇实施，装备有拖曳式声呐、反潜导弹、反潜鱼雷或深水炸弹，配置在航母周围 3 ～ 5 海里的距离上，当航母战斗群以常速航行时，采用环形配置；当航母战斗群以超过 20 节的速度航行时，采用半环形警戒。为形成严密的声呐监视圈，舰艇间的间距为 1.75 倍的舰壳声呐作用距离。

（2）近程警戒。近程警戒由反潜直升机实施，往往与直接警戒兵力同步配置、协同使用，以扩大驱逐舰和护卫舰反潜的作用距离，保证能在距离航母 40 海里的距离上发现来袭敌方潜艇。航母战斗群中的反潜直升机的数量较多，通常能达 12 ～ 16 架，编成两个组执行近程反潜任务，一次可以出动反潜直升机 5 架，搜索宽度为 20 海里，搜索持续时间为 2 小时。反潜直升机间的间距在 1.25 ～ 1.6 倍吊放声呐作用距离之间，舰艇与反潜直升机的间隔距离在 15 ～ 20 海里，以避免水面舰艇运动时产生的噪声对直升机进行搜索、探测的效果造成影响。

（3）远程警戒。远程警戒由反潜飞机和反潜潜艇实施，配置目的在于防御敌方潜艇搭载的中远程反舰导弹对航母构成的威胁。反潜巡逻机的搜索效率较高，用于搜索和攻击来袭的潜艇，单次搜索时间可以达到 4 小时，搜索最大宽度可以达到 160 海里。一般情况

美国海军装备的 P-3C 反潜巡逻机

美国海军"洛杉矶"级核潜艇

下，当航母战斗群接近敌方潜艇可能活动的区域时，反潜巡逻机起飞，抵达距离航母 100 海里的海域，在最受威胁的方向上实施远程反潜搜索。航母战斗群内的攻击型核潜艇具有搜索时间长、隐蔽性能好等优点。为加强远程警戒力量，通常派出 1 ～ 2 艘攻击型核潜艇，配置在反潜巡逻机飞行搜索区域的两侧，与航母距离 50 ～ 90 海里，在平行于航母航向的方向上曲折航行，在受威胁大的方向上搜索敌方潜艇。

与美国航母战斗群相比，俄罗斯航母战斗群进行反潜作战时的兵力配置大同小异。直接警戒舰艇通常成环形配置在距航母 3 ～ 4 海里的距离上，相邻警戒舰艇的间距为警戒舰艇主动声呐作用距离的 1.4 ～ 1.7 倍。当警戒舰艇兵力充足时，还可组成双层舰艇警戒，外层警戒舰艇距离航母的距离约 10 海里；当警戒舰艇兵力不足时，警戒舰艇则成半环形配置或与航母呈三角形配置。

舰载反潜直升机通常配置在距离航母 12 ～ 15 海里处，围绕编队作环形搜索，负责近程警戒；攻击型核潜艇通常配置在航母前方 40 ～ 120 海里处，负责中、远程警戒。此外，岸基反潜巡逻机和岸基预警飞机也可为航母战斗群远程反潜警戒提供战术支援。为了预防空中威胁，航母战斗群有时还派出部分警戒舰艇，配置在受敌方潜艇威胁较大的方向上，以扩大防御纵深，增强对来袭导弹的预警和抗击能力。

俄罗斯海军装备的伊尔 -38 反潜巡逻机

→ 航母战斗群如何搜索潜艇

航母战斗群协同反潜的主要特点是能充分发挥编队中各反潜兵力的优势，形成整体打击威力。不论是在航渡过程中，还是进入综合作战区，航母战斗群反潜作战的首要任务是发现敌方潜艇，然后根据情况对其实施打击。因此，根据航母战斗群的反潜警戒部署，在未发现敌方潜艇之前，各反潜兵力分别在各自的警戒范围内对敌方潜艇进行搜索。

（1）舰载反潜飞机的搜索过程

舰载反潜飞机具有飞行速度快、搜索效率高等优点，能进行较宽的正面搜索，是担负编队中程警戒的主要兵力。舰载反潜飞机搜索时，应按规定的时间和航线制订飞行计划，并注意不让敌方掌握规律。舰载反潜飞机进行巡逻搜索的基本策略有扇面搜索法和平行搜索法。

扇面搜索法一般在航母战斗群受敌方潜艇威胁较大的情况下使用。每架反潜飞机搜索扇面角为 30°～ 60°，相邻两搜索扇面之间要求有部分重叠。扇面的划分主要取决于可派出的反潜飞机数量及战斗群受敌方潜艇的威胁程度。美国航母战斗群的舰载反潜飞机采用这种方法搜索时，飞机离航母的距离可达 100 海里，正面宽度可达 160 海里。

平行搜索法通常在航母战斗群航渡过程中受敌方潜艇威胁较小的情况下使用。该策略是将反潜飞机配置在编队前方和两侧，与编队保持平行航向往返搜索。美国航母战斗群的舰载反潜飞机采用这种方法搜索时，飞机离航母的距离可达 100 海里，正面宽度为 60 ～ 80 海里。

（2）舰载反潜直升机的搜索过程

航母战斗群中的舰载反潜直升机通常在直接警戒舰艇的前方飞行，定时在水面上空悬停，使用吊放式声呐搜索并随编队一起同步前移。为防止敌方潜艇从航母战斗群尾部进入攻击阵位，舰载反潜直升机有时也被配置在编队尾部舷角，使用吊放式声呐进行搜索，并随编队移动。

由于受到作战思想和反潜直升机装备性能的影响，各国对舰载反潜直升机的使用策略也有所不同。相对而言，美国海军强调单机作战，舰载直升机具有多功能性，使其既能近距离警戒，又能远距离搜索和攻

美国海军 SH-3 直升机装备的 AN/AQS-13 吊放式声呐

击；而俄罗斯海军则主张近距离作战，多机配合。另外，由于一些国家的水面舰艇装备拖曳式线列阵声呐，其作用距离远，为此，更强调直升机在母舰引导下的攻潜行动。

（3）攻击型核潜艇的搜索过程

航母战斗群中的核动力潜艇用于搜索的器材主要是被动声呐和远程拖曳式线列阵声呐，其主要任务是利用其声呐水下探测距离远的优势，为战斗群提供更加可靠的远程警戒。受潜艇通信、观察能力的限制，攻击型核潜艇必须与其他反潜警戒兵力有严格的警戒范围区分，以防被己方兵力误伤。警戒过程中，攻击型核潜艇应在规定的警戒范围内进行搜索，并允许其进行小范围的曲折机动，但其主航向应与编队航向保持一致，其前进速度也应与编队速度保持同步。

法国海军"红宝石"级攻击型核潜艇在水面航行

（4）水面舰艇的搜索过程

负责近程防御的水面舰艇，通常成环形配置在航母的周围，距离航母约10海里，使用主动式声呐进行探测，并与航母保持同向、同速航行；载有拖曳式线列阵声呐的水面舰艇，通常采用8～15节的搜索速度。当航母战斗群的航速超过15节时，它将采取"蛙跳"策略搜索，即在某点停车搜索一段时间，没有发现可疑目标后，高速航行至另一点再次减速搜索。为了验证拖曳式线列阵声呐探测到某方位和区域的可疑噪声，可以使用主动声呐进行再搜索。当距离较远时，也可召唤附近反潜飞机或派出舰载反潜直升机对目标进行搜索定位。

拖曳式线列阵声呐

→ 如何攻击敌方潜艇

　　航母战斗群中的任何反潜兵力发现敌方潜艇后，都要迅速上报战斗群指挥部，并根据实际情况对敌方潜艇实施攻击。如果攻击没有成功，要引导编队其他反潜兵力继续攻击。如潜艇未被击毁，而被战斗群反潜兵力驱赶至无法对航母战斗群造成威胁的区域后，可酌情停止攻潜行动，但要继续加强对敌方潜艇的搜索和监视，防止其再次接近对航母战斗群造成威胁的区域。

　　当远程反潜巡逻机在其警戒范围内发现敌方潜艇后，根据情况可先行定位攻击，同时将情况向战斗群指挥部报告；或者与敌方潜艇保持接触，同时将情况报告战斗群指挥部。为避开对己方其他兵力产生干扰和误伤，反潜巡逻机还需要报告使用声呐浮标和反潜鱼雷的情况。航母战斗群指挥部接到通报后，可根据实际情况派出其他反潜飞机前往支援。进行支援的反潜飞机到达发现潜艇的海域后，为了进行有效的攻击，需要进一步与潜艇建立接触，进行识别、定位、攻击。

美国"林肯"号航母与法国"戴高乐"号航母进行联合反潜演练

第9章

当攻击型核潜艇发现敌方潜艇后，应在限定的海区内独立攻击敌方潜艇，并向战斗群指挥部报告攻击结果。仅在攻击型核潜艇驶离限定的海区后，才能组织反潜飞机进入该海区继续攻击敌方潜艇。

位于近程防御区的反潜直升机发现敌方潜艇后，应立即对其展开攻击。攻击后，引导水面舰艇继续对敌方潜艇实施搜索和攻击。此时，水面舰艇首先在直升机的引导下对潜搜索，当自身的探测设备与敌方潜艇建立接触后，靠自身探测设备获得的数据继续攻击敌方潜艇。

当水面舰艇主动声呐发现敌方潜艇后，应迅速对其攻击，直到潜艇被击沉或自身武器消耗殆尽。如果敌方潜艇还未被击毁，水面舰艇应引导反潜直升机继续攻击敌方潜艇。

航母战斗群中的巡洋舰、驱逐舰和护卫舰均能对潜艇发起攻击，这些水面舰艇的续航力强、耐波性好，装备有大功率、高灵敏度的声呐和多种反潜武器，可搭载反潜直升机，能在较大范围海域，长时间实施对潜艇的搜索、跟踪和攻击。

水面舰艇反潜的基本原则是：正确运用搜索兵力，选用可靠的搜索方法，正确使用搜索设备，及时、准确地发现目标；根据目标的情况合理部署攻击兵力，迅速占领阵位，力争对目标形成包围态势；密切协同，连续攻击。

美国海军 MH-60R 直升机发射导弹

在对敌方潜艇进行攻击时，水面舰艇通常会与反潜机协同作战。一般情况下，由先发现敌方潜艇的飞机或水面舰艇与目标保持接触，引导其他水面舰艇或飞机实施攻击。反潜飞机或直升机先发现敌方潜艇时，即投下浮标或标志弹，同时向水面舰艇通报敌方潜艇的位置和运动方向，引导水面舰艇驶向目标；水面舰艇在飞机引导下迅速接近目标，与目标建立声呐接触后实施攻击；在水面舰艇实施攻击过程中，反潜飞机或直升机通常在目标上空继续进行监视。

　　水面舰艇先发现敌方潜艇而由反潜飞机或直升机率先实施攻击时，水面舰艇将目标的位置和运动要素不断通报给反潜飞机或直升机，反潜飞机或直升机根据水面舰艇的通报对目标实施攻击；在攻击过程中，水面舰艇为保证对飞机的引导和本身的安全，必须位于敌方潜艇舷角180°附近、距离大于飞机攻击危险半径的位置。使用反潜导弹进行攻击时，水面舰艇则需要进入反潜导弹的有效攻击距离范围内。

意大利"米拉斯"反潜导弹发射瞬间　　　美国"阿斯洛克"反潜导弹发射瞬间

现代防空作战有何特点

　　航母战斗群早期的防空作战主要由舰载机和火炮承担，现代条件下航母战斗群所承受的空中威胁大，为保证航母战斗群的安全，需由多种兵力兵器共同组建成完整的防空作战体系，以多种样式协调一致地完成防空任务。现代条件下，航母战斗群防空作战具有以下特点。

　　（1）体系对抗

　　现代航母战斗群防空作战，已不再是哪一类兵力或兵器的作战任务，而是由航母战斗群内多类兵力或设施组建成完整的防空作战体系，必要时纳入外部作战资源后共同承担的作战任务。以美国海军航母战斗群为例，其在防空作战中可以获取卫星情报等外部远程信息，以判明战斗群受空中威胁的程度。当战斗群受空中威胁严重时，E-2"鹰眼"预警机起飞前出至受敌空中威胁方向，在 200 ～ 400 千米外发现来袭的导弹和飞机，为舰队提供及时的早期预警，同时指挥 F/A-18 战斗 / 攻击机对其进行远程拦截。对于已经发射的敌方反舰导弹，分别由舰载战斗机发射的空空导弹和护航舰艇上携带的中近程舰空导弹进行多层次拦截。

航母战斗群中，舰载航空兵担任反舰导弹的远程预警和拦截任务，可以发挥空中预警系统对低空目标探测效果好的优势，弥补舰载雷达低空探测能力的不足；可以充分发挥舰载战斗机活动范围广、机动能力强的优势，对来袭的空中目标实施外层拦截。预警机除了引导战斗机拦截来袭空中目标外，还能够将目标信息传递给防空舰艇，为舰空导弹抗击提供目标指示。但是，由于预警机提供的信息精度不足以对舰空导弹进行制导，因此远程舰空导弹通常是在预警机的导引下飞向拦截空域，依靠自身的主动导引头搜寻目标，对来袭反舰导弹等目标进行拦截。

编队飞行的 E-2"鹰眼"预警机

（2）攻势防空

航母战斗群作为一种攻防兼备的作战系统，真正威力在于其强大的制海和制空能力，依靠其强大的对海、对地攻击能力，航母战斗群可以在任何平台对其发射反舰导弹之前将其摧毁，这种攻势防御是航母战斗群最重要的安全保障。现代航母战斗群第一攻势防空利器是装备在战斗群内的水面舰艇和潜艇上的数量庞大的巡航导弹。

以美国海军为例，航母战斗群所携带的巡航导弹有多种类型，其中包括对陆攻击型和对舰攻击型，其射程最远达到 2500 千米，单航母战斗群所携带的"战斧"巡航导弹可达 140 枚。每艘航母所配备的攻击机数量通常为 30～40 架，按最大出动强度计算，单航母战斗群一天可出动 100 架次以上实施对地与对海攻击。综合两方面的情况，单航母战斗群一次出动，可以对上百个地面或海面目标实施攻击行动。

浩浩荡荡的美国海军"卡尔·文森"号航母战斗群

（3）协同防空

依靠现代通信与网络技术，航母战斗群可以实施协同防空，即网络中心战在航母战斗群防空作战中的具体运用。协同防空要求航母战斗群防空作战具备三个关键能力。第一，能使多个舰载、机载和陆基系统提供的目标信息生成并共享一个一致的、精确的和可靠的空中威胁图像。第二，使作战系统的威胁应对决策机制能够实时地在战斗群的所有兵力中进行协调。第三，能在网络上传送火控系统的目标诸元信息，一旦有可能，兵力群中的某一艘舰船或飞机能够在其本身的雷达并没有掌握这些目标诸元数据的情况下对来袭飞机和导弹进行拦截。如此一来，航母战斗群方能有效拦截难以对付的空中来袭目标，例如低空飞行的超音速巡航导弹。

在不利的处境下，由于系统受所处位置、环境或者本身探测器和武器性能的限制，单独一个防空作战单元可能无法摧毁正在来袭的敌方导弹或飞机。航母战斗群协同防空能够利用在不同地点的多个传感器和武器的整体能力，弥补单个系统的不足或克服其位置局限，成功地对付来袭的空中目标。

印度海军"维拉特"号航母俯视图

（4）电子防空

在制电磁权对制空权、制海权起关键性作用的今天，电子防空是航母战斗群防空作战的重要组成部分。马岛战争中，软杀伤手段在英军的舰队防空作战中发挥了重要的作用。英军舰队在面临阿军的导弹攻击时采取了各种电子对抗措施，如释放电子和红外干扰以降低导弹导引头的捕捉概率，同时进行规避机动，破坏导弹的持续跟踪。马岛战争表明，现代战争中电子系统的广泛应用以及与各武器系统的紧密结合，将使电子对抗贯穿整个作战行动的始终。电子对抗已经从作战保障样式转变为作战行动样式，成为一种实实在在的攻防手段。因此，电子战装置已成为现代海军舰艇的基础装备。

美国海军F/A-18"大黄蜂"战斗 / 攻击机发射箔条干扰弹

→ 如何划分防空区域

航母战斗群的防空作战，历来强调实施先发制人的攻势防御，如派遣航空兵或发射巡航导弹突袭，将对方航空兵以及各种导弹摧毁或压制于机场或基地。在组织攻势作战的同时，航母战斗群也十分重视防御性防空作战。以美国海军航母战斗群为例，其对空防御任务由舰载机和防空舰艇共同完成，以两类兵力为主构成大纵深、多层次、立体多维的环形对空防御体系。航母战斗群的对空防御体系通常划分为远程、中程和近程三个防空区域进行作战活动。

（1）远程防空区

远程防空区分为远程侦察警戒区和远程截击区。远程侦察警戒区内由舰载远程对空警戒雷达和预警机共同探测发现来袭的空中目标。舰载远程对空警戒雷达能够在较远的距离发现从中、高空来袭的空中目标，如美国海军"阿利·伯克"级驱逐舰的舰载 AN/SPY-1D 相控阵雷达对中高空目标发现距离可达 400 千米以上。由于受地球曲率的影响，舰载远程对空雷达对低空或超低空来袭目标的探测距离近，如 AN/SPY-1D 雷达对超低空来袭目标探测距离不超过 50 千米。而敌方飞机装备的反舰导弹射程已经超过 100 千米，可以贴着海面轻松飞行到防空舰艇的探测范围外发起攻击。

美国是第一个在航母战斗群中使用预警机的国家，前后发展了多款预警机，其中最具代表性的是 E-2 预警机。该机的巡逻高度为 7.5～9 千米，对大型轰炸机发现距离为 460 千米，对巡航导弹等小目标发现距离为 270 千米。航母战斗群预警机巡逻空域通常配置在敌方来袭的主要方向上，并根据预警机探测能力与敌机来袭扇面大小确定预警机的前出距离。当来袭扇面不大时，E-2 预警机前出 300～400 千米，加上预警机自身的探测距离，E-2 对来袭空中目标的探测纵深达到 600～850 千米。因此，美国航母战斗群远程侦察警戒区范围包括距离航母 400～850 千米的纵深区域。

远程截击区，是指预警机等发现来袭的空中目标，及时引导舰载战斗机对来袭的飞机或导弹实施拦截作战的行动区域。舰载战斗机通常使用甲板待战出动截击和空中待战出动截击两种方式实施拦截作战行动。使用甲板待战出动截击时兵力使用较为经济，但可截击距离相对较小；使用空中待战出动截击时能够提高反应速度，扩大截击范围，但兵力消耗相对较大。美国航母战斗群的F/A-18战斗/攻击机使用甲板待战出动截击时远程截击纵深为120～375千米，使用空中待战出动截击时战斗机巡逻空域配置在距航母160～400千米的位置上。

美国"卡尔·文森"号航母搭载的E-2"鹰眼"预警机

（2）中程防空区

中程防空区主要由航母战斗群内具备"面防御"能力的军舰承担防空任务，这些军舰会拦截、干扰突破远程防空区的敌方飞机和反舰导弹，并给近程防空区的各舰提供目标指示。以美国航母战斗群为例，其中程防空区的防空任务主要由"宙斯盾"军舰负责。单航母战斗群内通常由2～4艘"宙斯盾"军舰承担中程防空任务，"宙斯盾"军舰以扇形或环形配置在航母周围，并前出一定距离，在受敌方空中威胁较大的方向上形成连续的对空抗击区域。

美国航母战斗群中的"宙斯盾"军舰包括"阿利·伯克"级驱逐舰和"提康德罗加"级巡洋舰，两类军舰分别装备了"标准"系列防空导弹。以装备"标准"II型防空导弹为例，其基本型射程为74千米，射程增大型的射程为104千米，加上"宙斯盾"军舰自身前出近16千米的距离，因此，装备"标准"II型防空导弹的美国航母战斗群中程防空区的边缘距航母达120千米。在"宙斯盾"军舰没有加入航母战斗群前，战斗群内其他舰艇也能够为航母提供一定程度的对空防御。当然，这种情况下航母战斗群有着对空防御手段单一、中间衔接段存在明显漏洞的问题。因此，以"宙斯盾"军舰为主要兵力构成的中层防空区对于形成完整的对空防御体系、保证航母安全有着重要意义。

"阿利·伯克"级驱逐舰编队航行

（3）近程防空区

近程防空区是包括航母自身在内的各型舰艇提供"点防御"的区域，它是航母战斗群的最后一道防空区域，其任务是对穿越前两层防空区域的、数量不多的空袭目标实施火力抗击或电子干扰。如果近程防空区内的防空行动失败，航母战斗群将面临丧失战斗力甚至消亡的命运。

近程防空区的防御武器主要是航母战斗群内各兵力装备的近程导弹、火炮和电子战设备等。以美国航母战斗群为例，在近程防空区内，首先由普遍装备于航母和各警戒舰艇的近程防空导弹实施对空抗击，其射程为 15 千米；其次由航母和各警戒舰艇均装备的多座"密集阵"近程防御武器系统实施自卫抗击，其射程为 3 千米，以弥补近程防空导弹的近程死区；最后，由各舰艇以发射箔条干扰弹等方式实施自卫式电子干扰，以最大限度地降低敌导弹的命中概率。从上述近程防空武器的射程来看，美国航母战斗群近程防空区通常包括距离航母战斗群外围警戒舰艇 15 千米以内的整个区域。

美国"布什"号航母的勤务人员正在拆卸"拉姆"舰空导弹

→ 如何配置防空兵力

航母战斗群的防空兵力分为空中防空兵力和水面防空兵力。两类防空兵力具有不同的行动特点。

（1）空中防空兵力

航母战斗群的空中防空兵力包括预警机、电子战飞机、战斗机、战斗/攻击机等多种类型，各类兵力在航母战斗群防空作战中承担不同的任务。预警机负责战斗群早期预警，尽早发现来袭的空中目标；电子战飞机负责对来袭的敌机或导弹实施电子干扰；战斗机或战斗/攻击机负责对敌机、导弹实施拦截。以美国航母战斗群为例，在单航母战斗群中，防空作战兵力通常包括4架E-2预警机、4架EA-18G电子战飞机和大约50架F/A-18战斗/攻击机。一般空中威胁情况下，航母战斗群起飞4架F/A-18进行空中巡逻，另外可起飞E-2预警机、EA-18G电子战飞机各1架实施早期预警与电子干扰。空中威胁严重时，防空兵力可适当增加。

航母战斗群配置空中防空兵力时，通常以航母为基准点，以空袭兵力主要来袭方向的中心线为防空威胁轴线，合理确定各类兵力的前出位置与配置方向。以美国航母战斗群为例，战斗机使用空中待战巡逻时，空中巡逻方式分为远程巡逻和中程巡逻两种，当空袭兵力的武器射程较远时，战斗机使用远程巡逻，巡逻空域距航母150～200海里；当空袭兵力的武器射程较近时，战斗机使用中程巡逻，巡逻空域距航母50～100海里。在配置方向上，远、中程巡逻时战斗机均以防空威胁轴线为中心线，呈单机或双机对称配置，以航母为中心相邻两巡逻空域之间的夹角，根据空中威胁扇面的大小和空中巡逻机的多少决定，通常取10°～60°范围。E-2预警机一般配置在防空威胁轴±20°范围内，为保证在较远的距离上发现来袭的空中目标，预警机前出的距离较远，通常为150～200海里，最远甚至可达250海里。EA-18G电子战飞机一般配置在防空威胁轴±10°～±20°范围内，必要时活动范围可达±60°，前出的距离与预警机类似。当预警机与电子战飞机在巡逻空域上有重叠时，可以采用高度差的方式加以调整，例如预警机在8～9千米的高空巡逻，电子战飞机在6～7千米的中空待战。

多航母战斗群防空作战时，在一般空中威胁时，由 1 艘航母舰载机执勤，其他航母舰载机待命。空中威胁严重时，则按航母舰载机联队建制统一划分防空区域，如双航母战斗群防空作战时，以防空威胁轴为分界线，每艘航母各负责 90°扇面，3 艘航母战斗群防空作战时，单艘航母负责 60°扇面。

美国海军 F/A-18 "大黄蜂" 战斗 / 攻击机准备起飞

（2）水面防空兵力

除空中防空兵力外，航母战斗群的另一类重要防空兵力就是水面防空兵力，即战斗群内的水面舰艇。装备远程防空导弹的水面舰艇通常承担战斗群的区域防空任务，装备近程防空导弹的水面舰艇只负责自身防御。根据不同的作战阶段，单航母战斗群通常派出 1 ～ 2 艘区域防空舰，前出一定距离，作为防空哨舰使用，其他防空舰将配置在航母附近海域。多航母战斗群防空作战时，担负防空哨舰任务的舰只可增加至 4 ～ 6 艘。

航母战斗群在海上航行时，防空哨舰要前出配置，以形成一定的火力纵深，增加对来袭空中目标的抗击层次，提升防空作战效果。确定防空哨舰的前出距离，通常以舰载对空武器的射程为依据，舰空导弹射程越远，防空哨舰前出越远。以美国航母战斗群为例，"标准"Ⅱ型防空导弹射程为 74 千米，射程增大型射程达 104 千米，"标准"Ⅰ型防空导弹射程为 40 千米，射程增大型射程为 60 千米。因此，装备"标准"Ⅱ型射程增大型导弹的"宙斯盾"军舰前出 100 ～ 150 海里，担负远程防空哨舰任务；装备"标准"Ⅱ型或"标准"Ⅰ型射程增大型导弹的"宙斯盾"军舰前出 60 ～ 100 海里，担负中程防空哨舰任务；装备"标准"Ⅰ型的驱逐舰或护卫舰通常配置在航母附近，距航母 5 ～ 15 海里。当然，防空哨舰的配置位置比较灵活，防空指挥官可根据敌情威胁等因素随时进行调整。

航母战斗群进入综合作战区后，除仍受到较大的空中威胁外，还会受到潜艇等兵力的威胁，因此，航母战斗群为综合应对所有的威胁形式，防空哨舰前出的距离要求适当缩小。例如只设 1 艘防空哨舰时，通常前出 60～80 海里；设 2 艘防空哨舰时，其中一艘要进一步缩减前出距离。特殊情况下，如需要对敌方进行威慑或演习任务需要时，防空哨舰前出的距离也可适当加大。

如何实施防空作战

航母战斗群防空作战可划分为早期预警、跟踪识别、拦截交战和舰载机归航四个步骤，其中前三个步骤尤为关键。

（1）早期预警

航母战斗群防空作战的早期预警由舰载预警机、防空哨舰以及战斗群内其他装备对空搜索雷达的舰艇共同完成。在早期预警过程中，航母战斗群各类预警雷达根据电磁辐射管制的不同等级酌情开机使用。

在最高等级的电磁辐射管制状态下，为避免航母战斗群被敌方侦察与发现，战斗群内各类对空搜索雷达均不开机，仅通过上级敌情通报或依靠友邻使用数据链传递空中情报。

在较高等级的电磁辐射管制状态下，预警机、远程防空哨舰、部分中程防空哨舰和距离航母较远的飞机可使用对空搜索雷达。为避免暴露航母自身的位置，离航母较近的护卫舰艇必须保持对空雷达静默。

只有在最低等级的电磁辐射管制状态下，战斗群内所有担负对空监视任务的舰艇和飞机才可打开对空搜索雷达和敌我识别器，力争尽早发现来袭的空中目标。

预警机、防空哨舰和其他水面舰艇一旦发现空中目标，应按识别标准进行跟踪识别，并利用数据链、通过防空作战控制报告网向防空作战指挥官报告。

法国海军装备的 E-2 舰载预警机

（2）跟踪识别

预警机和防空哨舰等发现空中来袭目标信息后，首先要将信息传送给跟踪雷达系统，以便对目标进行跟踪识别，在对目标的跟踪过程中，目标的实时位置等信息被传送到航母战斗群防空作战指挥系统，目标数据被录取，建立了目标的航迹，并综合多方面信息进行目标威胁判断。根据发现目标的特性，航母战斗群将发现目标划分为敌方目标、假定敌方目标、友方目标、假定友方目标和不明目标。一旦发现敌方目标或假定敌方目标，必须立即进行跟踪，对发现的不明目标要不断地进行跟踪识别，直到识别清楚为止。

对目标识别方法有敌我识别器识别、目力识别、电子信号特征识别、通信识别和按飞行剖面识别。在发现不明飞机时，航母可使用敌我识别器识别检查。如距离远而导致识别信号弱，可要求空中预警机或护航舰艇利用敌我识别器或其他多种方式协助识别，直至判断出目标基本属性。对于来袭的反舰导弹等目标，航母战斗群主要通过目标的电子信号特征和飞行剖面加以识别。航母战斗群防空作战中，跟踪识别任务非常繁重，在紧急情况下，可能会发生识别错误的事件，进而导致影响恶劣的误击事件。

（3）拦截交战

经过跟踪识别，判明发现目标为敌方目标或假定敌方目标，战斗群内的防空兵力可启动火控雷达对目标进行跟踪，并力求在尽可能远的距离上实施拦截交战。来袭目标为单个目标时，需要按目标速度进一步区分。对于低速目标，拦截兵力必须经过多个识别步骤或经目力识别为敌方时才可进行攻击；对于高速目标，空中巡逻机利用敌我识别器进行识别，目标不回答即可进行攻击，舰艇通过上述识别方法进行识别后即可进行攻击。

确定可对目标实施攻击后，防空指挥官发出舰载机拦截命令。在航空指挥系统的引导下，舰载机从航母起飞或由待战空域转向，接近敌机实施格斗，将敌机击落，或者利用空空导弹拦截来袭的反舰导弹。

如果舰载机拦截后尚有少数来袭目标继续向航母战斗群接近，此时航母战斗群的区域防空舰将发射中远程舰空导弹进行拦截。区域防空系统在战斗群的统一指挥控制下，跟踪和计算目标运动要素，并发射区域防空导弹实施中层拦截。

经中层拦截后仍可能有极少数来袭目标，例如敌机发射的空舰导弹，突破区域防空而向航母战斗群进一步接近。对于这类目标，首先是由航母战斗群的电子战系统实施欺骗干扰，使空舰导弹偏离目标。其次由航母战斗群近程防空系统中的防空导弹和近程防御武器系统实施近程火力抗击，力争完全摧毁来袭目标。

美国"卡尔·文森"号航母发射"改进型海麻雀"舰对空导弹

英国"公爵"级护卫舰发射"海狼"舰对空导弹

→ 现代反舰作战有何特点

21世纪以来，信息技术高速发展，对航母战斗群的作战样式产生了巨大影响，在反舰作战方面也表现出了一系列新的特点。

（1）要求综合运用各种信息装备，夺取战场信息优势，创造单向透明的战场环境。拥有信息优势的一方，可以通过分辨率很高的天基侦察系统居高临下俯视整个战场。先进侦察卫星的分辨率极高，可分清坦克、吉普车、导弹运输车，在天气晴朗时甚至可分辨帐篷、车牌等目标。另外，拥有信息优势的一方还可以通过预警机和无人机等获取信息，清楚及时地掌握敌方舰艇运动状态和位置。相反，如果一方不具备完善的电子信息系统或者遭受敌方电子攻击，将处于信息劣势，战场上迷雾重重，无疑会丧失进攻的主动权力，只能被动挨打。因此，综合运用各种信息装备，力求海战场向己方单向透明，是航母战斗群反舰作战要求达成的首要目标。

（2）反舰作战趋于非线式、远距离和大纵深。信息化条件下，新型舰载探测设备与航空、航天及水下探测设备一起构成大纵深、全方位、多层次、立体化的目标获取、识别、跟踪和定位系统，从而极大地提高了海战场的透明度，使得水面舰艇的暴露率和被探测概率明显增大。远程侦察、监视、导航和指挥控制系统可以确保巡航导弹等远程武器在敌方水面舰艇导弹射程外进行发射。隐身技术和夜视技术的发展使海战不再区分白天与黑夜、海况的好与坏，海信息战、电子战成为制胜的关键。

由于航母战斗群舰载巡航导弹可以在几百千米以外的海域对敌方水面舰艇进行打击，因而舰艇战术动作在远程攻击模式中已经没有多大意义。发现目标就意味着摧毁目标。随着机动速度的增大和突击能力的增强，高性能作战飞机已成为打击水面舰艇首选兵力。航母战斗群高性能舰载飞机和反舰巡航导弹等远程兵器在局部战争中大量使用的情况表明，在敌方舰艇防空导弹射程外对其实施超视距攻击，将使航母战斗群反舰作战呈现为大纵深、远距离、攻防一体的机动作战样式。

（3）信息战、电子战成为打击敌方水面舰艇的先锋和制胜关键。信息化条件下的海战，火力虽仍然是击沉舰艇的基本手段，但已不是唯一的手段。随着电子技术的发展，武器装备已实现了信息化、电子化，在电磁领域的斗争已由以往的通信、雷达等的电子对抗，进一步扩展到武器控制、目标跟踪、战场监视、作战指挥等所有领域，渗透到海战场的多维空间，影响和制约着一切作战行动，电子战已成为现代海战的重要内容。因此，仅注重火力打击已远远不够了，在实施火力打击的同时实施电子战已成为普遍战法。电子战已不再是一种保障手段，而是一种直接削弱敌方作战能力的手段。电子战将成为一切作战行动的先导，并贯穿战役全过程，直接影响海战的进程和结局。

美国海军航母战斗群中的 EA-18G 电子战飞机

随着信息化程度的提高，由电子战进一步拓展为信息战。双方除了在电磁空间进行激烈的争夺外，还要在整个信息空间进行较量，从信息的获取、传递、处理、利用等环节与敌展开斗争。可以说，未来航母战斗群反舰作战必将由双方进行火力对抗为核心转变为以信息对抗为核心，电子战、信息战已成为航母战斗群反舰作战的重要内容。

美国海军"华盛顿"号航母战斗群与韩国海军联合演习

→ 航母反舰作战有何优势

航母战斗群是空中、水面和水下作战力量高度联合的空海一体化机动作战部队，集航空兵、水面舰艇和潜艇为一体，能够最大限度地满足反舰作战的基本要求。航母战斗群在对水面舰艇作战中，拥有众多的天然优势。

（1）侦察预警能力强

"先敌发现、先敌进攻"一向是航母战斗群在作战中强调的原则，在反舰作战行动中，航母战斗群力求在尽可能远的距离内，提前发现目标。一旦发现敌方目标，就要在敌方武器射程之外对其进行目标定位，并在战斗群的武器最大射程内先发制人进行攻击，在敌方舰艇发射导弹之前将其消灭，以掌握作战主动权。

　　航母战斗群依托自身的预警机和舰载雷达，构造成一个立体、高效的侦察、预警和监控网络，能够严密监视 920 千米范围的海上目标。如果在技术侦察、卫星侦察等远距离侦察手段的支援下，航母战斗群反舰侦察探测区范围最远可达 2780 千米。以美国航母战斗群为例，"尼米兹"级航母上通常载有 4 ～ 5 架 E-2 "鹰眼"预警机，用以预先发现目标并作为空中作战指挥中心。该机能发现 460 千米远的来袭目标飞机，270 千米远的来袭导弹，为航母战斗群提供 15 分钟以上的预警时间。与此同时，"宙斯盾"系统的相控阵雷达对海探测距离在 370 千米以上，能快速搜索和发现目标，同时探测和自动跟踪 200 个以上目标。

E-2 "鹰眼"预警机后方视图

　　（2）综合电子战能力强

　　近几十年来，随着电子技术的蓬勃发展及其在军事上的广泛应用，电子战已成为现代战争不可或缺的重要内容。航母战斗群作为"海上霸主"，不仅拥有专门的电子战兵力，而且战斗群内的舰艇和作战飞机普遍装备了性能良好的电子战系统。航母战斗群反舰作战时，首先对目标实施电子干扰，使其致盲。在电子攻击作战中，强调综合使用电子干扰和电子摧毁、有源干扰与无源干扰，雷达干扰与光电干扰等多种电子攻击与自卫手段，力求获得电子对抗的最佳效果。

　　（3）打击范围广

　　航母战斗群攻防兼备，具有综合作战能力，被认为是海上区域和滨海地区夺取制空权、制海权的主要力量。以美国海军为例，其单航母战斗群每小时可以搜索面积 10 万平方千米的海域，每艘航母的舰载机可以控制 1000 平方千米的海空域，如果同时出动 4 个航母战斗群，就能控制 96.5 万平方千米的海域。

（4）突击威力大

　　航母战斗群在打击水面舰艇时，既可以通过舰载机携带反舰导弹对水面舰艇发起攻击，也可通过潜艇或水面舰艇发射反舰导弹进行攻击，而三者的协同突击，更大大增强了航母战斗群反舰作战的威力。美国航母战斗群担负反舰作战的主力舰载机为 F/A-18"大黄蜂"战斗 / 攻击机，其作战半径超过 1000 千米，可携带 2～4 枚"鱼叉"反舰导弹和"哈姆"反辐射导弹等武器，"鱼叉"反舰导弹射程为 130 千米，理论上来说，F/A-18战斗 / 攻击机在不加油的情况下可以攻击 1100 千米外的海上目标。

满载武器的 F/A-18"大黄蜂"战斗 / 攻击机

F/A-18"大黄蜂"战斗 / 攻击机挂载的"鱼叉"反舰导弹

→ 如何配置反舰兵力

　　在进行反舰作战时，航母战斗群可选用舰载机、舰艇和潜艇等多种兵力，而舰载机、舰艇和潜艇上装备有型号不同的反舰导弹、精确制导炸弹、鱼雷和舰炮等众多武器。为了取得最佳打击效果，航母战斗群在作战过程中，要从上级指挥机构或下属兵力实时获取目标情报信息，同时根据上级命令，结合情报信息，判断威胁等级，确定打击目标后，根据实际情况指派不同兵力，携带不同武器对敌方舰艇进行攻击。

　　在打击远距离的大型水面舰艇时，首选兵力是舰载机。战斗机在预警机的指挥引导和电子战飞机伴随下，一般在敌方水面舰艇防空范围外，发射多枚反舰导弹，力求一举将其击沉或者重创，使其丧失战斗力。其中，对付敌方航母这样的大型目标时，一般在其进入舰载机活动半径时即开始攻击，力求击敌于千里之外。对装备有巡航导弹的水面舰艇进行攻击时，一般在其巡航导弹射程外就进行攻击，以使其巡航导弹不能发挥有效作用。水面舰艇和潜艇根据自身装备的反舰导弹射程，对较远距离目标实施超视距导弹攻击。水面舰艇和潜艇上装备的舰炮和鱼雷的射程相对较近，一般用来攻击距离较近的目标或者扩大战果（攻击遭重创的目标）。

　　航母战斗群在航行过程中，事先没有发现来袭的水面舰艇，而是在较近的距离内突然遭遇来袭的水面舰艇，尤其是小型舰艇时，反舰导弹来不及发射或者已经在反舰导弹射程死角内时，一般使用鱼雷或者舰炮进行攻击，攻击时通常在高速航行中实施，攻击后立即改变航向，组织其他兵力兵器进行抗击，并迅速撤离。

美国海军"阿利·伯克"级驱逐舰的127 毫米全自动舰炮

美国"尼米兹"号航母及其舰载机群

反舰作战如何划分海域

　　由于航母战斗群内的舰艇数量多，目标大，雷达反射面积大，所以很容易被敌方舰艇定位，尤其是在进行海上补给时，航母战斗群存在航向固定、航速降低、队形密集、难以机动等弱点。因此，为了减少遭受攻击的可能，必须在敌方水面舰艇发射反舰导弹之前将其击毁。根据反舰作战需要，做到先敌发现、先敌攻击，航母战斗群要以航母为中心，将作战海域划分为三个区域，即侦察探测区、监视识别区、目标定位区。

航行中的美国"卡尔·文森"号航母

（1）侦察探测区

距中心点 0 ～ 1500 海里。在此区域内，主要由侦察卫星和地面侦察系统对目标进行探测。侦察卫星一般分为照相侦察卫星、电子侦察卫星、海洋监视卫星等，侦察卫星在目标上空"过顶"时，才能对目标进行有效的侦察。地面侦察系统是指地面雷达站和无线电通信侦察站。当侦察卫星和地面侦察系统发现敌方水面舰艇在此海域范围内活动时，要求对敌方水面舰艇实施连续的严密监视。

（2）监视识别区

距中心点 0 ～ 500 海里。在监视识别区内对目标进行预警探测，主要由预警机和无人侦察机负责。预警机可以到达水面舰艇无法到达的区域给航母战斗群提供预警，而且速度较快，灵活性好，预警探测精度高。

无人侦察机能够长时间、连续不断地对目标进行侦察。当敌方水面舰艇进入该区域时，必须对目标进行分类，确定其是作战舰艇还是辅助舰艇，并确定其位置、航向、航速。航母战斗群要密切关注进入此海域的水面舰艇，标绘其航迹，并做好相应作战等级准备。

（3）目标定位区

距中心点 0 ～ 300 海里。敌方水面舰艇进入此区域之后，除了使用侦察卫星、地面监视侦察系统和预警机外，各水面舰艇的对海搜索雷达要对目标进行最后的识别和目标标定，并将目标航向、航速等信息传递给火控雷达，进行解算，反舰导弹做好发射准备。反舰指挥官将根据上级命令以及当前情况，下达导弹攻击命令。

如何实施反舰作战

尽管航母作战群拥有强大的综合作战能力，但要在茫茫大海中发现敌方水面舰艇并将之击毁也并非易事。航母战斗群的反舰作战一般分为发现目标、识别目标、目标定位和攻击目标四个步骤。

（1）发现目标

发现目标是打击敌方水面舰艇的首要前提，只有发现了目标，才能对目标进行攻击，否则一切都是空谈。航母战斗群可以通过不同的传感器（侦察卫星、舰载雷达、侦察船等）发现目标，各传感器获取目标信息后通过数据链，传递给不同需求的作战单元。发现目标后，航母战斗群要组织兵力对其进行监视和侦察，通常由舰载固定翼飞机或者无人机担任。

舰载固定翼飞机对目标进行侦察时，一般使用搜索雷达、侦察雷达以及用目力不间断地对海面实施搜索；当气象不良，影响目力搜索或进入夜间，则主要使用装备前视红外雷达、跟踪雷达以及测向仪等设备的飞机搜索、探测敌舰位置。

此外，水面舰艇也可使用对海搜索雷达、侦察雷达或者舰载直升机对海面进行监视。当气象不良时，可使用拖曳式声呐和主动声呐搜索来追踪水面目标。当水面舰艇的搜索雷达受到干扰时，可采用抗电子干扰措施；如果搜索雷达不能使用，可转用备用雷达。

（2）识别目标

识别目标就是判明目标是敌方目标还是友军目标，同时判明水面目标是战斗舰艇、辅助舰船或者商船。反舰作战时，一旦出现目标识别错误，误炸商船或者游轮等情况，将造成严重的人员伤亡和经济损失。因此，反舰作战时，航母战斗群要通过各种手段，对发现的水面目标加以确认，避免出现误伤误炸事件。总的识别要求是在尽可能远的距离内将敌方目标识别清楚。最低要求是在侦察探测区分出是战斗舰艇，还是后勤辅助船；在监视识别区内分出是危险目标，还是重要目标；在目标标定区内识别出平台分类，即是何种舰艇。当难以准确识别时，要按对航母战斗群威胁性最大的一种目标处理。

（3）目标定位

目标定位就是向参加对敌舰攻击的飞机、舰艇和指挥官不断提供敌舰的位置、航向和航速，以便飞机、舰艇根据提供的目标信息，计算导弹射击诸元，并发射反舰导弹对目标进行攻击。

对于远距离的超视距目标进行定位的任务主要由舰载预警机担负。中、近距离的超视距目标定位任务主要由舰载直升机担任。另外，航母舰载反潜直升机、两栖舰船的垂直起降飞机、电子侦察机在必要时均可执行目标定位任务。

水面舰艇由于雷达反射截面积大，易被发现，一般不担任目标定位任务，主要是防止水面舰艇在进行目标搜索时遭受攻击。必须派出水面舰艇前出执行目标定位任务时，水面舰艇必须做好作战准备，同时航母战斗群要派出舰艇或飞机对其进行掩护。而核潜艇由于受到客观因素的影响，对水面目标定位不便，所以在远距离时也可根据实际情况对敌方水面舰艇进行定位。

美国海军 SH-60F 反潜直升机执行目标
定位任务

（4）攻击目标

航母战斗群在对敌进行定位后，指派舰载机或者舰艇对其进行攻击。海上交战前，正常情况下必须经合同作战司令批准才能使用武器。但在遭到突然袭击的情况下，允许使用武器自卫，事后补报。在自卫的情况下，要以最小的代价，首先将敌舰击伤，使其丧失战斗力，然后予以歼灭。海上交战过程中，所有符合敌方电子、音响标准的目标或经目力识别为敌方的水面目标都要在编队武器的最大射程内与之交战。

美国海军"提康德罗加"级巡洋舰发射"鱼叉"反舰导弹

反舰作战有哪些攻击形式

根据发射反舰导弹平台的不同，航母战斗群在反舰作战时的攻击形式有 4 种：舰载机攻击敌方水面舰艇、水面舰艇攻击敌方水面舰艇、核潜艇攻击敌方水面舰艇和海空协同攻击敌方水面舰艇。

（1）舰载机攻击

舰载机是航母战斗群进行反舰作战的主要兵力，具有机动性好、通用性高、突袭性强等优点，能够在特定的方向快速集中兵力，能够在复杂气象条件下不分昼夜地连续实施战斗行动。二战中的数次战例均证明了舰载机对水面舰艇目标的攻击威力。时至今日，舰载机对水面舰艇目标的突击威力有了进一步的提高。

现代海战中，舰载机遂行打击任务时，一般不是由单一机种构成，而是由预警机、战斗机、攻击机、战斗/攻击机、电子战飞机等组成突击编队对敌方水面舰艇进行攻击。攻击时，通常由预警机引导和控制，电子战飞机对敌方水面舰艇实施电子干扰，担任攻击的战斗机、攻击机或战斗/攻击机多成双机编队。预警机发现目标后，通过战术数据链将目标位置及运动要素传给攻击编队。担任攻击的舰载机降低飞行高度，

第9章

低空进入目标区距目标约40海里时（敌舰防空导弹射程之外），突然跃升，发射导弹，然后低空退出。

美国海军F-35C战斗机在"尼米兹"级航母上空飞行

（2）水面舰艇攻击

水面舰艇攻击是反舰作战中最古老的攻击样式，在海军诞生之初就已形成。冷兵器时代，军舰之间的作战主要是通过相互撞击、接舷作战。热兵器时代，大舰巨炮之间的对轰，都属于这种攻击方式。随着反舰导弹的发展，这种攻击方式退居次要位置。水面舰艇与水面舰艇之间的作战也由巨炮的对轰转变为反舰导弹的对射。

可执行反舰任务的法国海军"拉斐特"级护卫舰

水面舰艇前出攻击敌舰前，由反舰指挥官根据当前战场态势，发布反舰导弹攻击标准以及攻击命令。如果反舰导弹符合发射标准，水面舰艇将按照指挥官的命令，发射反舰导弹；如果反舰导弹不符合发射标准，反舰指挥官将重新根据战场态势，发布反舰导弹发射标准。导弹发射前由反舰指挥官下达发射命令。发射命令包括：校对时间、打击目标、导弹命中目标的预计时间、导弹搜索开始时间、目标运动要素（航向、航速、位置）、参加发射导弹的舰艇、各舰一次齐射导弹数。发射导弹的舰艇按照反舰战指挥官的命令，确定导弹齐射时间、齐射间隔时间和制导方式。导弹发射前各舰尽可能宽地在基线上展开，以有效地对敌舰进行电子战支援，打乱敌编队的防御队形，并从不同方向发射反舰导弹对敌方水面舰艇实施有效打击。

（3）核潜艇攻击

由于潜艇隐蔽性好，所以经常用来伏击敌方水面舰艇。以往潜艇在航母战斗群中属于护航舰艇，因为潜艇一旦发起攻击，就很容易泄露自身行踪，从而遭受敌方攻击。随着导弹技术的发展，潜射反舰导弹的射程越来越远，潜艇能够在敌方水面舰艇防区外进行攻击。因此，航母战斗群中的潜艇也成为打击敌方水面舰艇不可或缺的关键力量。

以美国海军为例，其现役的核潜艇均具有对水面舰艇实施打击的能力，其主要兵器是"战斧"反舰巡航导弹、潜射"鱼叉"导弹和鱼雷。核潜艇攻击水面舰艇时，可以通过核潜艇自身观察设备发现目标，也可以通过数据链得到航母战斗群中的其他兵力提供的情报信息。由于射程较远，攻击敌方水面舰艇的"战斧"反舰巡航导弹需要获得外部信息情报支援，才能充分发挥其攻击能力。"战斧"反舰巡航导弹用于攻击敌方水面舰艇时，通常从水下潜艇按近似目标方位方式发射，导弹出水后，即向目标区域飞行，然后开始搜索目标。在确认目标后，立即对目标进行攻击。

（4）海空协同攻击

海空协同攻击时，为防止参加攻击的各种飞机发生碰撞，发射的导弹发生误炸事件，一般在攻击前，要制订详细的协同作战计划，规定舰载机、舰艇的攻击顺序和攻击时间节点，划分作战空域等，尽量防止空舰导弹、舰舰导弹与火炮之间相互干扰。

美国海军航母战斗群的水面舰艇和舰载机对敌方水面舰艇进行协同攻击时，一般按时间协同方式进行，这主要是因为时间协同方式较为简便，便于组织兵力行动。协同攻击前，水面舰艇指挥控制中心计算出导弹从发射到命中目标预计时间，并根据舰载机飞行速度、水面舰艇航速和两者离目标的航程，计算出总的攻击时间，做好时间协同计划表。攻击时，水面舰艇通过数据链或其他通信方式向舰载攻击机提供目标位置和提出舰载攻击机飞临目标上空时间要求，舰载攻击机携带"鱼叉"反舰导弹在 E-2 预警机和 EA-6B 电子战飞机的支援下首先进行导弹攻击。导弹发射后，舰载机按预定航线返航，水面舰艇继舰载机攻击后，对目标实施"战斧"和"鱼叉"导弹协同攻击，舰艇导弹攻击前，必须留出足够的提前时间，让攻击机飞完预定的攻击航程。当 P-3C 反潜巡逻机单独与水面舰艇协同攻击敌舰时，一般情况下，由 P-3C 反潜巡逻机首先使用"鱼叉"导弹攻击，随后水面舰艇进行导弹攻击。

导弹攻击后，要对攻击效果进行判断，判断目标是否遭受重创或摧毁。空中攻击时，由飞机自身做出判断；舰艇攻击时，通过舰艇的电子支援侦察、音响比较和情报支援来完成。

攻击后，各作战单元指挥官要尽快向反舰战指挥官作攻击后报告。报告内容包括：任务完成情况、伤亡情况、武器消耗及库存情况、目标毁伤程度、目标的最后位置、航速和实施再次攻击的建议。

美国海军 P-3C 反潜巡逻机在高空搜索目标

美国海军 F-35C 战斗机和"朱姆沃尔特"级驱逐舰

→ 隐身导弹艇有何威胁

航母战斗群虽然有着强大的综合作战能力，但并不是随时随地都能很好地发挥出来。航母战斗群的作战能力会随环境因素的变化而变化，当航母战斗群在地理水文环境复杂、岛礁众多的近岸海域活动时，机动能力会大幅下降，容易遭到快速小目标的攻击。这些快速小目标具有高航速、体积小、隐身能力强、攻击威力大的特点，一旦它们大量出动并分散攻击航母战斗群，后者将难以取得理想的作战效能。

芬兰海军"哈米纳"级导弹艇

在快速小目标中，对航母战斗群的威胁最大的就是隐身导弹艇。隐身导弹艇的作战区域主要在近海的岛屿、航道和作业区，这些区域复杂

挪威海军"盾牌"级导弹艇

的噪声环境为其提供了良好的隐蔽条件。只要航母战斗群靠近这些区域，隐身导弹艇就可以从隐蔽地点伺机突然出击，用其先进的反舰导弹发起攻击，让航母战斗群防不胜防。同时，另一支作战分队可以迂回到航母战斗群的侧后方，攻击其补给船。这样前后夹击，至少能使航母战斗群丧失继续作战的能力。

隐身导弹艇之所以能对航母战斗群造成威胁，主要是因为它有许多突出的优点。

（1）高航速。隐身导弹艇具备很高的航速，最高航速可超过50节，并可保持较长时间，有利于实施快速接敌、快速攻击及高速撤离的作战样式。凭借高航速，隐身导弹艇可在航渡中快速及时地赶赴作战海域，而在作战时又可快速接敌，占据有利的攻击阵位，缩短敌方的反应时间，对敌实施较为突然的导弹攻击。战斗结束后，可凭借高航速快速脱离战场，摆脱敌舰的反击，具备了较高的战场生存力。

（2）体积小、隐身能力强。隐身导弹艇的外形尺寸及吨位小，吃水也较浅，自身雷达反射面积不大，在采用一些隐身措施后，隐身能力可以达到很高的水平。隐身导弹艇的上层建筑往往采用低矮平滑、重心较低的设计，上层建筑两侧外壁向内倾斜一定角度，这样可有效地减小雷达反射截面积。舰桥及桅杆往往由多边形平面构成，艇上的导弹发射装置也会采取隐身措施，与艇身完美地融为一体。如果海况恶劣、气象条件复杂，加上隐身导弹艇使用电子干扰设备，其被发现距离将不会超过 15 千米，这对提高攻击的突然性及生存力是极为重要的。

（3）攻击威力大。一般情况下，隐身导弹艇可携带 6 ～ 8 枚反舰导弹，几乎相当于一艘护卫舰装备的导弹数量。所以，隐身导弹艇完全具备与大中型水面舰艇进行抗衡的实力，单艇一次 8 枚导弹的连续攻击完全可以摧毁由 1 ～ 2 艘现代化驱护舰组成的小规模舰艇编队。

埃及海军"拉马丹"级导弹艇

→ 复杂电磁环境有何影响

所谓复杂电磁环境，是指某一特定空间范围内存在的无线电波在频率、功率和时间上分布密集，使用频繁，使电磁环境复杂化，会对特定时间或空间范围内无线电装备的正常使用造成影响或严重影响。通俗地说，复杂电磁环境就是在特定地域、特定时间，集中使用大量的无线电装备所形成的电磁空间。航母战斗群在作战时，舰载机雷达、水面舰艇对海 / 对空搜索雷达、不同频率的无线电设备都处于工作状态，形成人为的电磁环境，这些人为的电磁环境和自然的电磁环境构成一个复杂的电磁环境，进而影响航母战斗群反舰作战，具体表现在以下几点。

（1）影响侦察发现目标

美国海军认为，现代水面威胁主要来自反舰导弹，特别是远程超音速导弹对航母构成的威胁更大，因此，要采用多种侦测手段及早发现敌方水面目标，并进行监视和目标定位，以便为对舰攻击提供尽可能多的预警时间，夺取交战的主动权。航母战斗群获取敌方水面舰艇部署情况、航向和航速等情报信息主要是通过各种电子信息侦察系统，如侦察卫星、预警飞机、舰载相控阵雷达、高空侦察机等，这些电子信息侦察系统主要依赖电磁波来获取目标信息。而敌方会根据侦察设备的弱点，采用加强电子干扰、实施目标伪装、设置假目标、适时机动等有针对性的电子反侦察措施，增加航母战斗群获取战场情报信息的难度。例如，敌方利用角反射器伪装成水面舰艇欺骗航母战斗群侦察系统，或者水面舰艇应用隐身技术等，减少雷达反射截面积，从而减少被侦察发现的概率。

（2）影响反舰作战指挥效率

航母战斗群会运用各种通信方式，使分散在天空中的舰载机、海面上的舰艇和水下的潜艇实现无缝链接，形成一个有机的作战整体，从而发挥倍增的作战能力。舰载机、潜艇和水面舰艇之间通过各种数据链传递数据、指令，一旦数据链受到电磁干扰，必将影响指挥员对各作战单元的指挥控制，进而指挥效率必将大大降低。

（3）影响反舰武器打击效果

航母战斗群在打击敌方水面舰艇时，主要使用反舰导弹和精确制导炸弹。反舰导弹由于射程远、速度快等特点，被称为"战舰"杀手，而精

美国海军正在列装的 F-35C 舰载战斗机

确制导武器以其极高的命中率和作战效能成为现代战争作战的主战兵器之一。反舰导弹和精确制导武器的有效发挥，关键在于电子设备的可靠性，因而干扰、破坏电子设备的工作条件或直接摧毁、损伤各种敏感电子部件就能够使反舰导弹和精确制导武器的目标定位、通信、制导系统失灵或失误，使其"打不出、打不准"，命中精度受到严重影响。在航母战斗群反舰作战中，若敌方实施电子干扰，将直接影响反舰武器对水面舰艇目标的打击效果。

美国"艾森豪威尔"号航母和法国"地平线"级护卫舰

→ 如何实现情报信息共享

情报信息共享是指航母战斗群内各作战兵力共同分享信息。在信息化战争时代，利用无缝链接的信息网络，战场情报信息可以在各个实体之间横向流动，使得战场信息高度共享成为可能。进行共享的信息要建立在"四个统一"的基础之上，即数据符号表示的统一、语义概念描述的统一、信息内容描述的统一和用户需求描述的统一。

数据符号表示的统一为信息共享系统提供了信息的载体。语义概念描述的统一是指系统中数据符号所表示信息的具体含义的统一。信息内容描述的统一是在统一语义的基础上，利用系统中规范统一的本体概念，对从信息源所获取的信息进行描述，以获取在系统中对信息理解的共识。在航母战斗群中，各参战人员、各级指挥人员对信息的需求存在着一定的差异。所以用户需求描述的统一是在对信息内容描述的基础上，对用户信息的需求及其需求习惯进行描述，以便将信息按需分配给用户。

由于战场情报信息过多，并且某些信息的安全性、保密性要求较高，所以航母战斗群的各情报信息需要实施按级别权限有控共享和按优先等级有序共享。在进行情报信息共享时，一般采取固定分发、网络互访、通信报告等方式进行。固定分发主要是以通用态势图的形式，按信息共享规定权限由指挥信息系统自动完成，如在防空作战中，舰载预警机发现空中来袭目标，则其立即将目标信息进行预处理并通过相关数据链向各编队成员进行发送，使其他兵力能够掌握该目标的状况，以便及时做好战斗准备。网络互访是指用户根据自己的信息需求和使用权限，通过指挥信息系统，访问相关的指挥节点和信息中心数据库获取信息的方法。通信报告是上级或友邻发布的情报信息，主要是由航母战斗群指挥员向下级指挥员或各舰及各空中编队发布，一般是关于航母战斗群的整体情报信息。

目前，情报信息共享做得最好、技术最先进的是美国海军航母战斗群，其最先进的技术代表是"协同作战系统"（CEC）。这是美国海军在原 C3I 系统的基础上为加强航母战斗群防空作战能力而研制的作战指挥控制通信系统，后来慢慢应用到其他作战样式中。该系统以信息网络平台为基础，采用网络通信及网络计算技术，将航母战斗群各舰艇上的战场感知系统、指挥控制系统、作战兵器系统等作战资源结成为一体化的协同作战网络，以实现信息资源的共享和作战行动的协调。因此，可以看出，作战行动的协调是 CEC 系统的最终目标，而信息资源的共享是其关键环节。

在 CEC 系统中，武器平台之间共享实时、精确的目标信息。共享的目标信息是分布处理且保持严格一致，从而生成统一的空中态势图，达到能够直接提供给本平台上的武器系统和指挥系统使用这一目标。CEC 系统代表了网络中心战的一个重要进展，其所具备的能力是空前的。

CEC 系统可为整个航母战斗群提供三个关键能力：第一，可使多个舰载的、机载的和陆基的系统生成和共享一个一致的、精确的和可靠的空中态势图；第二，可使作战系统的威胁应对决策机制能够实时地在航母战斗群的所有作战单元中进行协同；第三，可在网络上传送目标诸元信息，

一旦有可能，航母战斗群的某一艘舰艇或某一架飞机能够在其本身的雷达并没有掌握这些目标诸元数据的情况下对来袭飞机和导弹进行拦截。这些关键性的能力使美国航母战斗群可以拦截难以对付的来袭目标。

英国"伊丽莎白女王"号航母的指挥中心

→ 何为气象水文保障

海洋气象水文是对海军活动有直接影响的环境条件之一。历史上，海军有很多战役和事故都是和气象水文紧紧联系起来的。中国古代舟师就已知道观察海上风云、海浪、潮汐的变化，指挥海战。

现代条件下，气象水文条件对作战行动产生影响，甚至直接导致战斗成败的事例也屡见不鲜。

美国"布什"号航母的舰员在测量风速和风向

1944 年 12 月 17 日至 18 日，美国海军第三舰队多艘航母、战列舰以及其他舰艇在菲律宾附近海域进行海上补给，突遇台风袭击，造成 800 多人死亡，146 架飞机被毁，多艘舰艇沉没的惨重损失；1959 年，美国"力量"号反潜航母在外执行任务时遇到风暴袭击，造成甲板严重破损和舰体进水；2005 年 1 月 10 日，作为航母战斗群的重要成员，美国海军第 15 潜艇中队的"洛杉矶"级攻击型核潜艇"旧金山"号在关岛南 520 千米外的水域触礁，造成艇身严重受损，艇员 1 人死亡、23 人受伤。

由此可见，现代海军活动也离不开气象水文保障。由于海战的需要，在 19 世纪 50 年代以后，世界海洋气象事业得到了发展，海军气象水文保障也随之逐渐形成。时至今日，美国、英国、法国和俄罗斯等国都已建立了完善的气象水文保障系统。

气象主要包括大气温度、湿度、风速、云雾、降水等要素；水文主要包括水深、水温、盐度、海流、波浪、水色、透明度等要素。气象和水文条件对航母战斗群活动的影响是毋庸置疑的，要将这两类条件产生的不利影响减到最小，必须充分依赖气象水文保障，获取准确的天气预报信息和活动海域水文条件信息，才能在确保航母战斗群自身安全的前提下有效实施各种作战行动。

航母战斗群各兵力所需要的气象水文信息是不同的：水面舰艇部队需要活动海区的风、海浪、能见度、雾、海洋潮汐、海流、海冰等要素的资料和预报，以及海洋灾害天气、危险天气警报；潜艇部队需要特定海区的海流、潮流、海水密度、海水跃层、海水水色、海水透明度等要素的资料和预报，以及海洋灾害天气、危险天气警报；舰载航空兵需要风、云、能见度、气温、气压、高空风、海浪、海洋潮汐、潮流等要素的实况和预报，以及飞行中可能出现的飞机积冰、飞机颠簸和尾迹等情况。

美国"福特"号航母的舰员正在观察海龙卷

→ 如何利用卫星定位系统

在茫茫大洋上航行的航母战斗群主要是通过卫星系统进行精确定位。目前，全世界的卫星定位系统主要有美国的 GPS 全球定位系统、俄罗斯的"格洛纳斯"（GLONASS）卫星定位系统、欧盟的"伽利略"

定位系统等。

在各种卫星定位系统中，美国的 GPS 全球定位系统是技术最成熟、使用最广泛的一种，具有全球覆盖、全天候、快速性、连续性、精确性、抗干扰性和保密性等特点，能提供精确的三维导航和定时功能。GPS 全球定位系统起始于 1958 年美国军方的一个项目，1964 年投入使用。20 世纪 70 年代，美国陆海空三军联合研制了新一代 GPS 全球定位系统，主要目的是为陆海空三大领域提供实时、全天候和全球性的导航服务，并用于情报搜集、核爆监测和应急通信等一些军事目的。经过 20 余年的研究实验，耗资 300 亿美元，到 1994 年，全球覆盖率高达 98% 的 24 颗 GPS 卫星星座布设完成。

GPS 全球定位系统是美国航母战斗群在作战中不可缺少的重要因素，其提供的实时定位导航和时间信息，能够提高各兵种、各兵力的联合作战效能，使得打击目标更加协调、高效、精确，也使得指挥系统更加准确掌握战场情况，迅速做出反应。在美国航母战斗群中，其内部各兵力及大部分精确制导武器都安装有 GPS 全球定位系统。不过，一般兵力都采用复合定位导航的方式，如舰载机一般采用惯性导航系统和 GPS 全球定位系统相结合的方式进行复合定位导航，也可通过战术数据链实现网内兵力之间相对定位导航。多种定位导航方式可以优势互补，使舰载机的定位导航能力大幅增强。

随着武器射程的增大，为了减少武器在长距离上的飞行误差，大部分远射程武器都装备了 GPS 全球定位系统，如巡航导弹、反舰导弹、精确制导炸弹等，从而提高了武器攻击的精确度。有些武器也和舰载机一样实施了复合定位导航，如巡航导弹，一般使用惯性导航、地形匹配、GPS 全球定位系统、图像匹配等多种导航方式相结合。这样能提高远程导航的精确度，增强抗干扰能力，保证武器在复杂的电磁环境下仍然能够准确地命中目标。

"格洛纳斯"卫星定位系统的研制开始于 20 世纪 70 年代中期，虽然曾遭遇了苏联解体、俄罗斯经济不景气，但始终没有中断过系统的研制和卫星的发射，1996 年 1 月 18 日实现了空间满星座 24 颗工作卫星正常地播发导航信号，使系统达到了一个重要的里程碑。

"格洛纳斯"卫星定位系统与 GPS 全球定位系统有许多不同之处。

一是卫星发射频率不同。GPS 的卫星信号采用码分多址体制，每颗卫星的信号频率和调制方式相同，不同卫星的信号靠不同的伪码区分。而"格洛纳斯"采用频分多址体制，卫星靠频率不同来区分，每组频率的伪随机码相同。由于卫星发射的载波频率不同，"格洛纳斯"可以防止整个卫星导航系统同时被敌方干扰。二是坐标系不同。GPS 使用世界大地坐标系（WGS-84），而"格洛纳斯"使用苏联地心坐标系（PE-90）。三是时间标准不同。GPS 系统时与世界协调时相关联，而"格洛纳斯"则与莫斯科标准时相关联。

美国"福特"号航母在大西洋航行

美国"布什"号航母在地中海航行

→ 如何进行电子信息对抗

所谓电子信息对抗，就是舰载电子战飞机通过干扰敌方雷达、通信和数据链，保护己方飞机和舰船的安全。由于航母战斗群通常执行的是远离后方支援的任务，因此主动的电子杀伤和干扰功能是在残酷的海空作战中保存自己的重要手段。在海湾战争、伊拉克战争和阿富汗战争中，专用的舰载电子战飞机已经证明了其在空中进攻作战中的价值。在近几场局部战争中，舰载电子战飞机一直是美国海军获取战场制电磁权甚至取得战争胜利的重要保证。

在作战中，舰载电子战飞机以其空中机动、灵活等优势，能在远、近距离对敌方各体制、各程式的雷达和通信设备等电磁目标实施电子侦察和电子干扰，克服舰艇电子战装备的不足，扩大航母战斗群的攻击范围和防御纵深，在航母战斗群的进攻作战和防御作战中都发挥着重要作用。舰载电子战飞机作为海上信息作战力量的重要组成部分，有着不可替代的作用，在一定程度上是衡量一个国家海军作战能力的重要指标。

舰载电子战飞机主要以其装备或挂载电子对抗装备而区别于其他舰载机，在执行电子对抗任务时，一般以随队支援干扰和远距支援干扰为主要使用方式。现代舰载电子战飞机越来越重视硬摧毁能力，除挂载电子干扰吊舱之外，还可根据需要挂载火力攻击武器。因为单纯的软杀伤的效果会随着干扰使用的次数和敌方反干扰能力的不断增强而不断减弱，唯一最有效的手段就是对其实施硬摧毁。

美国海军 EA-18G "咆哮者" 电子战飞机弹射起飞

美国海军 EA-18G "咆哮者" 电子战飞机在执行任务

→ 如何实施侦察引导

航母战斗群中的舰载机、水面舰艇或潜艇执行作战任务时，可以自行侦察目标并进行攻击，也可由其他兵力对目标进行侦察，并在指挥引导兵力的引导下对目标进行攻击。在航母战斗群中，各兵力都可执行侦察引导保障任务，其中舰载预警机是执行对空、对海作战侦察引导的主要兵力。此外，在进行对地攻击时，侦察和引导的任务也可由其他军兵种或装备承担，如天基侦察卫星、无人侦察机、特种部队等。

（1）舰载预警机

舰载预警机集侦察、预警、通信、指挥、引导、电子战能力于一体，能够有效地增强战场的感知能力和控制能力，堪称战斗力的倍增器。舰载预警机所拥有的远距离发现识别目标能力、大批量情报综合处理能力、多手段信息传输能力、指挥引导能力和高机动能力，在争夺制空权、制海权作战中具有重要作用。

在航母战斗群中，舰载预警机的主要使命是侦察监视来袭的空中目标，并对舰载的拦截飞机提供指挥引导。除此之外，舰载预警机还可以担负对海侦察，以及对水面舰艇或潜艇实施对海突击的指挥引导任务。除舰载预警机外，必要时岸基侦察兵力也可为航母战斗群的作战提供侦察与引导保障。

俄罗斯 A-50 预警机

（2）天基侦察卫星

除空中侦察兵力外，航母战斗群的作战同样依赖于天基侦察卫星。作战时，天基侦察卫星将目标信息传到航母战斗群指挥部，指挥员根据当时作战情况决定是否派出舰载战斗机或者发射巡航导弹对目标进行攻击。海湾战争期间，美国及多国部队使用了将近 40 颗侦察卫星。科索沃战争期间，美国及多国部队使用了 50 多颗卫星。而在伊拉克战争中，美国投入的侦察卫星数量更多。

（3）无人侦察机

无人侦察机作为近几场局部战争中独领风骚的兵器，在对重要目标特别是对重要移动目标打击中，承担着关键的侦察引导保障任务。使用无人侦察机对战区进行侦察，可以降低人员伤亡，并可进入受威胁等级较高的空域执行任务。当无人侦察机发现目标后，通过战术数据链将目标信息传至指挥所，指挥员立即指派在空中执行巡逻任务的舰载战斗机或指挥在甲板待命的舰载战斗机起飞。舰载战斗机根据无人机传回的目标信息向目标飞行并实施攻击。

（4）特种部队

伊拉克战争和阿富汗战争中，美国海军特种部队执行过多种特种作战样式，活动范围遍布全境，承担任务涵盖所有作战行动。其中，火力引导是特种部队近几场局部战争中常见的特种作战样式。在伊拉克战争中，美国特种部队除利用自身力量攻击敌方重要目标外，也配合"斩首"行动实施侦察引导。特种部队通过便携式通信设备，将目标数据传输给远程打击兵器，如航母战斗群水面舰艇发射的巡航导弹或舰载战斗机，引导其对敌方纵深目标实施精确打击。据报道，在阿富汗战争中，2 名美国海军特种部队士兵曾引导战机，连续击毁了 450 辆敌方车辆，炸死3500 人。可见，侦察引导在现代战争中的作用是巨大的。

美国海军"海豹"突击队士兵深入敌后

→ 如何进行核生化武器防护

所谓核生化武器，就是核武器、生物武器和化学武器。核生化武器中以化学武器最早被运用，化学武器又称为化学战剂，可分为杀伤性、纵火性和烟幕性三类。人类在数千年前就懂得运用化学战剂，主要是使用非毒性化学战剂，用火攻坚和以烟幕掩蔽军事行动都是经常运用的战斗技巧。但是人类真正发动有计划、有规模的化学战则是在第一次世界大战期间，毒气在 1914 年就开始运用于战场，随即造成严重的伤亡，由于杀伤效果惊人，交战双方都大量使用化学战剂。第一次世界大战结束以后，就很少看到毒性化学战剂再度大规模使用，但是一些区域性战争仍可看到动用化学战剂的例子。至于像纵火剂和烟幕剂之类的化学战剂则在二战期间广泛使用，美国在 20 世纪 60 年代的局部战争中也使用过刺激性战剂和落叶剂等化学战剂。

核武器的问世时间相对较晚，尽管在公元前 4 世纪时，希腊哲学家德谟克利特就提出所谓的"原子论"，但是真正有科学论据的发展则是进入 19 世纪以后的事了。物理科学家们先后提出更严谨的原子学说、证明原子分裂和质能转换，特别是爱因斯坦所提出的相对论，为核武器的催生奠定了基础。美国在二战期间秘密研究原子弹，在 1942 年 2 月就已取得重大成就，随即投入大量人力、物力将研究成果实用化，终于在 1945 年 7 月 16 日成功试爆世界首枚原子弹。随后，美国使用原子弹轰炸了日本本土。有鉴于核武器的惊人威力，世界主要强国均视之为攸关存亡的战略性武器而竞相发展，于是在很短时间内陆续发展出氢弹、中子弹等核武器。

生物战剂主要是利用一些致命性的病毒、细菌等微生物类和毒素类，例如已知的埃博拉病毒、汉他病毒等，利用这些战剂的高传染性与扩张性实施攻击。使用生物战剂后，目标区内的动、植物与物品都会造成污染，虽然杀伤效果惊人，但这些战剂的高传染性与扩张性会产生难以估计的后遗症，事后的污染清除非常耗费成本。也因此，迄今尚未大规模使用生物战剂。

由于核生化武器的威力巨大，世界各国的航母战斗群都很重视核生化防护能力。航母核生化防护技术是指航母在核生化环境下防护舰员免受核生化伤害，防护船体和武器装备等免受核生化污染，使其仍能保持作战能力的技术，简称"三防"技术。平时航母处于战斗状态时，并没有"三防"功能。当它接到核生化警报，或者直接探测到有毒气体及核辐射的话，马上就会终止当前状态，进入"三防"的防护状态，直至所有情况确保达到安全读数和级别后，才由舰长宣布终止"三防"防护状态，重新进入战斗状态。

航母的"三防"具体包括核生化探测、核生化环境下人员防护，以及核生化环境下的船体和武器设备等防护。通过设立统一的部门和设置有效的防护措施，航母能够从容应对核生化武器袭击。核生化检测的目的是及时探测到敌方对航母战斗群进行的核生化攻击，进而报警并使航母战斗群立即从平常状态转换到战时"三防"工作状态。探测内容包括核爆炸探测、核辐射探测、生物战剂样品采集与检验、化学毒剂检查与报警等。

核生化环境下的人员防护包括在航母内设立集体防护区和有限集体防护区，主要作用是集体防护有毒气体和核生化污染物，对在露天工作或必须在核生化污染环境下工作的舰员实施个人防护，对已受到核生化伤害的舰员进行救护等。航母一般主船体和上层建筑内设立

美国海军士兵参加核生化防护演练

一定数量的集体防护区。集体防护区配置集体防护系统，能有效防止有毒气体、化学、生物和放射性悬浮微粒进入，保护舰员免受化学毒剂、生物战剂和放射性物质的伤害。舰员在集体防护区内无须穿戴防毒服和防毒面具，能正常地生活和工作。航母上舰员居住的舱室、餐厅、厨房、厕所、活动室、医院、会议室等，以及在核生化环境下需要保持连续作战的重要工作舱室均划入集体防护区，包括集中控制部位、作战情报中心、损害管制中心、消磁控制室、封闭式作战区域、雷达室、武器控制室等。集体防护区一般具备很好的气密性，并可确保人员的舒适性和设备的可用性。

航母集体防护区之间、集体防护区与有限集体防护区之间、集体防护区与非集体防护区之间均设立了隔离通道，以防集体防护区内的空气大量泄漏和外面的受污染空气大量进入集体防护区。而且，集体防护区内的空调通风系统能正常工作，对空气进行降温、降湿或升温、升湿，确保集体防护区内的环境符合舰员舒适生活的要求。

航母如何消磁

在现代信息化战争条件下，电磁对抗异常激烈，对战场制电磁权的争夺已成为影响战争胜负的关键因素之一。在海军领域，侦察探测是作战时的焦点环节，而探测的主要对象就是敌方舰艇的电磁信号。因为军舰受地球磁力和机器运转、海水拍打等内外力作用，会逐渐形成较强磁场。

舰艇磁场主要分为两种：一是由于钢铁的磁化特性，在地球磁场作用下产生的感应磁场，它随着航向和所处海区而变化；二是由于钢铁的磁滞特性，在受到较大磁场冲击、建造或航行过程中的应力作用后，会产生一定的剩余磁场，称为固定磁场。

舰艇消磁是为了减弱舰艇磁场强度并改善其分布特性的技术措施，其主要作用是提高舰艇的磁性防护能力，防御水中磁性武器（如磁性感应水雷）的攻击和被磁探测仪器发现，消除磁化后的舰艇对仪器设备和武器精度的影响，保障舰艇航行安全及作战效能。对航母来说，消磁工作尤为重要。

现代海军常用的消磁方法有两种：固定绕组消磁和临时消磁。固定绕组消磁是在舰艇内部固定敷设消磁绕组，能随舰艇所处的磁纬度、航向及摇摆等因素作相应变化的电流，用以补

美国"杜鲁门"号航母在进行消磁作业

偿舰艇感应磁性的磁场。

临时消磁是将舰艇置于消磁场地内（消磁场地的选择要求较高：水深足够、海底平坦、海流较小、风力不大，且周围海域无大量的磁性物质），再将消磁电缆按规定缠绕在被消磁舰艇的船体上，通电后用以抵消舰艇的固定磁场。临时消磁可由消磁船或消磁站执行，两者都配有消磁发电机组、消磁线圈、磁场检测设备、控制装置等。相较而言，消磁船在海上进行消磁，比消磁站更加灵活。

典型的临时消磁步骤：第一步，利用铺设在码头海底的数百个探头分别测量舰艇两个相反航向的磁场，通过分析计算分别确定感应磁场和固定磁场的大小。由于平潮时间每日都在变化，因此测、消磁工作的时间也不固定。第二步则是绕缆，用电缆将舰艇缠绕起来形成线圈，这些线圈或粗或细，或纵或横，其匝数因舰艇的型号、吨位的大小和测得的固定磁场的强弱而各异。第三步是通电消磁，通过线圈产生的磁场来改变舰艇固定磁场。通电过程中要不断测量舰艇磁场的变化，最后还要经过合成磁场的测量及分析计算。

美国"里根"号航母在进行消磁作业

　　由于上述消磁方法对作业场地要求严格，要选择在无风锚地、平潮时段进行。一旦海况变化频繁，一艘舰艇的消磁任务可能会持续半月之久。为此，近年来某些国家开始使用一种新的消磁技术——消磁车消磁。它直接利用船体通电产生的电磁场进行消磁，舰艇不再需要缠绕消磁电缆。消磁车消磁的步骤为：将系泊在海上的舰艇舰艏和舰艉分别焊接电缆连接器，再将消磁电缆依次连入舰艏和舰艉，另一端连接至消磁电源车，即可展开自动测磁和通电消磁。与传统消磁方法相比，消磁车消磁的效率成倍提升，而且几乎不受海况和时段影响。另外，车载消磁设备经过集成优化全部安装在标准集装箱中，可由登陆舰搭载在海上进行消磁。

参 考 文 献

[1] 陈艳. 彩色图说青少年必知的武器系列：航空母舰 [M]. 北京：北京工业大学出版社，2013.

[2] 相天. 近距离透视航空母舰 [M]. 北京：金城出版社，2011.

[3] 现代舰船杂志社. 世界航空母舰实录 [M]. 北京：航空工业出版社，2010.

[4] 于向昕. 航空母舰 [M]. 北京：海洋出版社，2010.

手枪与冲锋枪
鉴赏指南 （珍藏版）
《第2版》

步枪与机枪
鉴赏指南 （珍藏版）
《第2版》

海军陆战队武器
鉴赏指南 （珍藏版）
《第2版》

作战飞机
鉴赏指南 （珍藏版）
《第2版》

全球火炮
鉴赏指南 （珍藏版）
《第2版》

全球导弹
鉴赏 （珍藏版）

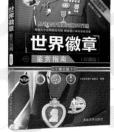

世界徽章
鉴赏指南 （珍藏版）
《第2版》

世界军服
鉴赏指南 （珍藏版）
《第2版》

军用辅助舰艇
鉴赏指南 （珍藏版）
《第2版》

军用辅助飞机
鉴赏指南 （珍藏版）
《第2版》

主战舰艇
鉴赏指南 （珍藏版）
《第2版》

航空母舰
鉴赏指南 （珍藏版）
《第2版》

民用飞机
鉴赏 （珍藏版）

军用车辆
鉴赏 （珍藏版）

航天器
鉴赏指南 （珍藏版）
《第2版》

反恐装备
鉴赏指南 （珍藏版）
《第2版》

世界武器鉴赏系列

现代舰船 鉴赏指南 （珍藏版） 第3版

现代飞机 鉴赏指南 （珍藏版） 第3版

现代战机 鉴赏指南 （珍藏版） 第3版

单兵武器 鉴赏指南 （珍藏版） 第3版

特种作战装备 鉴赏指南 第3版

世界名枪 鉴赏指南 （珍藏版） 第3版

坦克与装甲车 鉴赏 （珍藏版） 第3版

二战尖端武器 鉴赏指南 （珍藏版）

世界手枪 鉴赏指南 （珍藏版） 第2版

早期经典战机 鉴赏指南 （珍藏版） 第2版

美国海军武器 鉴赏指南 （珍藏版） 第2版

空战武器 鉴赏 （珍藏版）

陆战武器 鉴赏 （珍藏版）

无人装备 鉴赏 （珍藏版）

特殊武器 鉴赏指南 （珍藏版）

海战武器 鉴赏 （珍藏版）